펀드투자권유
자문인력

2

금융투자협회
Korea Financial Investment Association

자격시험 안내

1. 펀드투자권유자문인력의 정의

투자자를 상대로 집합투자기구의 집합투자증권(펀드)에 대하여 투자권유 또는 투자자문 업무를 수행하는 인력

2. 응시자격

금융회사 종사자 등(펀드투자권유자문인력 투자자보호교육 이수)

3. 시험과목 및 문항수

시험과목		세부 교과목	문항수
제1과목	펀드일반	법규 (금융소비자보호법 포함)	13
		직무윤리 · 투자자분쟁예방	15
		펀드 영업 실무	8
		펀드 구성 · 이해	16
		펀드 운용 · 평가	8
소 계			60
제2과목	파생상품펀드	파생상품펀드 법규	7
		파생상품펀드 영업	8
		파생상품펀드 투자 · 리스크 관리	10
소 계			25
제3과목	부동산펀드	부동산펀드 법규	5
		부동산펀드 영업	5
		부동산펀드 투자 · 리스크 관리	5
소 계			15
시험시간		120분	100 문항

* 종전의 증권펀드투자상담사(간접투자증권판매인력)의 자격요건을 갖춘 자는 펀드일반 과목(제1과목) 면제

* 종전의 파생상품펀드투자상담사의 자격요건을 갖춘 자는 펀드일반 과목(제1과목) 및 파생상품펀드 과목(제2과목) 면제

* 종전의 부동산펀드투자상담사의 자격요건을 갖춘 자는 펀드일반 과목(제1과목) 및 부동산펀드 과목(제3과목) 면제

4. 시험 합격기준

70% 이상(과목별 50점 미만 과락)

■ 한국금융투자협회는 금융투자전문인력의 자격시험을 관리 · 운영하고 있습니다.
금융투자전문인력 자격은 「자본시장과 금융투자업에 관한 법률」 등에 근거하고 있으며,
「자격기본법」에 따른 민간자격입니다.

■ 자격시험 안내, 자격시험접수, 응시료 및 환불 규정 등에 관한 자세한 사항은
한국금융투자협회 자격시험접수센터 홈페이지(https://license.kofia.or.kr)를 참조해
주시기 바랍니다.

(자격시험 관련 고객만족센터: 02-1644-9427, 한국금융투자협회: 02-2003-9000)

contents

part 02

펀드 세제

part 06

펀드평가

part 01

펀드 영업
실무

certified fund investment advisor

chapter 01

펀드 판매절차

펀드 판매 단계

일반투자자가 펀드를 판매하는 집합투자증권의 투자매매업자 또는 투자중개업자(이하 '판매회사'라 함)의 영업점 방문을 통해 투자하는 경우에는 일반적으로 다음과 같은 6단계의 판매절차를 거치게 된다.

1단계	2단계	3단계	4단계	5단계	6단계
투자자 정보 파악	투자자 유형 분류	투자자에게 적합한 펀드 선정	펀드에 대한 설명	투자자 의사 확인	사후관리

이 판매절차는 일반투자자가 판매회사의 영업점을 방문하여 투자하는 경우를 전제로 하고 있기 때문에 온라인·전화판매 또는 전문투자자를 대상으로 하는 판매 등에 대해서는 달리 적용할 수 있다.

펀드 판매 단계별 세부절차

펀드 판매 시 세부절차를 살펴보면 다음과 같다.

구분		세부절차
1단계	투자자 정보 파악	① 투자자가 판매회사 영업점 방문
		② 투자자의 방문목적을 확인한 후 펀드 상담 또는 매수를 원할 경우 펀드판매창구로 안내
		③ 투자자가 일반투자자인지 전문투자자인지 확인
		④ 일반투자자에 대해 「투자자 정보 확인서」를 통하여 투자자의 투자목적, 재산상황 및 투자경험 등의 정보 파악
		⑤ 투자자가 투자자 정보 파악 절차를 거부하는 경우 확인서에 투자자의 서명 등을 받고, 투자자가 요구하는 펀드 판매
2단계	투자자 유형 분류	⑥ 「투자자 정보 확인서」를 활용하여 투자자 성향 분류
		⑦ 투자자에게 본인의 투자자 성향을 알려주고 해당 결과가 나오게 된 과정 및 그 의미를 설명
3단계	투자자에게 적합한 펀드 선정	⑧ 투자자 정보 파악 절차에 따라 파악된 투자자 성향 등급에 부합하는 펀드 선정 및 투자권유
		⑨ 투자자가 투자자 성향에 따른 판매회사 권유 펀드를 거부하고 더 높은 위험 수준의 펀드 매수를 요청하는 경우 부적합 금융투자상품 거래 확인내용이 포함된 확인서를 받고 판매하거나 거래 중단
4단계	펀드에 대한 설명	⑩ 투자자에게 설명자료를 이용하여 투자권유 펀드의 주요 사항을 구체적으로 설명
5단계	투자자 의사 확인	⑪-1 설명을 들은 투자자가 펀드 매수를 원하지 않는 경우 투자자 의사를 재차 확인하고 해당 펀드의 투자권유를 중지
		⑪-2 설명을 들은 투자자가 펀드 매수를 원할 경우 「설명서 교부 및 주요 내용 설명 확인서」를 징구하고, 투자금 수령, 통장 교부 등 펀드 매수 절차 진행 * 신규 투자자, 고령 투자자 및 초고령 투자자에게 ELS·ELF·ELT·DLS·DLF·DLT를 판매하는 경우 계약체결 이전에 투자자에게 「적합성 보고서」 교부
6단계	사후관리	⑫ 투자자 사후관리 서비스 : 판매절차 적정성 점검, 펀드잔고 통보, 자산운용보고서 발송 등

판매절차 중 투자권유에 해당하는 1~4단계에서 판매회사 임직원이 준수하여야 할 구체적인 사항은 투자권유준칙에서 규정하고 있다.

chapter 02

투자권유준칙

총칙

1 투자권유준칙의 제정

금융회사는 투자권유를 함에 있어서 그 임직원과 투자권유대행인(이하 '임직원등'이라 함)이 준수하여야 할 구체적인 기준 및 절차(이하 '투자권유준칙'이라 함)를 정하여야 한다. 다만, 적정성 원칙 대상상품에 대하여는 일반투자자의 투자목적·재산상황 및 투자경험 등을 고려하여 투자자 등급별로 차등화된 투자권유준칙을 마련하여야 한다.

금융투자업자는 투자권유준칙을 제정하거나 변경한 경우 인터넷 홈페이지 등을 이용하여 공시하여야 한다.

금융투자협회는 금융투자업자가 투자권유준칙을 제정·운영함에 있어 참고할 수 있도록 '표준투자권유준칙'을 제정할 수 있다. '표준투자권유준칙'은 일반투자자가 판매회사의 영업점을 방문하여 투자하는 경우를 전제로 하고 있다. 따라서 온라인·전화판매 또는 전문투자자를 대상으로 하는 판매 등에 대해서는 달리 적용할 수 있다.

여기에서는 금융투자협회가 제정한 '표준투자권유준칙'에서 투자권유자문인력이 펀드를 판매하는데 필요한 내용을 중심으로 살펴보기로 한다.

2 용어의 정의

❶ '투자권유'란 특정 투자자를 상대로 금융투자상품의 매매 또는 투자자문계약·투자일임계약·신탁계약(관리형신탁계약 및 투자성 없는 신탁계약 제외)의 체결을 권유하는 것을 말함

❷ '포트폴리오 투자'란 투자위험 분산을 목적으로 둘 이상의 금융투자상품에 투자하는 것을 말함

❸ '적정성 원칙 대상상품'이란 다음의 어느 하나에 해당하는 금융상품을 말함

　ㄱ. 파생상품 : 장내파생상품 및 장외파생상품

　ㄴ. 파생결합증권(금적립 계좌 등 제외)

　ㄷ. 파생형 집합투자증권(인덱스펀드는 제외되나 레버리지·인버스 ETF는 포함)

　ㄹ. 집합투자재산의 50%를 초과하여 파생결합증권에 운용하는 집합투자기구의 집합투자증권

　ㅁ. 조건부 자본증권

　ㅂ. 고난도금융투자상품, 고난도금전투자신탁, 고난도투자일임계약

　ㅅ. ㄱ.~ ㅁ.까지의 금융투자상품에 운용하는 금전신탁계약의 수익증권(이와 유사한것으로서 신탁의 수익권이 표시된 것도 포함)

3 **투자권유 및 판매 일반원칙**

❶ 임직원등은 관계법령 등을 준수하고, 신의성실의 원칙에 따라 공정하게 업무를 수행하여야 함

❷ 임직원등은 투자자가 합리적인 투자판단과 의사결정을 할 수 있도록 투자에 따르는 위험 및 거래의 특성과 주요 내용을 명확히 설명하여야 함

❸ 임직원등은 투자자 자신의 판단과 책임에 따라 스스로 투자에 관한 의사결정을 하여야 하고, 그에 대한 결과가 투자자 본인에게 귀속됨을 투자자에게 알려야 함

❹ 임직원등은 정당한 사유 없이 투자자의 이익을 해하면서 자기가 이익을 얻거나 판매회사 또는 제3자가 이익을 얻도록 하여서는 아니 됨

section 02 투자자 구분 등

1 **방문목적 확인**

❶ 임직원등은 투자자 방문 시 투자자의 방문목적 및 투자권유 희망 여부를 확인하여야 함

❷ 임직원등은 투자권유를 희망하지 않는 투자자에 대하여는 투자권유에 해당하는 행위를 하여서는 아니 되며, 투자자가 원하는 객관적인 정보만을 제공하여야 함. 금융투자상품의 매매 또는 계약 체결의 권유가 수반되지 않는 정보제공 등은 투자권유로 보기 어려우며 이 경우에는 「투자자 정보 확인서」를 작성할 필요가 없음

2 일반금융소비자 · 전문금융소비자[1]의 구분

❶ 임직원등은 투자자에게 투자권유를 하기 전에 해당 투자자가 일반금융소비자인지 전문금융소비자인지를 확인하여야 함

❷ 임직원등은 일반금융소비자로 전환할 수 있는 전문금융소비자가 일반금융소비자와 같은 대우를 받겠다는 의사를 회사에 서면으로 통지하는 경우 정당한 사유가 있는 경우를 제외하고는 이에 동의하여야 함

❸ 주권상장법인이 판매회사와 장외파생상품 거래를 하는 경우에는 일반금융소비자로 본다. 다만, 해당 법인이 전문금융소비자와 같은 대우를 받겠다는 의사를 회사에게 서면으로 통지하는 경우에는 전문금융소비자로 봄

---

section 03 투자권유를 희망하지 않는 투자자에 대한 판매

1 투자권유를 받지 않는 투자자에 대한 보호의무

❶ 임직원등은 투자자가 투자권유를 희망하지 않아 투자자 정보를 제공하지 않는 경우에는 투자권유를 할 수 없음을 알려야 함. 만일, 파생상품 등 적정성원칙 대상상품의 거래를 희망하는 투자자가 투자자 정보를 제공하지 않는 경우에는 관련 법령에 따라 거래가 제한된다는 사실을 알려야 함

❷ 투자자가 투자권유를 받지 않고 스스로 금융투자상품을 정해서 거래하는 경우,

---

1 "금융소비자보호에 관한 법률"상 "전문금융소비자"란 금융상품에 관한 전문성 또는 소유자산규모 등에 비추어 금융상품 계약에 따른 위험감수능력이 있는 금융소비자로서 투자성 상품의 경우 자본시장법법 제9조에 따른 전문투자자와 「대부업 등의 등록 및 금융이용자 보호에 관한 법률」에 따른 대부업자, 투자권유대행인 등이 포함된다.
대출성 상품의 경우 상시근로자 5인 이상 법인, 겸영여신업자, 대출성 상품 금융상품판매대리 · 중개업자, 특정 자산의 취득 또는 자금의 조달 등 특정 목적을 위해 설립된 법인 등 금융위원회가 정하여 고시하는 자 등이 포함한다.

'투자권유 희망 및 투자자정보 제공여부 확인' 내용이 포함된 확인서를 받은 뒤, 후속 판매절차를 진행할 수 있음. 이 경우, 투자자가 확인서의 취지와 유의사항을 충분히 이해할 수 있도록 설명해야 함

❸ 임직원등은 투자자가 투자권유를 받지 않고 투자하고자 하는 경우라도 원금손실 가능성, 투자에 따른 손익은 모두 투자자에게 귀속된다는 사실 등 투자에 수반되는 주요 유의사항을 알려야 함

❹ 임직원등은 투자자에 대한 투자권유 여부와 상관없이 투자자가 증권신고의 효력이 발생한 증권에 투자하고자 하는 경우에는 판매 전에 해당 투자설명서를 투자자에게 교부하여야 함. 다만, 투자설명서의 교부가 면제되는 투자자는 제외

❺ 위 ❹에도 불구하고, 집합투자증권의 경우에는 투자자가 투자설명서 교부를 별도로 요청하지 아니하는 경우 간이투자설명서 교부로 갈음할 수 있으며, 이 경우 투자자에게 투자설명서를 별도로 요청할 수 있음을 알려야 함

❻ 투자자가 투자자문업자로부터 투자자문을 받고, 투자자문 결과에 따른 금융투자상품 등의 구매를 다음의 어느 하나의 방법으로 요청하는 경우 해당 금융투자상품 등을 판매하는 금융투자회사는 적합성 원칙 및 설명의무와 설명서 교부를 생략할 수 있음

ㄱ. 투자자가 투자자문업자로부터 적합성 원칙, 설명의무 이행 및 설명서를 교부 받았음을 확인하는 증빙서류를 제출하는 경우

ㄴ. 투자자문계약과 결합된 금융투자회사의 판매계좌(자문결합계좌)를 통해 투자자문 결과에 따른 금융투자상품 등의 구매의사가 전달되는 경우

2 | 적정성 원칙 대상 상품에 대한 특칙

❶ 임직원은 투자자에게 적정성 원칙 대상 상품을 판매하려는 경우에는 투자권유를 하지 아니하더라도 면담·질문 등을 통하여 그 투자자의 투자목적·재산상황 및 투자경험 등의 정보(이하 '투자자 정보'라 함)를 파악하여야 함

❷ 임직원은 파악한 투자자 정보에 비추어 해당 적정성 원칙 대상상품이 그 투자자에게 적정하지 아니 하다고 판단되는 경우에는 해당 적정성 원칙 대상상품의 내용, 해당 투자에 따르는 위험 및 해당 투자가 투자자 정보에 비추어 적정하지 아

니하다는 사실을 서면교부, 우편, 전자우편, 전화, 팩스, 휴대전화, 문자메시지, 이에 준하는 전자적 의사표시의 방법으로 투자자에게 알리고 서명, 기명날인, 녹취 또는 전자적 수단의 방법(이하 '서명등'이라 함)으로 확인을 받아야 함.

❸ 임직원은 ❷의 경우에, 적정성 판단결과와 그 이유를 기재한 서류 및 금융상품에 관한 설명서를 서면 등으로 투자자에게 제공하여야 함

section 04 | 투자권유 희망 투자자에 대한 판매

1 투자자 정보

(1) 투자자 정보 파악 및 투자자 성향 분석 등

❶ 임직원등은 투자권유를 희망하는 투자자에 대하여 투자권유 전에 면담·질문 등을 통하여 투자자의 투자자 정보를 「투자자 정보 확인서」[2]에 따라 파악하고, 투자자로부터 서명등의 방법으로 확인을 받아 이를 유지·관리하여야 함

　투자자 정보는 반드시 투자자가 자필로 작성할 필요는 없으며, 면담과정에서 파악한 정보를 컴퓨터 단말기에 입력하고 이를 출력하여 투자자에게 확인받는 방법도 가능

　온라인으로 펀드 거래시에도 적합성 원칙 등 투자권유절차를 구현할 수 있는 시스템을 온라인상에 구축하여야 하며, 투자권유를 희망하지 않는 경우 투자자가 회사의 투자권유 없이 투자한다는 사실을 인지하고 투자할 수 있도록 온라인 화면을 구축하여야 함[3]

2　투자자 정보는 투자자의 투자에 대한 일반적인 태도를 나타내는 '일반적 투자자 성향' 파악을 위한 정보와 현재 투자하려고 하는 목적 및 투자예정기간 등의 '현재 투자자금성향' 파악을 위한 정보를 구분하여 파악하는 방법도 사용할 수 있다.

3　온라인 투자자들 중 투자성향이 확인된 투자자에 대해서는 자신의 투자성향에 적합한 펀드에 대해 우선적으로 투자 여부를 판단할 수 있도록 해당 투자자의 투자성향에 부합하는 펀드에 관한 정보를

파생상품펀드의 경우 적정성 원칙에 따라 투자자 정보를 파악하고 투자자가
적정하지 않은 상품거래를 원할 경우 경고 등을 하여야 함

❷ 임직원등은 파악한 투자자 정보의 내용 및 분류된 투자자의 성향(이하 '투자자 성향'
이라 함)을 투자자에게 지체 없이 제공하여야 함

투자자 성향 파악을 위한 배점기준 등은 판매회사에서 자율적으로 정할 수 있음[4]

표 2-1 투자자 성향 분류(예시)

제1방식	제2방식	제3방식	제4방식(추가)	제5방식
• 고위험 – 고수익형 • 중위험 – 중수익형 • 저위험 – 저수익형	• 파생상품형 • 주식선호형 • 성장형 • 이자·배당형	• 위험선호형 • 적극형 • 성장형 • 안정성장형 • 위험회피형	• 매우 높은 위험선호형 • 높은 위험선호형 • 다소 높은 위험선호형 • 보통 위험선호형 • 낮은 위험선호형 • 매우 낮은 위험선호형	• 공격투자형 • 주식선호형 • 주식펀드선호형 • 고수익채권형 • 혼합투자형 • 안정투자선호형 • 이자소득형

먼저 제공하고, 투자자가 다른 펀드에 관한 정보를 희망하는 경우 다른 펀드에 관한 정보를 제공하
는 것이 바람직하다. 판매회사는 온라인으로 판매하는 펀드가 멀티클래스 펀드인 경우, 클래스별 수
수료 및 보수의 차이점을 비교하여 표시하여야 한다. 온라인 펀드판매를 위해 추천펀드를 제시하고
자 하는 경우에는 추천펀드의 선정주기·선정절차·선전기준 등을 구체적으로 명시하거나 추천펀드
별로 정량적 또는 정성적 근거를 기재할 필요가 있다.

4 투자자 성향 분류기준에는 점수화(Scoring)방식, 추출(Factor – out)방식, 혼합방식 및 상담보고서
활용방식이 있으며, 추출방식 또는 상담보고서 방식을 활용할 경우 투자자 성향을 특정 유형으로 분
류할 필요는 없다.

적합성(적정성) 판단방식(예시)

구분	프로세스	장·단점
점수화 방식	각 설문항목에 대한 투자자의 답변을 점수화하고, 총점으로 투자자의 투자성향을 결정	(장점) 객관화된 답변을 통해 투자자의 투자성향 파악이 용이 (단점) 배점이 맞지 않을 경우 답변 결과가 투자자의 실제 투자성향을 정확히 반영하지 못할 수 있음
추출방식	각 설문에 대한 답변을 통해 적합상품을 순차적으로 추출(Factor – out)	(장점) 투자자 정보의 모든 요소가 고려되므로 추후 불완전판매문제 발생 가능성이 낮음 (단점) 판매회사가 자신이 판매하는 상품들에 대하여 분석하고 질문항목별로 세부적으로 분류할 수 있는 기준 및 시스템을 갖추어야 함
혼합방식	점수화방식 + 추출방식	(장점) 점수화방식보다 불완전판매 발생 가능성이 낮고, 추출방식보다 시스템이 덜 복잡함 (단점) 점수화방식보다 절차가 복잡

❸ 임직원등은 원칙적으로 투자자 본인으로부터 투자자 정보를 파악하여야 하며, 투자자의 대리인이 그 자신과 투자자의 실명확인증표 및 위임장 등 대리권을 증빙할 수 있는 서류 등을 지참하는 경우 대리인으로부터 투자자 본인의 정보를 파악할 수 있음. 이 경우 판매회사는 위임의 범위에 투자자 정보 작성 권한이 포함되어 있는 지를 확인하여야 함

다만, 법정대리인의 경우 관련 법령 또는 법원의 명령 등 법정대리권의 발생근거에 따라 대리권의 확인방법이 달라질 수 있음

❹ 임직원등은 투자권유를 희망하는 투자자라 하더라도 투자자 정보를 제공하지 아니하는 경우에는 투자자 성향을 파악할 수 없으므로 투자권유를 할 수 없음을 알리고 투자권유를 희망하지 않는 투자자로 간주하고 '3절 투자권유를 희망하지 않는 투자자에 대한 판매' 절차에 따름

❺ 임직원등은 단기금융 집합투자기구(MMF)의 집합투자증권, 국채증권, 지방채 증권, 특수채증권, 그 밖에 이에 준하는 것으로서 위험이 높지 않은 금융투자상품만을 거래하는 투자자 및 환매조건부매매를 하는 투자자에 대하여는 별도의 '투자자 정보 확인서'를 사용하여 투자자 정보를 간략하게 파악할 수 있음

❻ 임직원등은 투자자가 장외파생상품을 거래하고자 하는 경우 투자권유 여부와 상관없이 '장외파생상품 투자자 정보 확인서'를 이용하여 투자자 정보를 파악하여야 함

(2) 투자자 정보의 유효기간[5]

❶ 임직원등은 투자자로부터 별도의 변경 요청이 없으면 투자자 정보를 파악한 날로부터 12~24개월(투자자 정보 유효기간) 동안 투자자 정보가 변경되지 않은 것으로 간주할 수 있음[6]

❷ 임직원등은 투자자에게 투자자 정보 유효기간을 설명하고 투자자 정보가 변경되

상담보고서 방식	투자자와의 상담 과정 및 결과를 기록하여, 적합한 투자권유를 했다고 판단할 수 있는 합리적인 근거를 마련하는 방법	(장점) 투자자의 재산, 포트폴리오 현황 및 위험에 대한 태도 등에 관한 심층적인 상담내용을 포함할 수 있음 (단점) 판매직원의 능력에 따라 상담수준 및 투자권유 결과가 결정되므로 판매직원의 전문성이 요구됨

5 회사가 투자자 정보 유효기간을 설정하고 이에 대하여 투자자가 동의한 경우에만 적용한다.
6 투자자 정보를 '일반적 투자자 성향'과 '현재 투자자금성향'으로 구분하여 파악하는 회사는 '일반적 투자자 성향'에 대해서만 유효기간을 설정한다.

면 판매회사에 변경내용을 통지하도록 안내하여야 함. 임직원등은 투자자 정보의 변경 이외에도 투자자의 이메일·전화번호 등에 대한 최신 정보를 확보하기 위해 변경 시 회사에 통지하도록 안내할 필요가 있음

❸ 임직원등은 회사가 이미 투자자 정보를 알고 있는 투자자에 대하여 투자권유를 하고자 하는 경우 투자자 정보 유효기간 경과 여부를 확인하고, 유효기간이 지난 경우에는 투자자 정보를 다시 파악하여야 함. 유효기간의 만기가 지난 경우 유효기간 만기일 이후 최초 투자권유 시점에 투자자 정보를 새롭게 파악하여야 함

❹ 위 ❶부터 ❸에도 불구하고 투자자와 투자일임계약이 체결된 경우에는 투자자의 재무상태 및 투자목적 등 변경 여부를, 금전신탁계약(투자자가 운용대상을 특정 종목과 비중 등 구체적으로 지정하는 특정금전신탁은 제외)이 체결된 경우에는 재무상태 등 변경 여부를 연 1회 이상 확인하여야 하며, 매 분기 1회 이상 투자자의 재무상태, 투자목적 등의 변경이 있는 경우 이를 회신해 줄 것을 투자자에게 통지(서면, 전자우편, 인터넷 또는 모바일시스템, 그 밖에 이와 비슷한 전자통신의 방법 등)하여야 함

2 투자권유

(1) 투자권유 절차

❶ 임직원등은 회사가 정한 적합성 판단기준으로 볼 때 투자자에게 적합하지 않다고 인정되는 투자권유를 해서는 안 됨.

   회사는 투자자의 투자자 성향을 특정 유형별로 분류한 경우, 회사가 정한 투자자 성향 분류와 금융투자상품 위험도 분류기준을 참조하여 투자권유의 적합성 여부를 판단할 수 있는 기준을 정해야 하며, 투자자 성향을 특정 유형별로 분류하지 않는 경우에도 투자권유의 적합성 여부를 판단할 수 있는 기준을 정해야 함

❷ 임직원등은 회사가 이미 투자자 정보를 알고 있는 투자자에게는 기존 투자자 성향과 그 의미에 대해 설명하고 투자권유를 하는 것이 바람직. 이 경우 투자자의 이해를 돕기 위해 '투자자 성향별 적합한 금융투자상품'표[7]를 활용하는 것도 가능

❸ 임직원등은 투자자가 보유 자산에 대한 위험회피 목적으로 투자하거나 적립식으로 투자하는 등 해당 투자를 통하여 투자에 수반되는 위험을 낮추거나 회피할 수 있다고 판단하는 경우에는 금융투자상품 위험도 분류기준 보다 완화된 기준을

적용하여 투자권유를 할 수 있음

❹ 임직원등은 투자자가 본인에게 적합하지 않은 것으로 판단되는 금융투자상품에 투자하고자 하는 경우 해당 금융투자상품을 투자권유해서는 안 되며(투자자가 원하는 경우에도 부적합한 상품은 투자권유할 수 없음), 투자권유 없이 투자자가 본인의 투자자 성향보다 위험도가 높은 금융투자상품에 스스로 투자하고자 하는 경우에는 '투자성향에 적합하지 않은 투자성 상품거래 확인' 내용이 포함된 확인서를 받고 판매절차를 진행할 수 있음.

이 경우, 해당 투자가 투자자에게 적합하지 않다는 사실과 확인서의 취지 및 유의사항을 충분히 이해할 수 있도록 설명해야 함

임직원등은 '투자자 성향별 적합한 금융투자상품'표를 활용하여 투자자가 본인의 투자자 성향 대비 고위험 상품에 대한 투자임을 쉽게 인식할 수 있도록 하여야 함

투자자 정보를 '일반적 투자자 성향'과 '현재 투자자금성향'으로 구분하는 경우 '현재 투자자금성향'이 '일반적 투자자 성향'보다 위험선호도가 낮아 안정적인 투자가 필요한 경우에는 위험도가 낮은 금융투자상품에 대해서만 판매하여야 함

❺ 임직원등은 ㄱ.의 투자자에게 ㄴ.의 금융투자상품을 투자권유하고자 하는 경우 투자자의 올바른 투자판단을 유도하기 위하여 추천사유 및 유의사항 등을 기재한 「적합성 보고서」를 계약 체결 이전에 투자자에게 교부하여야 함

ㄱ. 교부대상자 : 신규 투자자, 고령 투자자 및 초고령 투자자

ㄴ. 대상상품 : ELS, ELF, ELT, DLS, DLF, DLT

❻ 임직원등은 투자목적 · 재산상황 및 투자경험 등의 정보를 파악한 결과, 판매 상품이 적합하지 않거나 적정하지 않다고 판단되는 투자자를 대상으로 금융투자상품을 판매하는 경우, 판매과정을 녹취하고 투자자가 요청하는 경우 녹취파일을 제공해야 하며, 판매과정에서 2영업일 이상의 숙려기간을 부여해야 함

---

7 투자자성향별 적합한 투자성 상품표

투자자 성향	공격형		...		안정형
투자성 상품의 위험 등급	매우 높은 위험 이하 상품		...		매우 낮은 위험

☞ 명칭 등 분류기준은 회사별 기준으로 수정하여 사용 가능

(2) 고령 투자자에 대한 금융투자상품 판매 시 보호기준

임직원등은 고령 투자자에게 금융투자상품을 판매하는 경우 적합성 판단기준과 강화된 고령 투자자 보호기준을 준수하여야 함

또한, 65세 이상인 고령투자자를 대상으로 금융투자상품(금융위가 정하여 고시하는 금융상품은 제외)을 판매하는 경우, 판매과정을 녹취하고 투자자가 요청하는 경우 녹취파일을 제공해야 하며, 판매과정에서 2영업일 이상의 숙려기간을 부여해야 함

(3) 장외파생상품에 대한 특칙

❶ 임직원등은 장외파생상품의 매매 및 그 중개·주선 또는 대리의 상대방이 일반투자자인 경우에는 투자권유 여부와 상관없이 그 투자자가 보유하고 있거나 보유하려는 자산·부채 또는 계약 등(이하 '위험회피 대상'이라 함)에 대하여 미래에 발생할 수 있는 경제적 손실을 부분적 또는 전체적으로 줄이기 위한 거래를 하는 경우로서 다음의 요건을 모두 충족하는 경우에 한하여 거래를 할 수 있음

ㄱ. 위험회피 대상을 보유하고 있거나 보유할 예정일 것

ㄴ. 장외파생상품에 대한 약정거래기간 중 해당 거래에서 발생할 수 있는 손익이 위험회피 대상에서 발생할 수 있는 손익의 범위를 초과하지 아니할 것

❷ 이 경우 임직원등은 투자자가 장외파생상품 거래를 통하여 회피하려는 위험의 종류와 금액을 확인하고, 관련 자료를 보관하여야 함

❸ 임직원등은 장외파생상품에 대한 투자권유를 하는 경우 회사가 정하는 기준에 따라 적합하지 아니하다고 인정되는 투자권유를 하여서는 아니 됨[8]

<예시>

구분		장외파생상품에 대한 투자경험		
		1년 미만	1년 이상 ~ 3년 미만	3년 이상
개인	만 65세 이상	금리스왑 옵션매수	금리스왑, 통화스왑 옵션매수, 옵션매도 선도거래	기타 위험회피 목적의 모든 장외파생상품
	만 65세 미만	금리스왑, 통화스왑 옵션매수, 옵션매도 선도거래	기타 위험회피 목적의 모든 장외파생상품	

8　일반투자자에게 장외파생상품을 투자권유하고자 하는 경우에는 투자목적이 위험회피인 경우로 한정되므로 파생상품이 아닌 금융투자상품이나 장내파생상품과는 별도로 적합성 판단기준을 정하여야 한다.

| 법인 및 개인사업자 | 주권 비상장법인, 개인사업자 | 금리스왑, 통화스왑 옵션매수, 옵션매도, 선도거래 | | 기타 위험회피 목적의 모든 장외파생상품 |
| | 주권 상장법인 | 금리스왑, 통화스왑 옵션매수, 옵션매도 선도거래 | 기타 위험회피 목적의 모든 장외파생상품 | |

* 장외파생상품의 경우 '주의', '경고', '위험' 등 3단계로 분류하며, 각 위험도에 해당하는 금융투자상품은 5절의 '금융투자상품의 위험도 분류' 예시를 참조할 것

* '경고' 위험도에 해당하는 장외파생상품 투자에 적합한 투자자 중 위험관리능력, 장외파생상품 투자경험, 상품에 대한 지식 등이 충분하다고 인정되는 투자자는 기타 위험회피 목적의 모든 장외파생상품에 투자할 수 있음

(4) 투자권유 시 유의사항

❶ 임직원등은 투자권유를 함에 있어서 다음의 어느 하나에 해당하는 행위를 하여서는 아니 됨

ㄱ. 금융투자상품의 내용을 사실과 다르게 알리는 행위

ㄴ. 불확실한 사항에 대하여 단정적 판단을 제공하거나 확실하다고 오인하게 할 소지가 있는 내용을 알리는 행위

ㄷ. 투자자로부터 투자권유의 요청을 받지 아니하고 방문·전화 등 실시간 대화의 방법을 이용하는 행위. 다만, 아래 a, b의 경우를 제외하고 투자권유를 하기 전에 금융소비자의 개인정보 취득경로, 권유하려는 금융상품의 종류·내용 등을 금융소비자에게 미리 안내하고 해당 금융소비자가 투자권유를 받을 의사를 표시한 경우는 예외

　　a. 일반금융소비자의 경우 : 고난도금융투자상품, 고난도투자일임계약, 고난도금전신탁계약, 사모펀드, 장내파생상품, 장외파생상품

　　b. 전문금융소비자의 경우 : 장외파생상품

ㄹ. 투자권유를 받은 투자자가 이를 거부하는 취지의 의사를 표시하였음에도 불구하고 투자권유를 계속하는 행위. 다만, 다음의 각 행위는 제외

　　a. 투자권유를 받은 투자자가 이를 거부하는 취지의 의사표시를 한 후 1개월이 지난 후에 다시 투자권유를 하는 행위

　　b. 다른 종류의 금융투자상품에 대하여 투자권유를 하는 행위. 이 경우 다음의 각 금융투자상품 및 계약의 종류별로 서로 다른 종류의 금융투자상품

에 해당하는 것으로 봄

- 금융투자상품 : 채무증권, 지분증권, 수익증권, 투자계약증권, 파생결합증권, 증권예탁증권, 장내파생상품, 장외파생상품
- 투자자문계약 또는 투자일임계약
  - 증권에 대한 투자자문계약 또는 투자일임계약
  - 장내파생상품에 대한 투자자문계약 또는 투자일임계약
  - 장외파생상품에 대한 투자자문계약 또는 투자일임계약
- 신탁계약
  - 금전에 대한 신탁계약
  - 증권, 금전채권, 동산, 부동산, 부동산 관련 권리, 무체재산권(지식재산권 포함)에 대한 신탁계약

c. 위 b에도 불구하고 다음에 해당하는 금융투자상품은 다른 유형의 금융투자상품으로 봄

- 기초자산의 종류가 다른 장외파생상품
- 선도, 스왑, 옵션 등 금융투자상품의 구조가 다른 장외파생상품

ㅁ. 투자성 상품에 관한 계약의 체결을 권유하면서 투자자가 요청하지 않은 다른 대출성 상품을 안내하거나 관련 정보를 제공하는 행위

ㅂ. 금융상품의 가치에 중대한 영향을 미치는 사항을 미리 알고 있으면서 투자자에게 알리지 아니하는 행위 또는 투자성 상품의 가치에 중대한 영향을 미치는 사항을 알면서 그 사실을 투자자에 알리지 않고 그 금융상품의 매수 또는 매도를 권유하는 행위

ㅅ. 금융상품 내용의 일부에 대하여 비교대상 및 기준을 밝히지 아니하거나 객관적인 근거 없이 다른 금융상품과 비교하여 해당 금융상품이 우수하거나 유리하다고 알리는 행위

ㅇ. 자기 또는 제3자가 소유한 투자성 상품의 가치를 높이기 위해 투자자에게 해당 투자성 상품의 취득을 권유하는 행위

ㅈ. 투자자가 자본시장법상 미공개정보 이용행위 금지, 시세조정 행위 등의 금지, 부정거래행위 등의 금지에 위반되는 매매, 그 밖의 거래를 하고자 한다는 사실을 알고 그 매매, 그 밖의 거래를 권유하는 행위

ㅊ. 투자자의 사전 동의없이 신용카드를 사용하도록 유도하거나 다른 대출성 상품

을 권유하는 행위

   ㅋ. 금융소비자보호법상 적합성원칙을 적용받지 않고 권유하기 위해 투자자로부터 계약 체결의 권유를 원하지 않는다는 의사를 서면 등으로 받는 행위

   ㅌ. 관계법령 등 및 회사가 정한 절차에 따르지 아니하고 금전·물품·편익 등의 재산상 이익을 제공하거나 제공받는 행위

❷ 임직원등은 투자자의 투자자 성향 및 금융투자상품의 특성을 고려하여 장기투자가 유리하다고 판단되는 경우 그 투자자에게 해당 금융투자상품에 대한 장기투자를 권유할 수 있음

❸ 임직원등은 투자자의 투자자산이 특정 종목의 금융투자상품에만 편중되지 아니하도록 분산하여 투자할 것을 권유할 수 있음

   다만, 임직원등이 투자자에게 포트폴리오 투자를 권유하는 경우에는 그 임직원등이 금융투자협회에 등록된 금융투자전문인력(펀드투자권유자문인력, 증권투자권유자문인력, 파생상품투자권유자문인력)으로서의 업무범위에 해당하는 금융투자상품으로 구성된 포트폴리오만을 권유할 수 있음

❹ 임직원등은 일반투자자에게 '계열회사 또는 계열회사에 준하는 회사'(이하 '계열회사등'이라 한다)인 집합투자업자가 운용하는 펀드를 투자권유하는 경우 다음의 사항을 모두 준수하여야 함[9]

   ㄱ. 그 집합투자업자가 판매회사와 계열회사 등에 해당한다는 사실을 고지하여야 함

   ㄴ. 계열회사 등이 아닌 집합투자업자가 운용하는 유사한 펀드[10]를 함께 투자권유 하여야 함

---

9 투자권유가 없는 온라인 판매의 경우에도 투자자가 투자판단에 참고할 수 있도록 계열회사 펀드임을 표시하여야 한다.

10 '유사한 펀드'란 아래 기준에 따른 펀드를 말한다.

   ① 일반투자자에게 투자권유한 계열회사 등의 펀드와 금융투자상품 위험도 분류기준에 따른 위험 수준이 같거나 낮을 것

   ② 일반투자자에게 투자권유한 계열회사등의 펀드와 같은 종류의 펀드일 것. 다만, 증권 집합투자기구 및 단기금융 집합투자기구(MMF) 이외의 종류일 경우 판매회사가 같은 종류의 펀드를 갖추지 못했을 때에는 다른 종류로 할 수 있음

   * ① 및 ②의 조건을 충족하는 펀드 중에서 판매회사는 주된 투자대상 자산·투자지역(국내·해외) 등을 고려하여 투자권유하여야 함. 다만, 해당 펀드의 향후 전망, 운용 안정성, 판매전략 등을 감안하여 달리 투자권유할 수 있다.

(5) 확인서 징구 계약 관련 유의 사항

❶ 회사는 투자성향에 맞지 않는 금융투자상품 매매 또는 투자권유를 희망하지 않는다는 의사표시는 영업점 책임자를 거쳐 확인하여야 함(온라인 거래 시에는 회사가 정하는 내부통제기준에 따라 사후 확인 절차 등을 거칠 수 있음)

❷ 회사는 투자성향에 맞지 않는 금융투자상품 또는 투자권유를 희망하지 않는 투자자에 판매한 금융투자상품 현황 및 관련 민원 현황 등(확인서 징구건수, 확인서 징구건 중 민원발생 건수 등)을 회사 내부통제기준에 따라 주기적으로 파악 및 점검하고 내부보고 절차를 준수하여야 함

3 설명의무

(1) 설명의무

❶ 임직원등은 투자자에게 투자권유를 하는 경우 다음의 투자설명사항을 투자자가 이해할 수 있도록 설명하고, 설명한 내용을 투자자가 이해하였음을 서명등으로 확인받아야 함

ㄱ. 금융투자상품의 내용

ㄴ. 투자에 따르는 위험

ㄷ. 금융투자상품의 투자성에 관한 구조와 성격

ㄹ. 투자자가 부담하는 수수료에 관한 사항

ㅁ. 조기상환조건이 있는 경우 그에 관한 사항

ㅂ. 계약의 해제·해지에 관한 사항 등

❷ ❶에 따른 설명의무는 단순 확인방식으로 이행할 수 없으며, 다음의 사항을 포함하여 자필 또는 육성으로 진술하는 방식으로 이행하여야 함

ㄱ. 투자자 : 본인이 이해하는 상품의 특성, 최대 위험 등

ㄴ. 임직원등 : 투자자의 상품 이해 수준, 설명내용 등

❸ 설명서에는 투자자에게 설명한 내용과 실제 설명서의 내용이 같다는 사실에 대해 ❶의 내용을 실제 설명한 사람의 서명이 있어야 함. 다만, 다음의 계약에 대한 설명서는 제외함

ㄱ. 대출성 상품에 관한 계약

ㄴ. 전자적 장치를 이용한 자동화 방식을 통해서만 서비스가 제공되는 계약

❹ 임직원등은 ❶에 따라 설명의무를 이행하는 경우 해당 금융투자상품의 복잡성 및 위험도 등 상품 측면과 투자자의 투자경험 및 인식능력 등 투자자 측면을 고려하여 설명의 정도를 달리할 수 있음

금융소비자보호법 제19조에서는 투자자가 투자설명사항을 이해할 수 있도록 설명하고 이해하였음을 확인받도록 규정하고 있으므로, 모든 투자자에 대하여 동일한 수준으로 기계적으로 설명할 필요는 없음. 즉, 설명의 정도는 금융투자상품의 성격 및 투자자의 지식·경험에 따라 달라질 수 있음. 따라서, 신규 상품, 구조가 복잡한 상품이나 위험상품을 판매하는 경우 또는 금융지식이 부족한 투자자나 취약 투자자에게 판매하는 경우에는 일반적인 경우보다 설명이 좀 더 필요할 수 있으며, 동일 또는 유사 상품에 대한 투자경험이 있거나 해당 상품에 대한 지식 수준이 높은 투자자 등에게는 보다 간단한 설명이 가능할 것임. 유사 상품에 대한 투자경험 또는 지식 수준에 대한 획일적인 기준을 제시하기는 어려우므로 임직원은 동일한 유형의 상품에 대한 투자자의 투자경험 및 해당 상품에 대한 간략한 질문 등을 통해 투자자의 이해 수준을 객관적으로 파악해 볼 필요가 있음.[11]

계속적 거래가 발생되는 단순한 구조의 상장증권(예 : 주식, ETF 등) 및 장내파생상품(예 : 선물, 옵션) 등을 거래소시장에서 거래하는 경우에는 실질적으로 매 투자권유 시마다 거래의 방법 및 위험성 등을 설명하기 곤란하므로 최초 계좌 개설 또는 투자권유 시에만 설명의무를 이행하는 것도 가능

임직원등이 자본시장법 제124조에 따라 투자설명서(간이투자설명서 포함)를 사용하여 펀드에 대한 투자를 권유하는 경우 투자설명사항 중 집합투자기구의 종류(클래스)와 관련하여 다음 사항을 설명할 필요가 있음

ㄱ. 집합투자기구의 한글로 된 종류(클래스) 명칭은 '판매수수료 부과방식－판매경로－기타 펀드 특성'에 따라 3단계로 구분된다는 점

ㄴ. 투자자가 투자하고자 하는 펀드에 대한 한글로 된 종류 명칭

---

11 예를 들어, 해당 판매회사에 동일한 유형의 상품에 투자한 기록이 남아있거나 투자자가 다른 회사에서 동일한 유형의 상품에 투자한 경험 등을 이유로 간략한 설명 등을 희망하는 경우에는 해당 상품의 구조와 위험성에 대한 간단한 질문을 통해 파악된 투자자의 이해 수준에 맞게 설명의 정도를 간략히 할 수 있다.

❺ 임직원등은 ❶ 및 ❹에 따라 설명하였음에도 불구하고 투자자가 주요 손익구조 및 손실위험을 이해하지 못하는 경우에는 투자권유를 계속하여서는 아니 됨

❻ 임직원등은 다음의 어느 하나에 해당하는 경우를 제외하고는 ❶에 따른 설명의 무를 이행하기 위해서 투자자에게 설명서를 교부하여야 함[12]. 이때, 집합투자증 권의 발행인이 작성한 투자설명서 및 간이투자설명서를 제공한 경우 해당 내용 을 제외할 수 있음

ㄱ. 증권신고의 효력이 발생한 증권을 취득하고자 하는 투자자가 서면, 전화·전 신·모사전송, 전자우편 및 이와 비슷한 전자통신, 그 밖에 금융위원회가 정하 여 고시하는 방법으로 설명서의 수령을 거부하는 경우

ㄴ. 이미 취득한 것과 같은 집합투자증권을 계속하여 추가로 취득하려는 경우. 단, 해당 집합투자증권 투자설명서 내용이 직전에 교부한 내용과 같은 경우 만 해당

ㄷ. 기본계약을 동일 내용으로 갱신하거나 기본계약을 체결하고 그 계약내용에 따라 계속적·반복적으로 거래를 하는 경우

❼ 임직원등은 ❶에 따라 설명을 하기 전에 서면교부, 우편(또는 전자우편), 휴대전화 문자메시지(또는 이에 준하는 전자적 의사표시)의 방법으로 투자자에게 설명서를 제공 해야 함

❽ 임직원등은 ❶에 따른 설명을 함에 있어서 투자자의 합리적인 투자판단 또는 해 당 금융투자상품의 가치에 중대한 영향을 미칠 수 있는 중요사항을 거짓 또는 왜 곡하여 설명하거나 누락하여서는 아니 됨

❾ 임직원등은 위험등급에 관한 설명의무를 이행함에 있어 위험등급의 의미와 유의 사항, 해당 위험등급으로 정해진 사유를 함께 설명함으로써 투자자가 그 위험등 급의 의미하는 바를 정확히 이해할 수 있도록 함

❿ 임직원등은 투자자가 추후에도 금융투자상품에 대하여 문의할 수 있도록 자신의 성명, 직책, 연락처 및 콜센터 또는 상담센터 등의 이용방법을 알려야 함[13]

---

12 설명내용을 투자자가 이해하였다는 사실은 '상품가입신청서상 설명내용 고객 확인란' 등을 활용하여 확인받을 수 있다. 설명서 내용 중 원금손실 가능성, 예금자보호, 투자위험 등과 관련된 중요단어는 상대적으로 크고 굵은 문자로 표기하여야 한다.

13 고객에게 교부하는 설명서 등 각종서류를 활용하여 판매직원의 성명 및 연락처 등 사후관리에 필요 한 정보를 제공하는 것이 바람직하다.

(2) 외화증권 등에 대한 설명의무 특칙

임직원등은 투자자에게 해외자산에 투자하는 집합투자기구의 집합투자증권을 투자권유하는 경우에는 (1)의 ❶에 따른 설명 시 다음의 사항을 포함하여야 한다.

❶ 투자대상 국가 또는 지역의 경제여건 및 시장 현황에 따른 위험
❷ 집합투자기구 투자에 따른 일반적 위험 외에 환율 변동 위험, 해당 집합투자기구의 환위험 헤지 여부, 환헤지비율의 최대치가 설정된 목표 환헤지비율, 환헤지 대상 통화, 주된 환헤지수단 및 방법
❸ 환위험 헤지가 모든 환율 변동 위험을 제거하지는 못하며, 투자자가 직접 환위험 헤지를 하는 경우 시장 상황에 따라 헤지비율 미조정 시 손실이 발생할 수 있다는 사실[14]
❹ 모자형 집합투자기구의 경우 투자자의 요청에 따라 환위험 헤지를 하는 자펀드와 환위험 헤지를 하지 않는 자펀드 간의 판매비율 조절을 통하여 환위험 헤지비율을 달리(예 : 20%, 40%, 60%)하여 판매할 수 있다는 사실

---

section 05 | 금융투자상품의 위험도 분류

❶ 위험등급은 최소 6단계 이상으로 구분하고, 1등급을 가장 높은 위험으로 함. 다만, 장외파생상품에 대한 위험등급 산정은 별도로 기준을 정함
❷ 회사는 기초자산의 변동성, 신용등급, 상품구조의 복잡성, 최대 원금손실 가능액, 환매·매매의 용이성, 환율의 변동성, 그 밖에 원금손실 위험에 영향을 미치는 사항을 고려하여 다음의 기준으로 투자성 상품의 위험등급을 산정
　ㄱ. 적용대상 금융상품 : 일반금융소비자에게 판매되는 모든 투자성 상품으로 지분증권, 채무증권, 집합투자증권, 파생결합증권, 파생상품, 신탁계약, 일임계약 등 포함. 단 연계투자 및 신탁계약은 제외

---

14 장외파생상품 거래를 이용한 환위험 헤지를 투자권유하는 경우에는 '장외파생상품에 대한 특칙'의 절차를 따른다.

ㄴ. 위험등급 산정의 주체 : 금융상품직접판매업자는 ❶에 포함되는 투자성 상품의 판매 전에 해당 상품의 위험등급을 산정

ㄷ. 위험등급 체계 : 위험등급은 최소 6단계 이상으로 구분하고, 1등급을 가장 높은 위험으로 하며 그 수가 커질수록 위험도가 낮아지는 것을 의미

　　a. 회사는 투자자가 해당 금융투자상품의 위험도를 쉽게 이해할 수 있도록 당해회사의 "금융투자상품 위험도 분류표"를 상담창구에 비치하고, 투자 권유시 이를 활용하여 다른 금융투자상품과의 비교 등의 방법을 통해 상대적인 위험수준을 설명하여야 함

　　b. 회사는 금융상품의 위험등급을 설명함에 있어서 각 위험등급별로 다른 색상으로 나타내는 등 고객이 각 등급의 의미를 시각적으로 이해하기 쉽게 표시하여야 함

　　(예시) 금융투자상품의 위험도에 따라 금융투자상품 위험도 분류를 3가지 색상(적색, 황색, 녹색)으로 구분하여 금융투자상품의 위험도에 대한 투자자의 직관적인 이해도를 높이는 방식 등 활용

표 2-2　위험등급 구간별 명칭(예시)

1등급	2등급	3등급	4등급	5등급	6등급
매우 높은 위험	높은 위험	다소 높은 위험	보통 위험	낮은 위험	매우 낮은 위험

ㄹ. 위험등급 산정방식

금융상품직접판매업자는 관련 법령에 규정된 사항(기초자산의 변동성 등)을 고려하여 각 위험요소별 아래 사항들을 참고하여 위험등급 산정시 반영하고, 그 밖의 구체적인 것은 아래 "ㅇ"과 같은 상품유형별 위험등급 산정 기준에서 정하는 바를 따름

　　a. 시장위험[15] 등급은 투자성 상품 유형별 특성을 고려하여 아래 "ㅇ"과 같은 상품유형별 위험등급 산정 기준에서 정하는 바에 따라 6단계(또는 그 이상)로 산정

---

15 기초자산의 변동성 등 시장가격 변동에 따라 상품의 가치가 변동함에 따라 발생할 수 있는 원금손실 위험을 통칭

b. 신용위험[16] 등급은 신용평가업을 영위하기 위하여 금융위원회로부터 인가를 받은 신용평가회사 또는 외국에서 이에 준하는 기능을 수행하는 국제신용평가회사가 부여한 신용등급을 활용하여 산정. 국내신용등급과 해외신용등급이 상이한 경우, 국내 신용등급을 사용하는 것을 원칙으로 하되해외 신용등급만 있는 경우 금융투자업규정시행세칙 [별표5] 35호 라목에따라 국내 신용등급으로 전환할 수 있음

표 2-3 신용평가회사의 신용등급에 따른 신용위험등급 분류

구분	6등급 (저위험)	5등급	4등급	3등급	2등급	1등급 (고위험)
장기등급	국공채 등[17], AAA~AA−		A+ ~ A−	BBB+~ BBB−	BB+~ BB−	B+ 이하 또는 무등급
단기등급	A1		A2	A3	B 이하 또는 무등급	

c. 시장위험 등급과 신용위험 등급을 모두 산정하는 상품의 경우, 아래 "○"과 같은 상품유형별 위험등급 산정 기준에서 정하는 바에 따라 시장위험과 신용위험을 모두 고려한 종합 위험등급을 산정

d. 외국통화로 투자가 이루어지는 상품(외화표시 파생결합증권, 외화표시 집합투자증권, 해외채권 등)의 경우, 환율의 변동성 위험을 고려하여 종합위험등급을 1등급 상향하는 것을 원칙으로 함. 다만, 해당 외국통화의 변동성이 매우 높아 투자 손익에 미치는 영향이 상당할 것으로 예상되는 경우에는 2개 등급을 상향할 수 있고, 환율위험에 대한 헤지가 이루어져 환율의 변동성이 투자 손익에 미치는 영향이 현저히 줄어들거나 그 밖에 다른 방식으로 환율위험이 위험등급에 이미 반영된 경우 등 등급 상향이 적절하지 않다고 판단되는 경우 등급을 상향하지 아니할 수 있음

e. 유동성위험은 해당 상품의 중도환매 가능 여부 및 중도환매시 비용의 정도에 따라 '중도환매 불가', '중도환매시 비용발생', '중도환매 허용' 3단계로 구분하고, 관련 세부사항(중도환매 시 발생하는 비용의 수준 등 환매의 용이성

---

16 발행자의 채무불이행 등으로 원금손실이 발생할 수 있는 위험을 통칭
17 자본시장법 제118조의 규정에 따라 증권신고서 제출 의무가 적용되지 아니하는 국채증권, 지방채증권, 특수채증권 등에 해당하는 것으로, 국가 또는 지방자치단체의 지급보증 등으로 사채권에 비해신용위험이 낮다고 인정되는 채무증권

을 제한하는 요소 세부내역)은 설명서에 별도로 기재. 또한 상품 구조상 중도 환매·매매 등에 제약이 없더라도 상품을 거래할 수 있는 시장이 존재하지 않거나 그 밖에 시장 상황에 따라 거래가 제때 이루어지지 않아 환매·매매 의 용이성이 낮아질 가능성이 있는 경우 이를 유동성위험에 관한 사항으로 설명서에 별도 기재하고 금융상품직접판매업자는 상품의 특성에 따라 유동성위험의 중요성이 매우 높다고 판단되는 경우 위험등급에 직접 반영 (등급 상향)할 수 있음

    f. 고난도금융투자상품은 상기 위험등급 산출 방식에도 불구하고 2등급보다 낮은 등급을 부여할 수 없음을 원칙[18]으로 함

    g. 판매회사는 상품별 특성을 고려하여 기타 원금손실 등 상품의 위험성에 영향을 미치는 사항이 있는 경우 위험등급 산정시 반영할 수 있음. 또한 아래 "ㅇ"과 같은 상품별 위험등급 산정 기준에 따라 인정된 위험등급이 실제 위험도를 제대로 반영하지 못한다고 판단되는 경우 위험등급을 상향 하는 등 조정할 수 있음

ㅁ. 위험등급 산정 시기 : 해당 금융상품을 판매하는 시점에 1회 산출하는 것을 원칙으로 하되, 수시 판매 및 환매가 가능한 상품(예: 개방형 펀드)의 경우 연 1회(매년 결산시점) 등급을 재산정. 다만, 재산정 주기가 도래하지 않더라 도 시장상황 급변 등으로 특정 위험요소가 현실화될 가능성이 높아지거나 기 타 현재 사용 중인 위험등급이 시장 상황의 변화를 제대로 반영하지 못한다 고 판단되는 경우 금융상품직접판매업자의 판단에 따라 위험등급을 재산정 할 수 있음

ㅂ. 위험등급 관련 내부통제 : 판매회사는 신규 상품을 출시하고자 하는 경우 신 규상품 출시에 관한 의사결정 과정에 해당 상품의 위험등급의 적정성 평가· 검토 절차를 반영하고 이미 판매 중인 상품의 위험등급의 적정성을 정기적으 로 점검하는 절차를 마련

ㅅ. 판매회사는 금융상품의 위험등급(유동성에 관한 별도 등급이 있는 경우 이 를 포함)을 설명함에 있어서 각 위험등급별로 다른 색상으로 나타내는 등 고 객이 각 등급의 의미를 시각적으로 이해하기 쉽게 표시. 또한 위험등급 산정

---

18 모든 위험요소를 종합적으로 고려한 최종 위험등급이 2~6등급인 경우 2등급을 부여하고 최종 위험 등급이 1등급인 경우 그대로 1등급 부여

에 반영한 중요 위험요소 중 추가적인 설명이 필요하다고 판단되는 경우에는 이를 충실히 기재·설명

　— 판매회사는 위험등급에 관한 설명의무를 이행함에 있어 위험등급의 의미와 유의사항, 해당 위험등급으로 정해진 사유를 함께 설명함으로써 투자자가 그 위험등급이 의미하는 바를 정확히 이해할 수 있도록 함

ㅇ. 공모펀드의 위험등급 산정 기준

　a. 설정 3년 미만 펀드의 경우 <표 2-4>에 따라 편입대상 자산의 상품군을 기준으로 위험등급을 분류

표 2-4 설정 3년 미만 펀드의 상품군별 위험등급 분류

등급	국내투자 신규펀드 등급 분류기준
1등급 (매우 높은 위험)	① 레버리지 등 수익구조가 특수하여 투자시 주의가 필요한 집합투자기구 ② 최대손실률이 20%를 초과하는 파생결합증권에 주로 투자하는 집합투자기구 ③ 기타 이와 유사한 위험수준을 갖는 집합투자기구
2등급 (높은 위험)	① 고위험자산에 80% 이상 투자하는 집합투자기구 ② 기타 이와 유사한 위험수준을 갖는 집합투자기구
3등급 (다소 높은 위험)	① 고위험자산에 80% 미만으로 투자하는 집합투자기구 ② 최대손실률이 20% 이하인 파생결합증권에 주로 투자하는 집합투자기구 ③ 기타 이와 유사한 위험수준을 갖는 집합투자기구
4등급 (보통 위험)	① 고위험자산에 50% 미만으로 투자하는 집합투자기구 ② 중위험자산에 최소 60% 이상 투자하는 집합투자기구 ③ 기타 이와 유사한 위험수준을 갖는 집합투자기구
5등급 (낮은 위험)	① 저위험자산에 최소 60% 이상 투자하는 집합투자기구 ② 수익구조상 원금보존추구형 파생결합증권에 주로 투자하는 집합투자기구 ③ 기타 이와 유사한 위험수준을 갖는 집합투자기구
6등급 (매우 낮은 위험)	① 단기금융집합투자기구(MMF) ② 단기 국공채 등에 주로 투자하는 집합투자기구 ③ 기타 이와 유사한 위험수준을 갖는 집합투자기구

* "고위험자산"은 주식, 상품, REITs, 투기등급채권(BB+등급 이하), 파생상품 및 이와 유사한 수준의 위험을 갖는 자산, "중위험자산"은 채권(BBB−등급 이상), CP(A3등급 이상), 담보부 대출 및 대출채권 및 이와 유사한 수준의 위험을 갖는 자산, "저위험자산"은 국공채, 지방채, 회사채(A−등급 이상), CP(A2−등급 이상), 현금성 자산 및 이와 유사한 수준의 위험을 갖는 자산. 상기 표에 정의된 자산 이외의 자산에 대해서는 달리 정할 수 있음

b. 설정 3년 경과 펀드는 출시이후부터 등급산정 기준일까지의 최근 3년간 일간수익률을 토대로 <표 2-5>에 따른 위험등급을 부여

- 레버리지·인버스 ETF는 VaR로 산출한 위험등급에서 1등급 상향
- 과거 수익률 등 객관적인 자료에 의한 평가가 불가능하거나 적절하지 않은 집합투자증권의 경우, 투자대상, 손실가능성 등을 종합적으로 고려하여 자체적으로 설정한 기준에 따라 위험등급을 부여
- 다만, 채권형 및 채권혼합형 펀드는 수익률 변동성에 신용위험이 충분히 반영되지 못하였다고 판단되는 경우 편입자산의 신용위험을 고려하여 위험등급을 상향할 수 있음

표 2-5 **시장위험 등급 기준표(97.5% VaR 모형* 사용)**

	1등급 (고위험)	2등급	3등급	4등급	5등급	6등급 (저위험)
97.5% VaR	60% 초과	60% 이하	40% 이하	20% 이하	10% 이하	1% 이하

* 과거 3년 일간 수익률에서 2.5퍼센타일에 해당하는 손실률의 절대값에 연환산 보정계수($\sqrt{250}$)를 곱해 산출

c. 환율위험 및 유동성위험은 상기 ❷에서 정한 바에 따름

❸ 회사는 금융투자상품에 대한 위험도 분류를 하는 경우 외부기관이 작성한 위험도 평가기준 등을 고려할 수 있음

❹ 직원 등은 포트폴리오투자의 경우, 이를 구성하는 개별 금융투자상품의 위험도를 투자금액 비중으로 가중 평균한 포트폴리오 위험도를 사용할 수 있음. 다만, 포트폴리오의 구성, 운용전략 및 위험도 책정 등을 회사의 전문조직에서 결정하는 경우 이에 따르도록 함

- 포트폴리오 투자의 권유 시 투자자의 투자목적, 투자경험 및 지식수준 등에 비추어 과도하게 위험도가 높은 금융투자상품을 포트폴리오에 편입하지 않도록 주의할 필요가 있음
- 예를 들어 투자자가 중간 정도의 위험-수익을 선호하는 투자자 성향으로 분석되었고, 선물·옵션에 대한 투자경험이나 지식수준이 없음에도 불구하고,

선물·옵션을 포트폴리오에 편입시켜 투자권유를 하는 경우에는 부적합한 투자권유가 될 수도 있음

section 06 그 밖의 투자권유 유의사항

1 계약서류의 교부

회사는 투자자와 계약을 체결한 경우 금융소비자보호법령에 따른 계약서류를 다음의 방법으로 투자자에게 지체 없이 제공하여야 함. 다만, 투자자가 다음의 방법 중 특정 방법으로 제공해 줄 것을 요청하는 경우에는 그 방법으로 제공해야 함

ㄱ. 서면교부
ㄴ. 우편 또는 전자우편
ㄷ. 휴대전화 문자메세지 또는 이에 준하는 전자적 의사표시

2 청약의 철회

회사는 투자자가 투자성 상품 중 청약철회가 가능한 대상상품[19]에 대해 1) 계약서류를 제공 받은 날, 2) 계약체결일 중 어느 하나에 해당되는 날로부터 7일내에 서면 등의 방법으로 청약 철회의 의사를 표시하는 경우 이를 수락하여야 함. 회사는 청약의 철회를 접수한 날로부터 3영업일 이내에 이미 받은 금전 등을 반환하고, 반환이 늦어진 기간에 대해서는 해당 금융상품의 계약에서 정해진 연체이자율을 금전·재화·용역의 대금에 곱한 금액을 일 단위로 계산해서 지급해야 함

회사는 청약이 철회된 경우 투자자에 대하여 청약의 철회에 따른 손해배상 또는 위약금 등 금전 지급을 청구할 수 없으며, 청약의 철회에 대한 특약으로서 투자자에게 불

---

19 금융소비자보호법상 "투자성상품 중 청약철회가 가능한 대상상품"이란 고난도금융투자상품(일정 기간에만 금융소비자를 모집하고 기간이 종료된 후에 금융소비자가 지급한 금전등으로 자본시장법에 따른 집합투자를 실시하는 것만 해당), 고난도투자일임계약, 고난도금전신탁계약, 비금전신탁을 말함.

리한 것은 무효로 함. 회사는 청약이 철회된 경우 투자자에 대하여 청약의 철회에 따라 금전(이자 및 수수료를 포함)반환하는 경우에는 투자자가 지정하는 입금계좌로 입금해야 함

3 위법 계약의 해지

임직원등은 금융소비자보호법상의 적합성 원칙, 적정성 원칙, 설명의무, 불공정영업행위 금지, 부당권유행위 금지 등을 위반하여 다음을 모두 충족하는 금융상품에 관한 계약을 투자자와 체결한 경우, 투자자가 서면 등으로 해당 계약의 해지를 요구하는 경우 이를 수락하여야 함

　　ㄱ. 계약의 형태가 계속적일 것
　　ㄴ. 계약기간 종료 전 금융소비자가 계약을 해지할 경우 그 계약에 따라 금융소
　　　비자의 재산에 불이익이 발생할 것

투자자가 위법계약을 체결하였음을 안 날로부터 1년 이내에(해당 기간은 계약체결일부터 5년 이내의 범위에 있어야 함) 해당 계약의 해지를 요구할 수 있으며 임직원등은 투자자의 해지를 요구 받은 날로부터 10일 이내에 수락여부를 통지해야 하고, 거절 시에는 거절 사유를 함께 통지하여야 함

4 손실보전 등의 금지

임직원등은 금융투자상품의 매매, 그 밖의 거래와 관련하여 다음의 행위를 하여서는 아니 된다. 다만, 자본시장법 제103조 제3항(신노후생활연금신탁, 연금신탁, 퇴직일시금신탁)에 따라 손실의 보전 또는 이익의 보장을 하는 경우, 그 밖에 건전한 거래질서를 해할 우려가 없는 경우로서 정당한 사유가 있는 경우를 제외함

❶ 투자자가 입을 손실의 전부 또는 일부를 보전하여 줄 것을 사전에 약속하는 행위
❷ 투자자가 입은 손실의 전부 또는 일부를 사후에 보전하여 주는 행위
❸ 투자자에게 일정한 이익을 보장할 것을 사전에 약속하는 행위

④ 투자자에게 일정한 이익을 사후에 제공하는 행위

5 투자매매업자 및 투자중개업자의 금지행위

(1) 과당매매의 권유 금지

임직원등은 투자자의 투자목적, 재산상황 및 투자경험 등을 고려하지 아니하고 일반투자자에게 빈번한 금융투자상품의 매매거래 또는 과도한 규모의 금융투자상품의 매매거래를 권유하여서는 아니 됨. 이 경우 특정 거래가 빈번한 거래인지 또는 과도한 거래인지 여부는 다음의 사항을 감안하여 판단

① 투자자가 부담하는 수수료의 총액
② 투자자의 재산상태 및 투자목적에 적합한지 여부
③ 투자자의 투자지식이나 경험에 비추어 해당 거래에 수반되는 위험을 잘 이해하고 있는지 여부
④ 개별 매매거래 시 권유내용의 타당성 여부

(2) 자기매매 등을 위한 권유 금지

임직원은 자기 또는 제3자가 소유한 투자성 상품의 가치를 높이기 위해 투자자에게 해당 투자성 상품의 취득을 권유하여서는 아니 됨

(3) 부당한 권유 금지

① 임직원은 금융투자상품의 가치에 중대한 영향을 미치는 사항을 미리 알고 있으면서 이를 투자자에게 알리지 아니하고 해당 금융투자상품의 매수나 매도를 권유하여 해당 금융투자상품을 매도하거나 매수하여서는 아니 됨
② 임직원은 투자자에게 회사가 발행한 주식의 매매를 권유하여서는 아니 됨
③ 임직원은 자본시장법 제55조(손실보전 등의 금지) 및 자본시장법 제71조(불건전영업행위의 금지)에 따른 금지 또는 제한을 회피할 목적으로 하는 행위로서 장외파생상품거래, 신탁계약 또는 연계거래 등을 이용하여서는 아니 됨
④ 임직원은 신뢰할 만한 정보·이론 또는 논리적인 분석·추론 및 예측 등 적절하고 합리적인 근거를 가지고 있지 아니하고 특정 금융투자상품의 매매거래나 특

정한 매매전략 · 기법 또는 특정한 재산운용배분의 전략 · 기법을 채택하도록 투자자에게 권유하여서는 아니 됨

❺ 임직원은 해당 영업에서 발생하는 통상적인 이해가 아닌 다른 특별한 사유[20]로 그 금융투자상품의 가격이나 매매와 중대한 이해관계를 갖게 되는 경우에 그 내용을 사전에 투자자에게 알리지 아니하고 특정 금융투자상품의 매매를 권유하여서는 아니 됨. 다만, 다음의 어느 하나에 해당하는 사유로 이를 알리지 아니한 경우는 제외

ㄱ. 투자자가 매매권유당시에 해당 이해관계를 알고 있었거나 알고 있었다고 볼 수 있는 합리적 근거가 있는 경우. 다만, 조사분석자료에 따른 매매권유의 경우는 제외

ㄴ. 매매를 권유한 임직원이 그 이해관계를 알지 못한 경우. 다만, 회사가 그 이해관계를 알리지 아니하고 임직원으로 하여금 해당 금융투자상품의 매매를 권유하도록 지시하거나 유도한 경우는 제외

ㄷ. 해당 매매권유가 투자자에 대한 최선의 이익을 위한 것으로 인정되는 경우. 다만, 조사분석자료에 따른 매매권유의 경우는 제외

❻ 임직원은 특정 금융투자상품의 매매를 권유하는 대가로 권유대상 금융투자상품의 발행인 및 그의 특수관계인 등 권유대상 금융투자상품과 이해관계가 있는 자로부터 재산적 이익을 제공받아서는 아니 됨

❼ 임직원은 집합투자증권의 판매와 관련하여 회사가 받는 판매보수 또는 판매수수료가 회사가 취급하는 유사한 다른 집합투자증권의 그것보다 높다는 이유로 투자자를 상대로 특정 집합투자증권의 판매에 차별적인 판매촉진노력을 하여서는 아니 됨. 다만, 투자자의 이익에 부합된다고 볼 수 있는 합리적 근거가 있어 판매대상을 단일집합투자업자의 집합투자증권으로 한정하거나 차별적인 판매촉진노력을 하는 경우는 제외함

❽ 임직원은 신용공여를 통한 매매거래를 원하지 않는 투자자에게 이를 부추기거나 조장하는 행위를 하여서는 아니 되며, 신용공여를 통한 매매거래를 원하는 투자자에게는 그에 따르는 위험을 충분히 설명하여야 함

❾ 임직원은 매매거래에 관한 경험부족 등으로 임직원등의 투자권유에 크게 의존하

---

20 회사의 인수계약 체결, 지급보증의 제공, 대출채권의 보유, 계열회사 관계 또는 회사가 수행 중인 기업인수 및 합병 업무대상, 발행주식총수의 1% 이상 보유 등

는 투자자에게 신용공여를 통한 매매거래나 과다하거나 투기적인 거래, 선물·옵션 등 위험성이 높은 금융투자상품의 매매거래를 권유하여서는 아니 됨

chapter 03

수익증권저축거래

section 01 수익증권저축의 의의

'수익증권저축'이란 판매회사가 저축가입자로부터 저축금을 받아 그 자금으로 수익증권을 매입하고 보관·관리함으로써 저축자의 편익을 도모하는 제도를 말한다.[1]

수익증권저축제도는 수익증권현물의 양·수도에 따른 업무의 번거로움, 수익증권현물의 보관·관리에 따른 불편, 수익증권현물의 분실이나 오손·훼손 시 재교부 절차의 복잡 등 수익증권현물거래의 불편함을 해소하고, 고객과 판매회사 간의 거래관계를 직접적으로 규율하는 '수익증권저축약관'을 제정·시행함으로써 투자신탁상품의 고유한 특성을 유지하면서도 타 금융기관의 저축제도에 대응하기 위해 도입되었으며, 투자신탁의 대중화를 촉진함으로써 오늘날과 같은 투자신탁의 발전에 크게 기여하였다.

---

1 수익증권저축약관 제1조.

‘수익증권저축약관’은 판매회사와 저축자를 당사자로 하여 저축의 종류와 방법, 저축자의 의무, 판매회사의 면책사항 등을 규정하여 정형화한 계약조항을 말하며, 저축자와의 대량적·반복적 거래를 직접 규율하는 보통거래약관으로서의 성질을 가지고 있다.

한편 ‘수익증권저축약관’은 투자자들이 투자상품인 수익증권을 은행예금과 같은 저축상품으로 오인할 수 있고 수익증권의 통장거래가 급격하게 증가하면서 2004년에 ‘수익증권통장거래약관’으로 명칭이 바뀌었으나 그 후 통장거래 이외에도 온라인을 통해 통장 없이 가입하는 경우가 많아지면서 2014년에 ‘통장’이라는 표현을 삭제하고 다시 ‘수익증권저축약관’으로 명칭을 변경하였다.

section 02 수익증권저축계약의 성립

수익증권저축계약은 판매회사가 저축자로부터 저축가입 신청과 저축금을 받음으로써 성립한다. 수익증권저축계약은 저축자와 판매회사 간에 수익증권의 매수를 포함하는 투자신탁가입계약과 매수된 수익증권의 보관 및 관리를 위한 혼장임치계약의 혼합계약으로 볼 수 있다. 수익증권저축계약의 당사자는 판매회사와 저축자이며, 저축자는 저축재산의 관리에 필요한 일체의 사항을 판매회사에 위임한다.

저축자는 실명으로 거래하여야 하며, 판매회사는 저축자의 실명확인을 위하여 주민등록증·사업자등록증 등 실명확인증표 또는 그 밖에 필요한 서류의 제시나 제출을 요구할 수 있고 저축자는 이에 따라야 한다.

판매회사는 저축계약이 성립된 가입자에게 수익증권저축통장(수익증권저축증서 및 거래용 카드 포함)을 교부한다. 다만, 무통장 거래 등의 경우에는 이를 교부하지 아니할 수 있다.

저축자는 저축가입 신청 시 저축의 종목과 종류 등을 정하여야 한다. 수익증권저축의 대상종목은 운용을 담당하는 금융투자업자가 금융감독원장에게 증권신고서를 제출하고 그 효력이 발생한 투자신탁의 수익증권으로 한다. 다만, 사모 수익증권의 경우 등록이 완료된 수익증권으로 한다. 저축의 종목 및 종류와 관련된 세부사항은 판매회사와 저축자가 합의하여 정한다.

수익증권저축의 종류

1 임의식

저축자가 저축금 인출요건, 저축기간, 저축금액 및 저축목표금액을 정하지 않고 임의로 저축하는 방식을 말한다. 동일 계좌에 저축금의 추가 납입과 일부 인출이 가능하고, 수익금의 범위 내에서의 인출은 할 수 없으며 저축재산의 인출 시 신탁계약에서 정하는 바에 따라 환매수수료를 징구한다.

2 목적식

저축자가 저축금 인출요건, 저축기간, 저축금액 또는 저축목표금액을 정하여 저축하는 방식을 말한다.

(1) 거치식

❶ 수익금 인출식 : 일정 금액을 일정기간 이상 저축하면서 저축기간 중 수익금 범위 내에서 저축재산을 인출할 수 있는 방식을 말함. 동일 계좌에서 추가 납입은 할 수 없으며 필요시 별도의 계좌를 추가로 개설하여 처리. 저축기간 중 일부 인출이 가능하지만 이로 인해 원본금액의 일부가 감액되는 경우에는 이를 일부 해약으로 보고 잔여금액을 원본금액으로 하여 저축기간이 계속되는 것으로 봄

❷ 일정 금액 인출식 : 일정 금액을 일정기간 이상 저축하면서 저축기간 중 사전에 정한 일정 금액(수익금이 발생한 경우 우선하여 인출)의 저축재산을 매월 인출할 수 있는 방식을 말함. 다른 내용은 수익금 인출식과 동일

(2) 적립식

❶ 정액적립식 : 저축기간을 일정기간 이상으로 정하고(예 : 3년 이상, 5년 이상) 저축기간 동안 일정 금액 또는 좌수를 정하여 매월 저축하는 방식을 말함. 저축기간 중

저축재산의 일부 인출이 가능하지만 신탁계약에서 정하는 바에 따라 환매수수료를 징구하며, 저축금을 완납하고 저축기간이 종료된 이후에 일부 인출하는 경우에는 그러하지 아니 함. 저축자가 계속하여 6개월 이상 저축금을 납입하지 않은 때 저축자에게 14일 이상으로 정한 기간을 부여하여 저축금의 추가 납입을 요구하고 그 기간 동안 저축자가 적절한 조치를 취하지 않는 경우 판매회사가 저축계약을 해지할 수 있음. 저축자가 약정한 만기일이 도래하였으나 미납입 저축금이 있는 경우에는 이를 납입 완료한 다음 영업일을 만기지급일로 함

❷ 자유적립식 : 저축기간을 일정기간 이상으로 정하고(예 : 3년 이상, 5년 이상) 저축기간 동안 금액에 제한 없이 수시로 저축하는 방식을 말함. 저축기간 중 저축재산의 일부 인출이 가능하지만 신탁계약에서 정하는 바에 따라 환매수수료를 징구하며, 저축기간이 종료된 이후에 일부 인출하는 경우에는 그러하지 아니 함

(3) 목표식

저축목표금액을 정하여 일정기간 이상 수시로 저축하는 방식을 말한다. 목표식의 만기는 저축금액이 저축목표금액에 달하고 저축기간이 종료된 때이므로 저축자가 약정한 만기일이 도래하였으나 저축목표금액에 미달된 경우에는 저축기간이 연장된다. 입금누계액이 저축목표금액에 달한 경우에는 추가 입금을 할 수 없고, 저축기간 중 저축재산의 일부 인출이 가능하지만 신탁계약에서 정하는 바에 따라 환매수수료를 징구하며, 저축목표금액을 완납하고 저축기간이 종료된 이후에는 그러하지 아니하다. 목표식은 저축기간의 종료 시 환매수수료를 면제하는 적립식의 장점과 저축금액 및 납입횟수에 제한 없이 수시로 입금이 가능한 임의식의 장점을 혼합한 저축방식임

(4) 저축기간, 저축금액 또는 저축목표금액의 조정

판매회사는 저축자의 요청에 따라 기존에 정한 저축기간의 종료 또는 저축목표금액의 도달과 관계없이 저축기간을 연장하거나 저축금액 또는 저축목표금액을 감액 또는 증액할 수 있다. 다만, 「조세특례제한법」 등의 법령에서 특별히 저축기간, 저축금액 또는 저축목표금액에 관하여 정한 사항이 있는 경우에는 그에 따른다.

1 저축금액

저축금액의 최고 및 최저한도는 제한하지 아니함을 원칙으로 한다. 다만, 신탁계약에서 특별히 정하는 경우, 「조세특례제한법」 등 관련 법령에서 규정하는 경우 등 특정한 경우에는 저축한도를 제한할 수 있다.

임의식저축에서는 저축금액을 약정하지 않지만, 목적식저축은 저축금액을 정하여야 한다.

2 저축기간

임의식저축은 저축기간을 약정하지 않지만, 목적식저축은 저축기간을 정하여야 한다. 저축기간은 변경신고에 의해 변경할 수 있으나[2] 신탁계약에서 변경할 수 없도록 정한 경우에는 변경할 수 없으며, 투자신탁의 신탁계약이 해지되는 경우에는 그 해지결산일까지를 저축기간으로 한다. 저축기간은 수익증권의 최초 매수일부터 시작한다.

3 저축금의 납입

저축자는 현금이나 즉시 받을 수 있는 수표·어음 등으로 저축금을 납입(계좌송금 및 계좌대체 포함)할 수 있다.

저축금으로 납입한 수표·어음 등이 지급거절된 경우에는 저축금의 납입을 취소하며, 판매회사는 증권의 권리보전 절차를 밟지 아니하고 저축자 또는 계좌송금의뢰인에게 지급거절된 수표·어음 등을 반환한다.

판매회사는 저축자로부터 납입받은 저축금을 수익증권 매수 전까지 관리함에 있어

---

2 대부분의 경우 저축기간의 연장은 가능하지만 저축기간의 단축은 특정한 조건 하에서 예외적으로 인정된다.

선량한 관리자의 주의의무를 다하여야 하며, 해당 저축금을 양도하거나 담보로 제공할 수 없다. 판매회사는 저축금에 대해 저축자에게 고지한 지급기준에 따른 저축금 이용료를 지급하여야 한다.

저축자는 판매회사로부터 지급받는 저축금 이용료의 지급기준을 영업점, 인터넷 홈페이지, 온라인 거래를 위한 컴퓨터 화면, 그 밖에 이와 유사한 전자통신매체를 통하여 확인할 수 있다. 판매회사는 운용수익, 예금자 보험료, 감독분담금 등을 감안하여 저축금 이용료를 합리적으로 산정하고, 저축금 이용료 산정에 영향을 미치는 요인의 변동상황을 주기적으로 점검하여 이를 반영하여야 한다.

저축자는 저축금 이용료의 지급기준이 변경되는 경우 영업점, 인터넷 홈페이지, 온라인 거래를 위한 컴퓨터 화면, 그 밖에 이와 유사한 전자통신매체를 통하여 확인할 수 있으며, 저축자에게 불리한 저축금 이용료 지급기준 변경에 대하여 저축자가 그 내용을 저축금 이용료 변경 전에 자신이 지정한 전자우편 또는 휴대폰 문자서비스(SMS, MMS 등) 등의 방법을 통하여 안내받기를 원하는 경우 판매회사는 그 방법으로 사전에 알려주어야 한다. 판매회사는 저축금 이용료의 지급기준이 변경되는 경우 매매거래 등을 통지할 때 그 변경내용을 함께 저축자에게 알려주어야 한다.

4 수익증권의 매수

판매회사는 저축자가 납입한 저축금으로 저축자가 지정한 종목 및 종류에 따라 수익증권을 매수하여 저축한다. 이 경우 판매회사는 수익증권을 1좌 단위로 매각 또는 환매할 수 있으며, 1매의 수익증권을 별도로 분할하지 않고 2 이상의 저축자에게 수익증권의 단위 범위 이내에서 매각할 수 있다.

5 매매거래 등의 통지

판매회사는 저축자가 거래를 시작하기 전에 저축자가 원하는 매매성립내용의 통지방법을 확인하여 이를 기록·유지해야 하며, 수익증권의 매매가 체결된 경우 다음에서 정하는 방법에 따라 그 명세를 저축자에게 통지하여야 한다.

❶ 매매가 체결된 후 지체 없이 매매의 유형, 종목·품목, 수량, 가격, 수수료 등 모든 비용, 그 밖의 거래내용을 통지할 것

❷ 집합투자증권의 매매가 체결된 경우, 매월 마지막 날까지 집합투자기구에서 발생한 모든 비용을 반영한 실질 투자 수익률, 투자원금 및 환매예상 금액, 총 보수와 판매수수료 각각의 요율을 통지할 것

❸ 다음의 방법 중 판매회사와 저축자 간에 미리 합의된 방법(계좌부 등에 의하여 관리·기록되지 아니하는 매매거래에 대하여는 서면교부만 해당)으로 통지할 것. 다만, 저축자가 보유한 집합투자증권이 자본시장법 제234조에 따른 상장지수집합투자기구, 단기금융집합투자기구, 사모집합투자기구의 집합투자증권이거나 평가기준일의 평가금액이 10만 원 이하인 경우(집합투자증권의 매매가 체결된 경우에 한정한다) 또는 통지를 받기를 원하지 아니하는 경우에는 영업점에 저축자가 확인할 수 있도록 마련해 두거나 인터넷 홈페이지에 접속하여 수시로 확인이 가능하게 함으로써 통지를 대신할 수 있음.

ㄱ. 서면 교부

ㄴ. 전화, 전신 또는 모사전송

ㄷ. 전자우편, 그 밖에 이와 비슷한 전자통신

ㄹ. 예탁결제원의 기관결제참가자인 저축자에 대하여 예탁결제원의 전산망을 통하여 매매확인서를 교부하는 방법

ㅁ. 인터넷 또는 모바일시스템을 통해 수시로 확인할 수 있도록 하는 방법

ㅂ. 회사가 모바일시스템을 통해 문자메시지 또는 이와 비슷한 방법으로 통지하는 방법

6 만기지급일[3]

❶ 저축기간을 월 또는 연 단위로 정한 경우 : 저축기간이 만료되는 월의 최초 납입 상당일을 만기지급일로 함. 다만, 만료되는 월에 그 해당일이 없는 때에는 그 월의 말일을 만기지급일로 함[4]

---

3 수익증권저축에서 만기일은 통상 만기지급일을 의미한다.

4 「민법」 제160조(역에 의한 계산) ① 기간을 주, 월 또는 연으로 정한 때에는 역에 의하여 계산한다. ② 주, 월 또는 연의 처음으로부터 기간을 기산하지 아니하는 때에는 최후의 주, 월 또는 연에서 그 기산일에 해당하는 날의 전일로 기간이 만료한다.

> **예시 1**

2××5. 8. 31 수익증권 매수 시 만기지급일

┌ 저축기간 1년 : 2××6. 8. 31
└ 저축기간 6개월 : 2××6. 2. 29

❷ 저축기간을 일 단위로 정한 경우 : 수익증권의 최초 매수일부터 계산하여 저축기간이 만료되는 날의 다음 영업일을 만기지급일로 함

> **예시 2**

2××5. 7. 10 수익증권 매수(저축기간 10일)
☞ 만기지급일 2××5. 7. 20

❸ 투자신탁의 신탁계약을 해지하는 경우 : 투자신탁의 신탁계약의 해지로 인하여 저축기간이 종료되는 경우에는 해지결산 후 첫 영업일을 만기지급일로 함

7 저축재산의 인출

❶ 인출청구 : 저축자는 신탁계약에 의해 환매가 제한된 경우를 제외하고는 언제든지 저축재산의 전부 또는 일부에 대하여 인출을 청구할 수 있음. 다만, 저축기간의 종료 이전에 환매청구 시에는 수익증권의 보유기간에 따른 환매수수료를 부담하여야 함
❷ 일부 인출 시 지급순서 : 판매회사는 저축자의 청구에 따라 저축재산의 일부를 지급하는 경우 선입선출법에 의하여 지급
❸ 저축기간 종료 이후의 저축재산 관리 : 저축자가 저축기간 종료 또는 저축계약의 해지에도 불구하고 저축재산의 인출을 청구하지 않는 경우에는 인출 청구 시까지 저축기간이 계속된 것으로 봄

---

③ 월 또는 연으로 정한 경우에 최종의 월에 해당일이 없는 때에는 그 월의 말일로 기간이 만료한다.

④ 수익증권현물의 지급 : 저축자가 저축재산의 인출 시 수익증권현물을 요구하는 경우 판매회사는 특별한 사유가 없는 한 수익증권현물로 지급하여야 함. 다만, 해당 신탁계약에서 정한 수익증권 발행의 최소 단위 미만의 저축재산은 환매하여 현금으로 지급

8 저축계약의 해지

판매회사는 다음에 해당하는 경우에 저축계약을 해지할 수 있다.

❶ 정액적립식 저축자가 계속하여 6개월 이상 소정의 저축금을 납입하지 아니한 때 저축자에게 판매회사가 14일 이상으로 정한 기간을 부여하여 저축금의 추가 납입을 요구하고 그 기간 동안 저축자가 적절한 조치를 취하지 아니한 경우
❷ 해당 집합투자규약에 따라 신탁계약이 해지된 경우

9 사고·변경사항의 신고 등

❶ 사고신고 : 저축자가 저축통장, 신고인감을 분실, 멸실, 도난, 훼손하였을 때에는 지체 없이 판매회사에 신고하여야 함
❷ 변경신고 : 저축자는 성명, 주소, 전화번호 등 판매회사에 신고한 사항이 변경되거나 인감(또는 서명감), 비밀번호 등을 변경하고자 하는 경우에는 지체 없이 판매회사에 신고하여야 함
❸ 사고·변경신고의 효력 : 사고·변경신고의 효력은 판매회사가 저축자로부터 분실, 멸실, 도난, 훼손 및 변경의 통지를 받은 때로부터 발생하며, 판매회사는 저축자의 책임 있는 사유로 인한 신고지연으로 발생한 손해에 대하여 판매회사의 책임있는 사유가 없는 한 책임을 지지 않음
❹ 통지의 방법 : 판매회사는 저축자가 신고한 주소 또는 전화번호를 이용하여 저축자에게 서면 또는 전화 등 저축자와 사전에 합의한 방법에 의하여 통지. 저축자에 대한 통지의 효력은 도달한 때로부터 발생. 다만, 판매회사의 책임있는 사유 없이 통지가 주소이전 등 저축자의 책임 있는 사유로 연착하거나 도착되지 아니

하는 때에는 통상 도착하여야 하는 때에 도착된 것으로 봄

❺ 양도 및 질권설정 : 저축자는 판매회사의 동의를 얻어 저축금 및 수익증권을 양도하거나 질권(채무자가 돈을 갚을 때까지 채권자가 담보물을 보유할 수 있고, 채무자가 돈을 갚지 않을 때는 그 담보물에 대하여 우선적으로 변제를 받을 수 있는 권리를 말함)을 설정할 수 있음

section 05 저축자에 대한 우대조치

1 개요

투자신탁에 대한 투자수요를 확대 개발하고 장기저축을 유도하기 위한 방법의 하나로 '수익증권저축약관' 제10조에서 수익증권 저축자에 대해 개별 투자신탁의 신탁계약에 우선하여 환매수수료의 면제 등 저축 특성에 맞는 우대조치를 취해주고 있다.

2006년 8월 1일 '수익증권통장거래약관'의 개정으로 그동안 적용되던 임목(유보)대체, 상환대체, 모집(예약)대체, 소득정산 등에 대한 환매수수료 면제조치가 없어지고, 소규모 집합투자기구의 해지와 수익증권 양도를 위한 보유기간 과세 시 환매수수료 면제조치가 새로이 적용되는 등의 수정이 있었다.

2009년 10월 5일 '수익증권통장거래약관' 개정 시에는 저축기간을 연장한 저축자에 대한 환매수수료 면제조치가 신설되고, 세금정산 목적의 환매·재매입(소득정산)에 대한 환매수수료 및 판매수수료 면제조치가 다시 추가되었다.

2 | 목적식저축의 저축기간 종료

저축기간을 1년 이상으로 하는 목적식저축의 경우 저축기간 종료(저축기간을 일정기간 이상으로 정한 경우 최소 저축기간의 경과) 이후 수익증권을 환매하는 때에는 그 수익증권의 환매수수료를 면제한다. 다만, 저축자가 저축기간을 연장한 경우 기존에 정한 저축기간의 종료 이후 수익증권을 환매하는 때에는 그 수익증권의 환매수수료를 면제한다.

예시 1

2××5. 10. 5에 저축기간 1년의 월정액적립식으로 A펀드에 가입한 후 매월 5일에 10만 원씩 매수한 경우(환매수수료 징구기간 90일 미만)

• 만기지급일인 2××6. 10. 5 이후 환매 시 환매수수료 전액 면제
• 만기 전 2××6. 5. 31에 전액 환매청구 시 매수건별로 환매수수료 징구
☞ 수익증권 보유기간이 90일 미만인 2××6년 3월, 4월, 5월 매수분에 대하여 환매수수료 징구

예시 2

'저축기간 3년'의 월정액적립식으로 A펀드에 가입한 후 36회의 저축금을 납입하고 만기가 경과한 경우

• 저축금의 추가 납입을 원하는 경우 저축기간을 '3년 이상' 등으로 연장하고 추가 납입할 수 있으며, 연장한 저축기간 중 환매 시에는 환매수수료 면제
• 연장된 저축기간 중 적립금액의 감액 또는 증액 가능

예시 3

'저축기간 3년' 이상의 월정액적립식으로 A펀드에 가입한 경우

• 저축기간을 3년 이상으로 정하였기 때문에 3년 경과 후 환매 시에는 환매수수료 면제
• 3년이 경과하여도 만기연장 신청 없이 계속 납입 가능

3 거치식저축의 수익금 또는 일정 금액 인출[5]

거치식저축의 경우 저축기간 중 수익금에 상당하는 금액의 수익증권을 환매하거나 사전에 정한 일정 금액에 상당하는 수익증권을 환매하는 때에는 그 수익증권의 환매수수료를 면제한다. 다만, 환매수수료를 받는 기간 중에 당초 저축한 금액의 전부 또는 일부에 해당하는 수익증권을 환매하는 때에는 이미 환매한 수익증권에 대하여 면제된 환매수수료를 받는다.

4 재투자

저축재산에서 발생한 이익분배금은 별도의 약정이 없는 한 해당 투자신탁의 수익증권을 매수하고 그 수익증권을 환매하는 경우에는 환매수수료를 면제한다.

5 소규모 집합투자기구의 해지

소규모 투자신탁을 해지함에 있어 저축자가 그 상환금으로 판매회사로부터 안내받은 수익증권을 매수하여 저축하는 경우 선취판매수수료를 면제하고, 그 수익증권을 환매하는 경우에는 후취판매수수료 및 환매수수료를 면제한다.

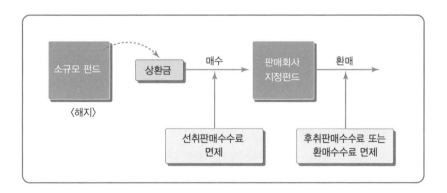

---

5 2009년 10월 5일 '수익증권통장거래약관'의 개정 시 일정 금액 인출식 저축계약의 신설에 따른 추가 사항을 반영하였다.

6　수익증권 양도 시 보유기간 과세

투자신탁 수익증권의 양도에 있어 저축자 간 과세금액을 확정하기 위하여 저축자가 수익증권전부를 환매하고 즉시 그 환매자금으로 해당 수익증권을 재매수하는 때에는 환매하는 수익증권의 환매수수료를 면제한다. 이 경우 재매수한 수익증권의 환매수수료 계산 시작일은 당초의 수익증권 매수일로 한다.

❗ 예시

저축자 A가 펀드 가입 후 저축자 B에게 수익증권을 양도하는 경우

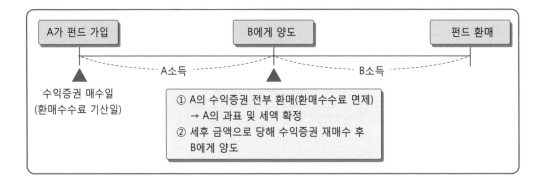

7　소득정산

저축자가 세금정산 목적으로 수익증권 전부를 환매하고 즉시 그 환매자금으로 해당 수익증권을 재매입하는 때에는 환매하는 수익증권의 환매수수료 및 매입하는 수익증권의 판매수수료는 연 2회에 한하여 면제한다. 이 경우 재매입한 수익증권의 환매수수료 계산 시작일은 당초의 수익증권 매입일로 한다.

❗ 예시

저축자 A가 2××5. 7. 1 펀드 가입 후 2××5. 12. 10 소득정산하고 2××6. 7. 20 환매하는 경우

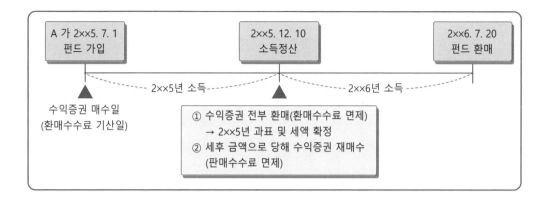

---

section 06 수익증권 매매 시의 입 · 출금 처리

1 입금

(1) 입금거래 유형

❶ 금액 입금 : 현금 또는 판매회사가 인정하는 수표, 어음 등 추심할 수 있는 증권
으로 저축금을 납입하는 경우
❷ 단체 입금 : 특정 단체의 소속 계좌 전체를 동시에 입금처리하는 경우
❸ 현물 입금 : 현물 매수, 현물 예탁 및 현물 수납의 경우

(2) 입금산식

투자신탁의 수익증권 매매 시에는 항상 저축금과 수익증권이 연결되어 있는데 이를
좌수절상 · 금액절사제도라 한다. 즉, 금액을 좌수로 환산하는 경우에는 좌 미만의 단수
는 수납 시에는 절상하고 지급 시에는 절사하며, 좌수를 금액으로 환산하는 경우에는
원 미만의 단수는 수납 시에는 절사하고 지급 시에는 절상하여 계산한다. 금액, 좌수,
평가금액 사이의 관계를 살펴보면 아래와 같다.

❶ 좌수환산 : 금액을 수익증권의 좌수로 환산하는 경우

　ㄱ. 수납 시 : 저축금으로 매수하는 수익증권의 좌수 계산 시

> 매수좌수＝저축금액÷(매수 시 기준 가격/1000) ☞ 좌 미만 절상

 예시 1

1,000,000원÷(1,138.25/1,000)＝878,541.62좌＝878,542좌

　ㄴ. 지급 시 : 저축금을 지급하기 위한 수익증권의 좌수 계산 시

> 환매좌수＝저축금액÷(환매 시 기준 가격/1000) ☞ 좌 미만 절사

 예시 2

1,000,000원÷(1,138.25/1,000)＝878,541.62좌＝878,541좌

❷ 금액환산 : 수익증권의 좌수를 금액으로 환산하는 경우

　ㄱ. 수납 시 : 수익증권의 좌수를 매수하기 위한 저축금액 계산 시

> 저축금액＝매수좌수×매수 시 기준 가격/1000 ☞ 원 미만 절사

 예시 3

878,542좌×1,138.25/1,000＝1,000,000.43원＝1,000,000원

　ㄴ. 지급 시 : 수익증권의 좌수를 환매하여 지급하는 저축금액 계산 시

> 지급금액＝환매좌수×환매 시 기준 가격/1000 ☞ 원 미만 절상

 예시 4

878,541좌×1,138.25/1,000＝999,999.29원＝1,000,000원

❸ 평가금액 : 평가기준일 현재의 총잔고금액 계산 시

> 평가금액＝잔고좌수×평가일 기준 가격/1000 ☞ 원 미만 절상

 예시 5

878,541좌×1,138.25/1,000＝999,999.29원＝1,000,000원

2 출금

(1) 출금거래 유형

❶ 금액 출금 : 가장 일반적인 출금거래 형태로서 일정 금액을 정하여 출금하는 경우로 전액 출금과 일부 출금으로 구분

❷ 좌수 출금 : 금액이 아닌 일정 좌수를 기준으로 출금하는 경우

❸ 이익금 출금 : 거치식저축의 수익금을 환매수수료를 부담하지 않고 출금하는 경우로 이익금 전액 출금과 이익금 일부 출금으로 구분

❹ 이익분배금 및 상환금 출금 : 투자신탁의 결산 후 재투자하지 않고 현금분배하는 이익분배금의 당일 출금 또는 투자신탁의 신탁계약기간의 종료로 인한 상환금의 당일 출금 시 처리하는 방식인데, 판매회사별로 해당 계좌의 예수금 등으로 일괄 대체하여 처리하는 경우도 있음

❺ 현물 출금 : 현물 환매, 현물지급, 현물 보유 수익자의 이익분배금 및 상환금 지급의 경우

(2) 출금산식

> 출금금액＝환매 시 평가금액－환매수수료－세액

❶ 환매 시 평가금액＝환매좌수×환매 시 기준 가격/1000 ☞ 원 미만 절상

❷ 환매수수료＝{환매좌수×(환매 시 기준 가격－매수 시 기준 가격)/1000}× 환매수수료율 ☞ 원 미만 절사

❸ 세액＝과세소득×적용세율 ☞ 10원 미만 절사

과세소득＝환매좌수×(환매 시 과표기준 가격－매수 시 과표기준 가격)/1000－
환매수수료

3　입·출금 예시[6]

개인이 A펀드의 수익증권을 다음 표와 같이 거래하였다고 가정함(환매수수료율 : 90일
미만 이익금의 70%)

거래 일자	기준 가격	과표 기준 가격	거래 구분	입출금 금 액	잔고좌수	환매 수수료	세액
1. 10	1050.00	1046.00	입금	100,000,000	95,238,096	–	–
3. 20	1070.00	1064.00	전액출금	100,512,770	0	1,333,333	58,660

* 계산의 편의상 입금 및 출금일자의 기준 가격으로 각각 매수 및 환매처리한 것으로 가정

(1) 1. 10 입금 시

매수좌수＝100,000,000원÷(1050.00/1000)＝95,238,096좌

(2) 3. 20 전액 출금 시

❶ 환매 시 평가금액＝95,238,096좌×1070.00/1000＝101,904,763원

❷ 환매수수료＝{95,238,096좌×(1070.00－1050.00)/1000}×70%＝1,333,333원

❸ 과표＝95,238,096좌×(1064.00－1046.00)/1000－1,333,333원＝380,952원

❹ 세액＝53,330원＋5,330원＝58,660원

   ┌ 소득세＝380,952원×14%＝53,330원

   └ 지방소득세＝53,330원×10%＝5,330원

❺ 출금금액＝환매 시 평가금액－환매수수료－세액

        ＝101,904,763원－1,333,333원－58,660원

        ＝100,512,770원

---

6 가장 단순한 출금거래 유형을 사례로 들었으며, 실무적으로는 판매회사별로 용어나 처리방식이 서로
다를 수 있다.

실전예상문제

01 다음 중 판매회사의 영업점에 방문하여 펀드에 투자하고자 하는 일반투자자에 대한 투자권유절차를 올바르게 나열한 것은?

> ⊙ 투자자 유형 분류　　　　　ⓛ 투자자 정보 파악
> ⓒ 펀드에 대한 설명　　　　　ⓔ 투자자에게 적합한 펀드 선정

① ⊙ - ⓛ - ⓒ - ⓔ
② ⊙ - ⓛ - ⓔ - ⓒ
③ ⓛ - ⊙ - ⓒ - ⓔ
④ ⓛ - ⊙ - ⓔ - ⓒ

02 다음 중 표준투자권유준칙 중 투자권유를 희망하지 않는 투자자에 대한 판매 시 설명으로 적절하지 않은 것은?

① 투자권유를 희망하지 않는 투자자에 대하여는 투자자가 원하는 객관적인 정보만 제공할 수 있다.

② 투자자가 투자권유를 받지 않고 스스로 금융투자상품을 정해서 거래하는 경우, '투자권유 희망 및 투자자정보 제공여부 확인' 내용이 포함된 확인서를 받은 뒤, 후속 판매절차를 진행할 수 있다.

③ 투자권유를 받지 않고 투자하고자 하는 투자자에게는 투자에 수반되는 주요 유의사항을 알릴 필요가 없다.

④ 투자자에게 파생상품 등을 판매하려는 경우 투자권유를 하지 않더라도 투자자정보를 파악하여야 한다.

해설

01 ④ 투자자 정보 파악 - 투자자 유형분류 - 투자자에게 적합한 펀드 선정 - 펀드에 대한 설명
02 ③ 투자자가 투자권유를 받지 않고 투자하고자 하는 경우라도 원금손실 가능성, 투자에 따른 손익은 모두 투자자에게 귀속된다는 사실 등 투자에 수반되는 주요 유의사항을 알려야 한다.

03 다음 중 표준투자권유준칙 중 투자자 정보 파악단계에 대한 설명으로 적절하지 않은 것은?

① 투자자 정보는 반드시 투자자가 자필로 작성할 필요는 없다.

② 투자자의 대리인으로부터 투자자 본인의 정보를 파악하는 것은 불가능하다.

③ MMF에 투자하는 투자자에 대하여는 투자자 정보를 간략하게 파악할 수 있다.

④ 투자자가 장외파생상품을 거래하고자 하는 경우 투자권유 여부와 상관없이 투자자 정보를 파악하여야 한다.

04 다음 중 표준투자권유준칙 중 설명의무에 대한 설명으로 가장 옳은 것은?

① 투자권유 시 투자자의 이해 수준과 관계없이 동일한 수준으로 설명하여야 한다.

② 투자자가 주요 손익구조 및 손실위험을 이해하지 못하는 경우 투자권유를 중단하여야 한다.

③ 투자자가 서면 등으로 설명서의 수령을 거부하여도 반드시 설명서를 교부하여야 한다.

④ 추후에 금융투자상품 문의를 위해 투자자에게 판매직원의 연락처 등을 반드시 알려야 하는 것은 아니다.

해설

03 ② 투자자의 대리인이 그 자신과 투자자의 실명확인증표 및 위임장 등 대리권을 증빙할 수 있는 서류 등을 지참하는 경우 대리인으로부터 투자자 본인의 정보를 파악할 수 있다.

04 ②. ① 투자자의 투자경험과 금융투자상품에 대한 지식수준 등 투자자의 이해 수준을 고려하여 설명의 정도를 달리할 수 있다. ③ 증권신고의 효력이 발생한 증권을 취득하고자 하는 투자자가 서면, 전화 · 전신 · 모사 · 전송, 전자우편 및 이와 비슷한 전자통신, 그밖에 금융위원회가 정하여 고시하는 방법으로 설명서의 수령을 거부하는 경우에는 설명서를 교부하지 아니하여도 된다. ④ 투자자가 추후에도 금융투자상품에 대하여 문의할 수 있도록 자신의 성명, 직책, 연락처 및 콜센터 또는 상담센터 등의 이용방법을 알려야 한다.

05 다음 중 수익증권저축의 종류에 대한 설명으로 가장 옳은 것은?

① 거치식저축의 경우 필요시 동일계좌에 추가 납입이 가능하다.

② 정액적립식저축의 경우 저축기간 중에는 저축재산의 일부 인출을 할 수 없다.

③ 목표식저축의 경우 저축목표금액의 증액은 할 수 있으나 감액은 할 수 없다.

④ 저축자의 요청에 따라 기존에 정한 저축기간의 종료 이후에도 저축기간을 연장할 수 있다.

06 다음 중 수익증권저축의 주요 내용에 대한 설명으로 옳지 않은 것은?

① 판매회사는 수익증권을 1좌 단위로 매각 또는 환매할 수 있다.

② 저축기간은 수익증권의 최초 매수일부터 시작한다.

③ 저축자는 판매회사의 동의를 얻어 수익증권에 질권을 설정할 수 있다.

④ 임의식저축의 경우 저축기간 중 수익금에 상당하는 금액의 수익증권을 환매하는 때에는 그 수익증권의 환매수수료를 면제한다.

07 다음 중 수익증권저축의 만기지급일에 대한 설명으로 옳지 않은 것은?

① 저축기간을 '월' 또는 '연' 단위로 정한 경우 저축기간이 만료되는 월의 최초 납입상당일

② 저축기간을 '월' 단위로 정한 경우 만료되는 월에 그 해당일이 없는 때에는 그 월의 말일

③ 저축기간을 '일' 단위로 정한 경우 매수일의 다음날부터 계산하여 저축기간이 만료되는 날

④ 투자신탁의 신탁계약의 해지로 인하여 저축기간이 종료되는 경우에는 해지결산 후 첫 영업일

해설

05 ① 거치식은 동일계좌에 추가 납입할 수 없다. ② 적립식은 저축기간 중 일부 인출이 가능하다. ③ 목표식은 저축목표금액의 감액 또는 증액이 가능하다.

06 ④ 임의식저축 → 거치식저축

07 ③ 수익증권의 최초 매수일부터 계산하여 저축기간이 만료되는 날의 다음 영업일이다.

08 1,000만 원을 국내 주식형 투자신탁에 투자한 후 전부 환매한 개인의 매매내역이 아래와 같은 경우 환매금액은?

매매일자	구분	기준 가격	과표기준 가격
1. 5	매입	1000.00	1000.00
4. 10	환매	1200.00	1050.00

- 환매수수료 : 90일 미만 이익금의 70%
- 원천징수세율 : 15.4%(소득세 14%, 지방소득세 1.4%)

① 10,523,000원   ② 10,576,900원
③ 11,692,000원   ④ 11,923,000원

09 소규모 투자신탁을 해지함에 있어 저축자가 그 상환금으로 판매회사로부터 안내받은 수익증권을 매수하여 저축하고 그 수익증권을 환매하는 경우 면제받는 비용이 아닌 것은?

① 선취판매수수료   ② 판매보수
③ 후취판매수수료   ④ 환매수수료

해설

08 ④ 수익증권의 보유기간이 90일 이상으로 환매수수료는 징구하지 않는다.
- 환매 시 평가금액 : 10,000,000좌 × 1200/1000 = 12,000,000원
- 과표 : 10,000,000좌 × (1050 − 1000)/1000 = 500,000원
- 세금 : 77,000원
  - 소득세 : 500,000원 × 14% = 70,000원
  - 지방소득세 : 70,000원 × 10% = 7,000원
- 환매금액 : 12,000,000원 − 77,000원 = 11,923,000원

09 ② 판매회사로부터 안내받은 수익증권 매수 시 선취판매수수료를 면제하고, 그 수익증권 환매 시 후취판매수수료와 환매수수료를 면제한다.

정답 01 ④ | 02 ③ | 03 ② | 04 ② | 05 ④ | 06 ④ | 07 ③ | 08 ④ | 09 ②

part 02

펀드 세제

chapter 01

세제 일반

국세기본법

1 **조세의 의의와 분류**

1) 조세의 정의

우리나라의 현행 세법에서는 조세의 일반적 정의를 규정하고 있지 않으며, 학계 내지 실무에서는 '조세란 국가 또는 지방자치단체가 재정수요에 충당하기 위하여 필요한 재원을 조달할 목적으로 법률적 작용에 의하여 법률에 규정된 과세요건을 충족한 모든 자로부터 특정한 개별적 보상 없이 강제적으로 부과 및 징수하는 금전급부'라는 개념이 일반적으로 받아들여지고 있다.

2) 조세의 분류

표 1-1 조세의 분류

분류기준	분류
과세주체	국세 : 과세권자가 국가인 조세 지방세 : 과세권자가 지방자치단체인 조세
조세의 전가성	직접세 : 조세부담의 전가가 예상되지 않는 조세 간접세 : 조세부담의 전가가 예상되는 조세
지출의 목적성	보통세 : 세수의 용도가 불특정한 조세(일반적인 지출 충당) 목적세 : 세수의 용도가 특정된 조세(특정 목적 지출 충당)
과세표준 단위	종가세 : 가격을 과세표준으로 하는 조세 종량세 : 양(量)을 과세표준으로 하는 조세
세율의 구조	비례세 : 과세표준과 관계없이 일정률의 세율이 적용되는 조세 누진세 : 과세표준의 크기에 따라 세율의 차이가 있는 조세

그림 1-1 우리나라의 조세체계

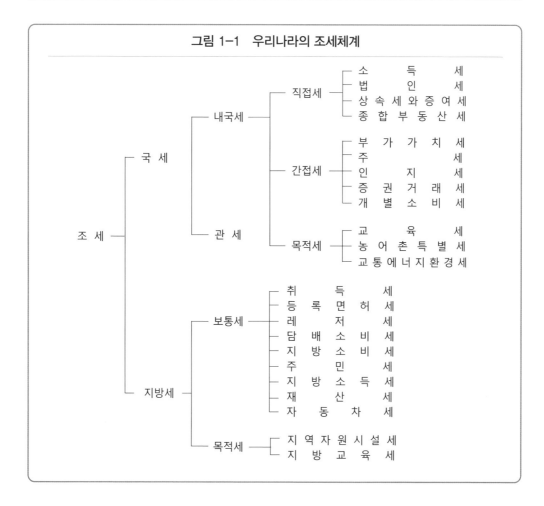

2 총칙

1) 기간과 기한

기간은 어느 시점에서 어느 시점까지의 계속된 시간을 뜻하며, 기한은 법률행위의 효력발생·소멸·채무의 이행 등을 위하여 정한 일정 시점을 뜻한다.

세법의 기간계산은 원칙적으로 민법의 일반원칙에 따르나 기한에 대하여 다음과 같은 특례규정을 두고 있다.

❶ 세법에 규정하는 기한이 공휴일·토요일이거나「근로자의 날 제정에 관한 법률」에 따른 근로자의 날에 해당하는 때에는 그 다음날을 기한으로 한다.
❷ 우편으로 서류를 제출하는 경우에는 통신날짜 도장이 찍힌 날에 신고된 것으로 본다.
❸ 국세정보 통신망이 장애로 가동이 정지된 경우 그 장애가 복구되어 신고 또는 납부할 수 있게 된 날의 다음날을 기한으로 한다.

2) 서류의 송달

정부가 납세의무자에게 송달하는 서류는 단순한 내용을 통지하는 경우도 있으나, 국세의 부과·징수에 관한 정부의 처분 내용을 통지하는 경우에는 서류의 송달이 각종 처분의 효과를 완성시키거나, 기간의 진행·중단 등 중요한 의미를 갖는다. 따라서 국세기본법은 세법에 규정하는 서류는 그 명의인의 주소, 거소, 영업소, 또는 사무소에 아래의 방법으로 송달할 것을 규정한다.

❶ 교부송달 : 당해 행정기관의 소속 공무원이 송달할 장소에서 송달받아야 할 자에게 서류를 교부
❷ 우편송달 : 서류의 송달을 우편으로 할 때에는 등기우편으로 하여야 한다.
❸ 전자송달 : 정보통신망을 이용한 송달은 서류의 송달을 받아야 할 자가 신청하는 경우에 한하여 행한다.
❹ 공시송달 : 다음의 경우에는 서류의 주요 내용을 공고한 날부터 14일이 경과함으로써 서류가 송달된 것으로 본다.

ㄱ. 송달 장소가 국외에 있고 송달이 곤란한 경우

ㄴ. 송달 장소가 분명하지 아니한 경우

ㄷ. 등기송달 또는 2회 이상 교부송달 하였으나 수취인 부재로 확인되어 납부기한 내에 송달이 곤란한 경우

3 납세의무

1) 납세의무의 성립 〈법 제21조〉

납세의무는 각 세법이 규정하고 있는 과세요건이 충족될 때 성립하는데, 국세기본법에서는 각 세목별로 납세의무의 그 성립시기를 다음과 같이 규정하고 있다.

❶ 소득세, 법인세, 부가가치세, 금융 · 보험업자의 수익금액에 부과되는 교육세 : 과세기간이 끝나는 때

❷ 상속세 : 상속이 개시되는 때

❸ 증여세 : 증여에 의하여 재산을 취득하는 때

❹ 인지세 : 과세문서를 작성한 때

❺ 증권거래세 : 해당 매매거래가 확정되는 때

❻ 종합부동산세 : 과세기준일

❼ 원천징수하는 소득세, 법인세 : 소득금액 또는 수입금액을 지급하는 때

2) 납세의무의 확정 〈법 제22조〉

과세요건의 충족으로 성립한 추상적 납세의무를 납세의무자 또는 정부가 일정한 행위나 절차를 거쳐 구체적 납세의무(현실적 금전채무)로 확정하는 절차로 신고확정 · 부과확정 · 자동확정이 있다.

❶ 신고확정 : 소득세, 법인세, 부가가치세, 증권거래세, 교육세, 개별소비세 등은 납세의무자가 과세표준과 세액을 정부에 신고함으로써 확정된다.

❷ 부과확정 : 상속세, 증여세 등은 정부가 과세표준과 세액을 결정함으로써 확정된다.

❸ 자동확정 : 인지세, 원천징수하는 소득세 또는 법인세, 납세조합이 징수하는 소득세, 중간예납하는 법인세는 납세의무가 성립하는 때에 특별한 절차 없이 확정된다.

3) 납부의무의 소멸 〈법 제26조, 제26조의2, 제27조, 제28조〉

국세 및 강제징수비를 납부할 의무는 다음의 경우에 소멸한다.

❶ 납부 · 충당(국세환급금을 납부할 국세 등과 상계시키는 것) 되거나 부과가 취소된 때
❷ 국세 부과의 제척기간(除斥期間)이 끝난 때
❸ 국세징수권의 소멸시효(消滅時效)가 완성된 때

(1) 국세의 부과제척기간

국세의 부과제척기간은 국가가 납세의무자에게 국세를 부과할 수 있는 법정기간으로 그 기간이 끝난 날 후에는 국세부과권의 소멸로 인하여 납세의무도 소멸한다.

(2) 국세징수권의 소멸시효 〈법 제27조〉

소멸시효는 권리자가 권리를 행사할 수 있음에도 일정기간 권리를 행사하지 않는 경우 그 권리가 소멸하는 것으로 국세징수권은 국가가 권리를 행사할 수 있는 때로부터 5년(5억 원 이상의 국세채권은 10년), 행사하지 아니하면 소멸시효가 완성하고 이로 인하여

표 1-2 **국세의 부과제척기간**

구분	일반조세	상속 · 증여세
사기 등 부정행위로 국세를 포탈 또는 환급받는 경우	10년	15년
법정신고기한까지 과세표준신고서를 제출하지 아니한 경우	7년 역외거래의 경우 10년	
역외거래가 수반되는 부정행위	15년	
법정신고기한까지 상속 · 증여세 과세표준신고서를 제출하였으나 허위, 누락 신고한 경우	–	
부정행위로 상속 · 증여세를 포탈한 경우로서 상속인이 명의이전 없이 취득하는 경우	–	안 날부터 1년 (재산가액 50억 초과)
기타의 경우	5년	10년

* 부담부증여로 인한 양도소득세 부과제척기간은 증여세와 같음

납세의무도 소멸한다. 다만, 납세고지·독촉 또는 납부최고·교부청구·압류의 경우에는 이미 경과한 시효기간의 효력이 중단된다.

4) 납세의무의 승계 〈법 제23조, 제24조〉

❶ 합병법인의 승계 : 법인이 합병한 경우 합병법인은 피합병법인에게 부과되거나 납부할 국세 및 강제징수비를 납부할 의무를 진다.
❷ 상속인의 승계 : 상속이 개시된 때에 상속인은 피상속인에게 부과되거나 납부할 국세 및 강제징수비를 상속받은 재산을 한도로 납부할 의무를 진다.

5) 제2차 납세의무자 〈법 제38조, 제39조, 제40조, 제41조〉

납세의무자의 재산으로 체납처분을 하여도 체납세액에 미달하는 경우 납세의무자와 법정관계에 있는 자가 그 부족을 부담케 하는 세법상의 고유한 이행책임을 제2차 납세의무라 하며, 국세기본법은 다음 4가지 유형을 규정하고 있다.

❶ 청산인 등 : 청산인 또는 잔여재산을 분배받은 자는 그 해산법인의 국세 등에 대하여 제2차 납세의무를 진다.
❷ 출자자 : 법인(증권시장에 주권이 상장된 법인은 제외)의 재산으로 국세 등을 충당하고 부족한 금액은 납세의무 성립일 현재의 무한책임사원(합명회사의 사원, 합자회사의 무한책임사원)과 과점주주가 제2차 납세의무를 진다.
❸ 법인 : 국세의 납부기간 만료일 현재 법인의 무한책임사원과 과점주주가 당사자의 재산으로 국세 등을 충당한 후에도 부족한 금액은 당해 법인이 제2차 납세의무를 진다.
❹ 사업양수인 : 양도양수한 사업과 관련하여 양도일 이전에 양도인의 납세의무가 확정된 국세 등은 사업양수인이 제2차 납세의무를 진다.
  * 과점주주의 범위 : 과점주주란 주주 또는 유한책임사원 1명과 그의 특수관계인으로 시행령에서 정하는 자로서 그들의 소유주식 합계 또는 출자액 합계가 해당 법인의 발행주식 총수 또는 출자총액의 50%를 초과하면서 그 법인의 경영에 지배적인 영향력을 행사하는 자들을 말한다.

section 02 | 소득세법

1 | 납세의무자와 과세소득의 범위

소득세는 자연인인 개인을 납세의무자로 한다. 다만, 법인격 없는 단체 중 국세기본법에 따라 법인으로 보는 단체가 아닌 단체(예 : 동창회, 종중 등)는 세법상 개인으로 보아 소득세의 납세의무자가 된다.

소득세법은 납세의무자인 개인을 거주자와 비거주자로 구분하여 과세소득의 범위와 과세방법을 달리하고 있다.

거주자는 국내에 주소를 두거나 183일 이상 거소를 둔 개인으로 국내·외의 모든 소득에 대해서 납세의무가 있는 반면, 거주자가 아닌 개인인 비거주자는 국내 원천소득에 대해서만 납세의무가 있다.

2 | 소득의 구분과 과세방법

1) 소득의 구분 〈법 제4조〉

소득세제는 개인의 모든 소득을 하나의 계산구조에 의해 소득세를 계산하여 과세하는 종합소득과세 방식과 소득의 원천에 따라 구별하여 별도의 계산구조에 의해 각각 소득세를 계산하여 과세하는 분류소득과세 방식으로 구별된다. 현행 소득세법은 거주자의 소득을 당해 연도에 발생하는 이자소득, 배당소득, 사업소득, 근로소득, 연금소득 및 기타소득을 합산하는 종합소득과 퇴직으로 인하여 발생하는 퇴직소득과 자산의 양도로 인하여 발생하는 양도소득으로 각각 구분한다. 이는 종합소득은 매년 종합소득과세 방식으로 과세하고, 퇴직소득과 양도소득은 발생 시에 분류소득과세 방식으로 과세하기 위함이다.

한편, 비거주자는 거주자와 과세소득의 범위와 과세방법이 다르기 때문에 소득세법 제119조의 규정에 따라 소득의 구분을 다음과 같이 달리하고 있다.

소득의 구분

1호 이자소득   8호 퇴직소득

2호 배당소득   9호 연금소득

3호 부동산소득   10호 토지·건물 등의 양도소득

4호 선박, 항공기 임대소득   11호 사용료소득

5호 국내사업소득   12호 유가증권 양도소득

6호 인적용역소득   13호 기타소득

7호 근로소득

2) 소득별 과세방법

(1) 거주자의 과세방법

거주자의 모든 소득을 종합하여 과세하는 것을 원칙으로 하나 일부 소득은 분류과세 또는 분리과세하고 있다.

❶ 종합과세 : 개인의 소득 중 해마다 발생하는 경상소득을 개인별로 합산하여 종합 소득세율에 의해 신고·납부과세하는 것으로, 현행 소득세법은 이자소득, 배당소 득, 사업소득, 근로소득, 연금소득 그리고 기타소득 등 6가지 소득을 종합과세대 상 소득으로 한다.

❷ 분류과세 : 종합과세소득에 포함되지 아니하는 퇴직소득, 양도소득은 그 소득이 장기간에 걸쳐 발생되거나 비경상적으로 발생된 것이므로, 종합소득과 구분하여 각 소득별로 별도의 절차와 방법에 따라 소득세를 신고·납부하는데, 이 제도를 분류과세라 한다.

❸ 분리과세 : 소득의 유형이 종합소득에 속하는 소득이나 법정률(원천징수세율)만을 원천징수함으로써 종합소득세의 납세의무가 종료되어 종합소득과세표준에 합산 하지 아니하는 제도를 분리과세라 한다. 거주자의 이자소득, 배당소득, 기타소 득, 연금소득 중 특정 소득 또는 일정 기준액 이하의 소득은 분리과세한다.

❹ 비과세소득 : 과세소득에 속하는 소득 중 그 소득의 성질이나 국가의 정책에 따 라 과세에서 제외되는 소득을 비과세소득이라 한다.

(2) 비거주자의 과세방법

비거주자가 국내 사업장이나 부동산소득이 있는지 여부에 따라 과세방법이 달라진다.

❶ 종합과세 : 국내 사업장이나 부동산 임대소득 등이 있는 비거주자는 국내 원천소득(퇴직소득, 양도소득 제외)을 종합과세한다.

❷ 분리과세 : 국내 사업장이나 부동산 임대소득 등이 없는 비거주자는 국내 원천소득을 분리과세한다.

❸ 분류과세 : 퇴직소득 · 양도소득의 국내 원천소득이 있는 비거주자는 당해 소득별로 분류과세한다.

3   신고와 납부

소득세는 신고확정 세목으로 납세자가 정부에 신고함으로써 과세표준과 세액이 확정된다. 따라서 소득 내용에 따른 증빙서류와 기장된 장부에 의하여 소득금액과 세액을 계산하여 다음 연도 5월 1일부터 31일까지 주소지 관할세무서에 신고 및 납부하여야 한다.

다만, 다음에 해당하는 거주자는 신고를 하지 않아도 된다.

❶ 근로소득만 있는 거주자
❷ 퇴직소득만 있는 거주자
❸ 공적연금소득만 있는 자 공적
❹ 원천징수 연말정산하는 사업소득만 있는 자
❹의 2. 원천징수되는 기타소득으로 종교인소득만 있는 자
❺ 위 ❶, ❷ 소득만 있는 자
❻ 위 ❷, ❸ 소득만이 있는 자
❼ 위 ❷, ❹ 소득만이 있는 자
❼의 2. 위 ❷, ❹의 2 소득만 있는 자
❽ 분리과세 이자 · 배당 · 연금 · 기타 소득만 있는 자
❾ 위 ❶~❼의 2에 해당하는 자로서 분리과세이자 · 배당 · 연금 · 기타소득이 있는 자

section 03 | 상속세 및 증여세

1 | 상속세

상속세는 자연인의 사망을 원인으로 무상이전되는 재산을 과세대상으로 하여 그 재산의 취득자(상속인)에게 과세하는 조세이다. 피상속인의 유산총액을 기준하여 과세하는 유산세 방식과 상속인 각 인이 취득하는 상속재산을 기준하여 과세하는 유산취득세 방식이 있는데, 우리나라는 유산세 방식을 원칙으로 한다.

1) 납세의무자 〈법 제3조의2〉

상속세 과세가액에 포함되는 재산을 취득하는 상속인(민법상의 상속인으로 특별연고자와 상속포기자를 포함) 및 유증(遺贈)을 받는 자(수유자)는 각자가 취득하는 재산의 비율에 따라 상속세 납세의무를 갖는다.

상속인 및 수유자는 물론 단기증여재산의 수증자 등 상속세가 과세되는 재산을 취득하는 자는 각자가 납부하여야 할 세액은 상속세 총액을 각자가 받은 상속재산비율로 안분한 금액으로 하며, 납세의무자들은 상속세를 각자가 받았거나 받을 재산을 한도로 연대하여 납부할 의무를 갖는다. 다만, 특별연고자 또는 수유자가 영리법인인 경우에는 법인세로 납부하기 때문에 당해 영리법인이 납부할 상속세를 면제한다.

2) 상속재산

상속세의 과세대상인 상속재산은 일반적으로 환가성과 이전성이 있는 재산으로 상속의 대상이 되는 민법상의 상속재산·유증재산·사인증여재산·특별연고자분여재산을 뜻하나, 상속세법은 의제 상속재산인 보험금·신탁재산 그리고 퇴직금 등을 상속재산에 포함하고 있다.

표 1-3 상속재산의 개념

구분	개념
상속	사람의 사망 또는 실종선고자의 법률상의 지위를 포괄적으로 승계하는 것
유증	유언에 의하여 재산을 무상증여하는 것
사인증여	증여자의 사망으로 효력이 발생하는 증여
특별연고자분여	특별연고자에 대한 상속재산분여
보험금	피상속인의 사망으로 지급받는 보험금 중 피상속인이 계약자이거나 보험료를 지불한 것
신탁재산	피상속인이 신탁한 재산
퇴직금	퇴직금, 연금 등으로서 피상속인에게 지급될 것이 피상속인의 사망으로 지급되는 것

$$\text{상속재산} = \begin{bmatrix} \text{민법상 상속재산} \\ \text{유증재산} \\ \text{사인증여재산} \\ \text{특별연고분여재산} \end{bmatrix} + \begin{bmatrix} \text{보험금} \\ \text{신탁재산} \\ \text{퇴직금} \end{bmatrix}$$

3) 상속세과세가액 〈법 제13조, 제14조, 제15조〉

상속세는 상속재산의 가액을 과세가액으로 한다. 그러나 현행 상속세법은 간주상속 규정을 두어 피상속인의 생전 증여재산 및 생전 처분재산 그리고 생전 부채부담액을 상속 재산가액에 포함하고 있다.

따라서 피상속인이 거주자인 경우 상속세과세가액은 상속재산가액에 생전 증여재산 가액과 생전 재산처분 및 부채부담액을 가산하고 법정 공제액을 공제한 금액으로 한다.

$$\text{상속세과세가액} = \begin{bmatrix} \text{상속재산가액} \\ \text{생전 증여재산가액} \\ \text{생전 재산처분가액} \end{bmatrix} - \begin{bmatrix} \text{공과금} \\ \text{장례비} \\ \text{채 무} \end{bmatrix}$$

(1) 상속재산가액

상속재산을 상속세법의 규정에 의하여 평가한 가액

(2) 생전 증여재산가액

❶ 상속개시일 전 10년 이내에 피상속인이 상속인에게 증여한 재산가액
❷ 상속개시일 전 5년 이내에 피상속인이 상속인이 아닌 자에게 증여한 재산가액

(3) 생전 재산처분 및 부채부담액

피상속인이 재산을 처분하였거나 채무를 부담한 다음의 어느 하나에 해당하는 경우 상속받은 것으로 추정함

❶ 피상속인이 재산을 처분하여 받거나 피상속인의 재산에서 인출한 금액이 상속개시일 전 1년 이내에 재산종류별로 계산하여 2억 원 이상인 경우와 2년 이내에 재산종류별로 5억 원 이상인 경우로서 그 용도가 명백하지 아니한 것
❷ 피상속인이 부담한 채무의 합계액이 상속개시일 전 1년 이내에 2억 원 이상인 경우와 2년 이내에 5억 원 이상인 경우로써 그 용도가 명백하지 아니한 것

(4) 법정공제액

❶ 공과금(피상속인이 납부의무 있는 조세·공공요금·기타공과금)
❷ 장례비용(500만 원을 기초로 하고, 1,000만 원을 한도로 함)과 봉안시설 또는 자연장지의 사용에 소요된 500만 원 이내의 금액을 합한 금액
❸ 채무(상속개시일 전 10년 이내에 피상속인이 상속인에게 진 증여채무와 상속 개시일 전 5년 이내에 피상속인이 상속인이 아닌 자에게 진 증여채무를 제외)

4) 과세가액 불산입

(1) 비과세 〈법 제12조〉

❶ 국가·지방자치단체 또는 공공단체에 유증한 재산
❷ 문화재보호법의 규정에 의한 국가지정문화재 및 시·도 지정문화재 및 보호구역

안의 토지

❸ 민법 제1008조의 3에 따른 제사를 주재하는 자가 승계한 금양임야와 묘토(2억 원 한도), 족보와 제구

❹ 정당법의 규정에 따라 정당에 유증한 재산

❺ 근로복지기금법의 규정에 의한 사내근로복지기금에 유증한 금품재산

❻ 사회통념상 인정되는 이재구호금품, 치료비, 기타 이와 유사한 것

❼ 상속인이 상속세 신고기한 이내에 국가·지방자치단체 또는 공공단체에 증여한 재산

(2) 공익목적 출연재산의 과세가액 불산입 〈법 제16조〉

❶ 공익법인 등의 출연재산의 과세가액 불산입 : 피상속인이나 상속인이 상속세 신고기한 이내에 공익법인 등에 출연한 재산의 가액은 상속세과세가액에 산입하지 아니한다.

다만, 공익법인 등의 출연재산이 주식인 경우 공익법인의 기(旣)보유주식과 출연하는 주식의 합이 당해 법인의 의결권 있는 주식의 10%('독점규제 및 공정거래에 관한 법률'에 따른 상호출자제한 기업집단과 특수관계에 있는 공익법인 등과 자기내부거래 등 사후관리 위반시는 5%)를 초과하는 경우 그 초과분은 상속세과세가액에 산입한다.

❷ 공익신탁재산의 과세가액불산입 : 피상속인이나 상속인이 공익신탁을 통하여 공익법인에 출연한 재산은 상속세과세가액에 산입하지 아니한다.

5) 과세표준

상속세의 과세표준은 상속세과세가액에서 기초공제, 인적공제 및 물적공제를 한 금액으로 한다. 다만, 과세표준이 50만 원 미만인 때에는 상속세를 부과하지 아니한다.

과세표준 = 상속세과세가액 - 상속공제액 ┌ 기초공제
　　　　　　　　　　　　　　　　　│ 인적공제
　　　　　　　　　　　　　　　　　│ 물적공제
　　　　　　　　　　　　　　　　　└ 감정평가수수료

6) 세율과 세액공제

(1) 세율 〈법 제26조〉

표 1-4 세율

과세표준	세율
1억 원 이하	과세표준의 100분의 10
1억 원 초과 5억 원 이하	1천만 원＋1억 원을 초과하는 금액의 100분의 20
5억 원 초과 10억 원 이하	9천만 원＋5억 원을 초과하는 금액의 100분의 30
10억 원 초과 30억 원 이하	2억 4천만 원＋10억 원을 초과하는 금액의 100분의 40
30억 원 초과	10억 4천만 원＋30억 원을 초과하는 금액의 100분의 50

세대를 건너뛴 상속(민법 제1001조에 따른 대습상속 제외)에 대하여 산출세액의 30%(40%) 가산

주) 대습상속이란 선순위상속인이 사망하거나 결격이 있어 후순위상속인에게 상속되는 제도를 대습상속이라 한다. 그러나 선순위상속자가 상속권을 포기하여 후순위상속인이 상속을 받는 경우(세대를 건너뛴 상속)에는 상속세산출세액의 30%(상속재산의 가액이 20억 원을 초과하여 미성년자에게 세대를 건너뛴 상속을 하는 경우 40%)를 가산한다.

(2) 세액공제 〈법 제28조, 제29조, 제30조, 제69조〉

❶ 증여세액공제 : 상속재산에 가산한 단기증여재산에 대하여 당초 증여 시 과세한 증여세액은 상속세산출세액에서 공제한다.

❷ 외국납부세액공제 : 거주자의 사망으로 외국 소재재산에 대하여 외국에서 부과된 상속세액은 상속세산출세액에서 공제한다.

❸ 단기재상속세액공제 : 상속개시 후 10년 이내에 상속인 또는 수유자의 사망으로 다시 상속이 개시된 경우, 최초 상속 시 상속세가 부과된 상속재산 중 다시 상속된 재산에 대한 최초의 상속세 상당액에 대하여 최초 상속일부터 다시 상속된 기간 1년마다 10%씩을 차감한 금액을 상속세산출세액에서 공제한다.

❹ 신고세액공제 : 상속세 신고기한까지 과세표준 신고를 한 경우 상속세산출세액 (세대할증과세액 포함)에서 문화재자료 등에 대한 징수유예 및 공제·감면세액을 차감한 금액의 3%를 상속세산출세액에서 공제한다.

증여세는 증여에 의하여 수증되는 재산을 과세대상으로 수증자에게 과세하는 조세로 상속세가 피상속인의 유산 즉, 사후이전(死後移轉) 재산에 과세함에 반하여 증여세는 생전이전(生前移轉) 재산에 과세하는 차이를 갖는다.

1) 납세의무자

증여세의 납세의무자는 재산을 증여 받은 자, 즉 수증자이다. 수증자가 거주자인 경우에는 증여로 취득한 재산의 소재가 국내인지 국외인지 불문하고 취득재산 전부에 대하여 납세의무가 있다. 수증자가 비거주자인 경우에는 국내에 있는 수증재산에 대하여만 증여세를 납부할 의무가 있다. 그러나 거주자가 비거주자에게 국외에 있는 재산을 증여(사인증여, 유증은 제외)하는 경우에는 증여자가 납세의무를 가지며, 수증자에게 증여재산에 대하여 법인세, 소득세가 부과되는 때에는 증여세는 부과하지 아니한다.

그리고 아래의 경우로서 수증자가 증여세를 납부할 능력이 없고 강제징수를 하여도 증여세에 대한 조세채권을 확보하기 곤란한 경우에는 그에 상당하는 증여세를 면제한다.

❶ 저가 양수 또는 고가 양도에 따른 이익의 증여(법 제35조)
❷ 채무면제 등에 따른 증여(법 제36조)
❸ 부동산 무상사용에 따른 이익의 증여(법 제37조)
❹ 금전 무상대출 등에 따른 이익의 증여(법 제41조의4)

수증자가 비거주자이거나, 수증자의 주소·거소가 불분명한 경우로 증여세에 대한 조세채권을 확보하기 곤란한 경우 또는 수증자가 담세력이 없는 경우로서 강제징수를 하여도 증여세에 대한 조세채권을 확보하기 곤란한 경우에는 증여자는 수증자가 납부할 증여세에 대하여 연대납세의무를 진다. 다만, 아래의 경우에는 연대납세의무에서 제외된다.

❶ 현저히 낮거나 높은 대가로 재산·이익 이전, 재산 취득 후 가치 증가 등(법 제4조 제1항 제2호 및 제3호)

② 저가 양수 또는 고가 양도에 따른 이익의 증여(법 제35조)

③ 채무면제 등에 따른 증여(법 제36조)

④ 부동산 무상사용에 따른 이익의 증여(법 제37조)

⑤ 합병에 따른 이익의 증여(법 제38조)

⑥ 증자에 따른 이익의 증여(법 제39조)

⑦ 감자에 따른 이익의 증여(법 제39조의2)

⑧ 현물출자에 따른 이익의 증여(법 제39조의3)

⑨ 전환사채 등의 주식전환 등에 따른 이익의 증여(법 제40조)

⑩ 초과배당에 따른 이익의 증여(법 제41조의2)

⑪ 주식 등의 상장 등에 따른 이익의 증여(법 제41조의3)

⑫ 금전 무상대출 등에 따른 이익의 증여(법 제41조의4)

⑬ 합병에 따른 상장 등 이익의 증여(법 제41조의5)

⑭ 재산사용 및 용역제공 등에 따른 이익의 증여(법 제42조)

⑮ 법인의 조직 변경 등에 따른 이익의 증여(법 제42조의2)

⑯ 재산 취득 후 재산가치 증가에 따른 이익의 증여(법 제42조의3)

⑰ 재산 취득 자금의 증여 추정(법 제45조)

⑱ 특수관계법인과의 거래를 통한 이익의 증여 의제(법 제45조의3)

⑲ 특수관계법인으로부터 제공받은 사업기회로 발생한 이익의 증여 의제(법 제45조의4)

⑳ 특정 법인과의 거래를 통한 이익의 증여 의제(법 제45조의5)

㉑ 공익법인 등이 출연받은 재산에 대한 과세가액 불산입 등(법 제48조): 시행령 제3조의3 제2항에서 정한 요건을 충족한 경우에 한함.

2) 증여세 과세대상 〈법 제4조, 제4조의2〉

증여세는 타인의 증여에 의하여 취득하는 모든 증여재산을 과세대상으로 한다. 따라서 민법상의 증여재산 외에도 증여의제재산이나 증여추정재산도 증여세과세대상인 증여재산에 포함한다(증여세 완전포괄주의 원칙).

다만, 수증자가 비거주자인 경우에는 증여받은 재산 중 국내에 있는 모든 재산이 과세대상이 되며, 증여재산에 대하여 수증자에게 법인세 또는 소득세가 부과되는 때에는 증여세는 부과하지 아니한다.

3) 과세가액 · 과세표준과 세율

(1) 과세가액 〈법 제47조〉

증여세과세가액은 증여재산가액에 동일인으로부터(증여자가 직계존속인 경우 그 배우자 포함) 10년 이내에 받은 1천만 원 이상의 증여재산을 포함한 금액에서 증여재산이 담보된 채무 중 수증인이 인수한 채무를 공제한 금액으로 한다. 다만, 배우자 또는 직계존비속 간 증여의 경우에는 인수한 채무가 객관적으로 입증되는 것만 공제한다.

$$
증여세과세가액 = \begin{cases} 증여재산가액 \\ (+)동일인\ 10년\ 내\ 1천만\ 원\ 이상\ 수증액 \\ (-)인수채무 \end{cases}
$$

(2) 과세표준 〈법 제55조〉

증여세 과세표준은 증여재산의 종류에 따라 아래 구분과 같이 산출한 금액으로 한다. 다만 과세표준이 50만 원 미만인 때에는 증여세를 부과하지 아니한다.

구분	과세표준
명의신탁증여의제	명의신탁재산금액−감정평가수수료
특수관계법인과의 거래 또는 제공받은 사업기회로 발생한 이익의 증여의제	증여의제이익−감정평가수수료
합산배제증여재산 (특수관계법인증여의제 제외)	증여재산가액−3천만 원−감정평가수수료
상기 외의 경우	증여세과세가액−증여재산공제−재해손실공제−감정평가수수료

(3) 세율

상속세 세율과 같다.

3 신고와 납부

1) 신고 · 납부기한 〈법 제67조, 제68조〉

상속세 및 증여세는 상속 또는 증여개시일이 속하는 달의 말일을 기준으로 아래에 정한 기간 내에 신고 및 납부를 하여야 한다.

구분	신고기한
상속세	국내 거주 : 6개월 국외 거주 : 9개월
증여세	3개월

2) 세액공제 · 가산세 〈법 제69조 등〉

상속세 및 증여세를 법정신고기간 내에 신고한 경우에는 산출세액에서 징수유예, 공제감면 금액을 제외한 금액의 3%를 공제하고, 법정신고기간 내에 신고를 하지 아니하거나 신고할 과세표준에 미달하게 신고한 경우와 법정기간 내에 세금을 납부하지 아니한 경우에는 아래의 가산세가 부과된다.

표 1-5 상속 · 증여세 공제 · 가산세율

구분	공제 · 가산율	비고
신고세액공제	산출세액×3%	법정신고기간 내에 신고한 경우
과소신고가산세	과소신고 시 • 일반 : 10% • 부정행위 : 40% • 국제거래가 수반되는 부정행위 : 60% 무신고 시 • 일반 : 20% • 부정행위 : 40% • 국제거래가 수반되는 부정행위 : 60%	법정신고기간 내에 무신고 · 과소신고의 경우
미납부가산세	미납세액×일수×3/10,000	법정기간 내에 미납부한 경우

3) 물납과 연부연납

(1) 물납 〈법 제73조〉

상속세는 다음의 요건을 모두 갖춘 경우에는 납세지 관할 세무서장의 허가를 받아 물납할 수 있다(증여세의 경우 2016년부터 물납이 허용되지 않음).

❶ 상속재산 중 부동산과 유가증권의 가액이 해당 상속재산가액의 1/2을 초과할 것
❷ 상속세 납부세액이 2천만 원을 초과할 것
❸ 상속세 납부세액이 상속재산가액 중 금융재산가액을 초과할 것

(2) 분납 〈법 제70조〉

상속세 또는 증여세액이 1천만 원을 초과하는 경우로 다음의 금액을 납부기한 경과일로부터 2개월 이내에 분납할 수 있다. 다만, 연부연납 허가를 받은 경우에는 분납할 수 없다.

구 분	분납액
납부세액이 1천만 원 초과 2천만 원 이하일 때	1천만 원 초과액
납부세액이 2천만 원 초과하는 때	50% 이하 금액

(3) 연부연납 〈법 제71조〉

상속세 또는 증여세액이 2천만 원을 초과하는 경우에는 세무서의 허가를 얻어 연부연납할 수 있다.

01 다음 중 납세의무가 소멸되는 경우가 아닌 것은?

① 부과취소가 있는 경우

② 국세의 부과제척기간이 만료된 때

③ 상속인이 승계한 경우

④ 국세징수권의 소멸시효가 완성된 경우

02 우리나라 조세체계상 직접세로 옳지 않은 것은?

① 소득세 　　　　　　　② 법인세

③ 증권거래세 　　　　　④ 종합부동산세

03 국세기본법상 납세의무의 성립시기가 같은 것끼리 올바르게 모두 고른 것은?

㉠ 소득세	㉡ 법인세
㉢ 부가가치세	㉣ 증권거래세

① ㉠㉡ 　　　　　　　② ㉠㉡㉢

③ ㉠㉢㉣ 　　　　　　④ ㉡㉢㉣

04 소득세법상 거주자의 소득구분 중 종합소득에 해당하지 않는 것은?

① 이자소득 　　　　　　② 배당소득

③ 근로소득 　　　　　　④ 퇴직소득

해설

01 ③ 상속인이 승계 시 납세의무가 소멸하지 않는다.

02 ③ 증권거래세는 조세부담이 전가되는 간접세에 해당한다.

03 ② 증권거래세는 매매거래가 확정되는 때에 납세의무가 성립한다.

04 ④ 퇴직소득은 별도로 분류과세된다.

05 소득세법상 거주자가 종합소득 확정신고를 하여야 하는 경우로 가장 옳은 것은?

① 근로소득만 있는 거주자

② 근로소득과 퇴직소득만 있는자

③ 근로소득과 사업소득만 있는 자

④ 퇴직소득과 연말정산하는 사업소득만 있는 자

06 상속세 및 증여세법상 상속세가 비과세되는 항목으로 옳지 않은 것은?

① 신탁재산

② 공공단체에 유증한 재산

③ 정당법의 규정에 따라 정당에 유증한 재산

④ 사회통념상 인정되는 이재구호금품

07 다음 중 상속재산에 포함되는 것 중 적절하지 않은 것은?

① 유증재산   ② 공과금

③ 보험금   ④ 퇴직금

해설

05   ③ 근로소득과 사업소득이 있는 거주자는 확정신고 대상에 해당한다.

06   ① 신탁재산은 상속재산에 포함된다.

07   ② 공과금은 상속세과세가액 계산시 공제되는 항목에 해당한다.

정답 01 ③ | 02 ③ | 03 ② | 04 ④ | 05 ③ | 06 ① | 07 ②

chapter 02

펀드 세제

집합투자기구와 세제

집합투자기구에는 투자신탁, 투자회사, 투자유한회사, 투자합자회사, 투자유한책임회사, 투자합자조합, 투자익명조합이 있다. 집합투자기구의 세제는 펀드 단계와 투자자 단계로 나누어 살펴볼 수 있다. 펀드 단계의 소득에 대해 별도의 과세[1]는 없다. 투자자 단계에서 집합투자기구의 이익은 원칙적으로 배당소득으로[2] 과세된다. 배당소득은 금융소득에 해당되며 금융소득 종합과세제도의 적용을 받는다.

---

1 투자회사형 펀드의 경우 배당소득 공제를 통하여 펀드단계에서 과세가 제외될 수 있도록 별도의 장치를 두고 있음
2 역외 ETF 등 투자회사형 펀드로 해외주식에 해당되는 경우 등에는 양도 시 양도소득으로 과세됨

이하에서는 소득세법에서 정의하는 이자소득과 배당소득 등 금융소득의 과세제도와 집합투자기구의 세제를 알아본다. 집합투자기구의 세제는 다시 펀드 단계에서의 과세 제도를 알아보고, 마지막으로 투자자 단계에서의 과세 내용을 살펴본다.

---

section 02　소득세법의 일반적 내용 : 금융소득과 금융소득종합과세

소득세법은 소득의 종류를 구분하고 어떤 소득이 어떤 종류에 속하는지를 각각 열거하고 있다. 우리가 취급하는 금융상품이나 금융투자상품에서 발생하는 소득은 대체로 이자소득과 배당소득 또는 양도소득에 해당된다.

이자소득은 금전의 사용에 따른 대가를 뜻하며, 배당소득은 지분투자에 대한 이익의 분배금을 말한다. 이자소득 및 배당소득은 금융상품의 보유이익의 성격으로서 통상적으로 '금융소득'이라고 칭한다. 현행 소득세법은 거주자별로 연간 금융소득의 합계액이 2천만 원 이하인 경우에는 원천징수로써 납세의무를 종결하며, 2천만 원을 초과하는 경우에는 그 초과분은 다른 소득과 합산하여 누진세율로 과세한다.

1　이자소득

이자소득은 당해연도에 발생한 다음의 소득으로 한다(소득세법 제16조 제1항).

❶ 채권 · 증권의 이자와 할인액 : 채권 · 증권은 국가, 지방자치단체가 발행한 것(국 · 공채) 및 내국법인 · 외국법인이 발행한 것(회사채)을 말한다. 당해 채권 등을 중도 매매하는 경우 상환기간 중 발생한 보유기간의 이자상당액도 이자소득에 포함

❷ 국내 또는 국외에서 받는 예금 · 적금(부금 · 예탁금과 우편대체 포함)의 이자 : 시장 지수연동 정기예금(ELD)의 경우에 원천징수대상 이자소득금액은 당해 정기예금 가입자에게 약관에 따라 지급하는 이자를 말함(서이 46013 – 11956, 2002. 10. 28)

❸ 상호저축은행법에 의한 신용계 또는 신용부금으로 인한 이익

❹ 채권 또는 증권의 환매조건부 매매차익 : 금융기관이 시장 가격에 의하지 않고 환매기간에 따른 사전약정 이율을 적용하여 결정된 가격으로 환매수 또는 환매도하는 조건으로 매매하는 채권 또는 증권의 매매차익

❺ 저축성보험의 보험차익 : 보험계약에 의하여 만기에 받는 보험금·공제금(또는 보험계약의 해지에 따라 받는 환급금)에서 납입보험료·공제료를 차감한 금액으로 함. 다만, 다음 각 호의 어느 하나에 해당하는 보험계약이나 보험금의 보험차익은 제외 (소득세법 시행령 제25조)

ㄱ. 계약자 1명당 납입할 보험료 합계액[계약자가 가입한 모든 저축성보험(ㄴ 및 ㄷ에 따른 저축성보험은 제외)의 보험료 합계액을 말한다]이 1억 원 이하인 저축성보험계약으로서 보험료 최초 납입일부터 만기일 또는 중도해지일까지의 기간이 10년³ 이상인 것(최초 납입일부터 만기일 또는 중도해지일까지의 기간은 10년 이상이지만 최초 납입일부터 10년이 경과하기 전에 납입한 보험료를 확정된 기간 동안 연금형태로 분할하여 지급받는 경우를 제외)

ㄴ. 다음 요건을 모두 충족하는 월 적립식 저축성보험계약

　a. 최초 납입일부터 만기일 또는 중도해지일까지의 기간이 10년 이상일 것

　b. 최초 납입일로부터 납입기간이 5년 이상인 월 적립식 계약일 것

　c. 최초 납입일부터 매월 납입하는 기본보험료가 균등(최초 계약한 기본보험료의 1배 이내로 기본보험료를 증액하는 경우 포함)하고, 기본보험료의 선납기간이 6개월 이내일 것

　d. 계약자 1명이 납입하는 월 보험료가 150만 원 이하일 것(2017.4.1부터)

ㄷ. 다음 요건을 모두 충족하는 종신형 연금보험계약

　a. 계약자가 보험료 납입 계약기간 만료 후 55세 이후부터 사망 시까지 보험금·수익 등을 연금으로 지급받는 계약일 것

　b. 연금 외의 형태로 보험금·수익 등을 지급하지 아니하는 계약일 것

3　저축성보험 비과세 연혁
민영보험제도의 육성·발전을 통해 사회보장기능을 보완하기 위한 측면에서 저축성보험 보험차익에 대하여 비과세
① 2004. 1. 1 이후 보험계약 또는 공제계약 체결분 10년 이상 비과세
② 2001. 1. 1 이후 보험계약 또는 공제계약 체결분 7년 이상 비과세
③ 1998. 4. 1 이후 보험계약 또는 공제계약 체결분 5년 이상 비과세

c. 사망 시(통계법 제18조에 따른 성별, 연령별 기대여명 연수 이내의 보증기간이 설정된 경우 계약자가 해당 보증기간 이내에 사망한 경우에는 해당 보증기간 종료 시) 보험계약 및 연금재원이 소멸할 것

d. 계약자와 피보험자 및 수익자가 동일한 계약으로서 최초 연금 지급 개시 이후 사망일 전에 계약을 중도해지할 수 없을 것

e. 매년 수령하는 연금액이 일정 수준[4]을 초과하지 않을 것

ㄹ. 피보험자의 사망, 질병, 부상 그 밖의 신체상의 상해로 인하여 받거나 자산의 멸실 또는 손괴로 인하여 받는 보험금

❻ 직장공제회 초과반환금 : '직장공제회'란 동일 직장이나 직종에 종사하는 근로자들의 생활안정, 복리증진 또는 상호부조 등을 목적으로 구성된 공제회·공제조합 및 이와 유사한 단체를 말하고, 초과반환금은 근로자가 퇴직하거나 탈퇴하여 그 규약에 따라 직장공제회로부터 받는 반환금에서 납입공제료를 뺀 금액으로 함(소득세법 시행령 제26조)

❼ 비영업대금의 이익 : 대금업에 해당하지 않는 금전대여로 인해 받는 이자를 말한다.

❽ 유사 이자소득 : 앞의 소득과 유사한 소득으로서 금전의 사용에 따른 대가의 성격이 있는 것을 말함(유형별 포괄과세주의)

채권대차거래에서 대여자가 차입자로부터 지급받는 해당 채권에서 발생하는 이자 상당액은 이자소득에 해당. 거주자가 일정기간 후에 같은 종류로서 같은 양의 채권을 반환받는 조건으로 채권을 대여하고 해당 채권의 차입자로부터 지급받는 해당 채권에서 발생하는 이자에 상당하는 금액은 법 제16조 제1항 제12호에 따른 이자소득에 포함(소득세법 시행령 제26조 제4항)

❾ 위 ❶에서 ❽까지의 내용 중 어느 하나에 해당하는 소득을 발생시키는 거래 또는 행위와 자본시장법 제5조에 따른 파생상품(이하 '파생상품'이라 함)이 대통령령으로 정하는 바에 따라 결합된 경우 해당 파생상품의 거래 또는 행위로부터의 이익(제16조 제1항 제13호) : 따라서, 외화예금과 이를 기초자산으로 한 선도계약이 결합된 금융상품에서 발생한 이익은 이자소득에 해당

---

4    $\dfrac{\text{연금수령 개시일 현재 연금평가액}}{\text{연금수령 개시일 현재 기대여명년수}} \times 3$

'배당소득'이란 당해연도에 발생한 다음의 소득을 말한다(소득세법 제17조 제1항).

❶ 이익배당 : 내국법인으로부터 받는 이익이나 잉여금의 배당 또는 분배금

❷ 법인으로 보는 단체로부터 받는 배당 또는 분배금 : 국세기본법에 의하여 법인으로 보는 법인격 없는 사단·재단 등의 단체로부터 받은 배당 또는 분배금을 말함. 법인으로 보는 단체로부터 받는 배당 또는 분배금만 배당소득에 해당되며, 법인으로 보지 아니하고 공동사업자로 보는 단체로부터 받은 분배금 등은 사업소득에 해당. 공동사업자이더라도 공동사업의 경영에 참여하지 아니하고 출자만 하는 자(이를 '출자공동사업자'라 함)가 분배받은 금액은 배당소득에 해당(소득세법 제17조 제8호)

❸ 의제배당 : 형식상으로는 배당이 아니라도 사실상 회사의 이익이 주주 등에게 귀속되는 경우에 이를 배당으로 간주하는 경우를 말함

❹ 인정배당 : 법인세법에 따라 배당으로 처분된 금액을 말함

❺ 국내 또는 국외에서 받은 집합투자기구로부터의 이익

❻ 국내 또는 국외에서 받는 아래에 해당하는 파생결합증권 또는 파생결합사채로부터의 이익

　ㄱ. 자본시장법 제4조 제7항에 따른 파생결합증권으로부터 발생한 이익. 다만, 당사자 일방의 의사표시에 따라 증권시장 또는 이와 유사한 시장으로서 외국에 있는 시장에서 매매거래되는 특정 주권의 가격이나 주가지수 수치의 변동과 연계하여 미리 정해진 방법에 따라 주권의 매매나 금전을 수수하는 거래를 성립시킬 수 있는 권리를 표시하는 증권 또는 증서(즉 ELW)로부터 발생한 이익은 제외(소득세법 시행령 제26조의3 제1항 제1호)

　ㄴ. 파생결합증권 중 자본시장법 제4조 제10항에 따른 기초자산의 가격·이자율·지표·단위 또는 이를 기초로 하는 지수 등의 변동과 연계하여 미리 정해진 방법에 따라 이익을 얻거나 손실을 회피하기 위한 계약상의 권리를 나타내는 것으로서 증권시장에 상장되어 거래되는 증권 또는 증서(상장지수증권, ETN)를 계좌 간 이체, 계좌의 명의변경, 상장지수증권의 실물양도의 방법으로 거래하여 발생한 이익. 이 경우 상장지수증권으로부터의 이익은 자본시장법에

따른 각종 보수·수수료 등을 뺀 금액으로 함. 다만, 증권시장에서 거래되는 주식의 가격만을 기반으로 하는 지수의 변화를 그대로 추적하는 것을 목적으로 하는 상장지수증권(국내 주식형 ETN)을 계좌 간 이체, 계좌의 명의변경 및 상장지수증권의 실물양도의 방법으로 거래하여 발생한 이익은 제외(소득세법 시행령 제26조의3 제1항 제2호)

ㄷ. 상법 제469조 제2항 제3호에 따른 사채(파생결합사채)로부터 발생한 이익

❼ 외국법인으로부터의 배당 : 외국법인으로부터 받는 이익이나 잉여금의 배당 또는 분배금

❽ 「국제조세조정에 관한 법률」의 조세피난방지세제 규정에 따라 특정 외국법인의 배당가능한 유보소득 중 내국인이 배당받는 것으로 간주되는 금액 : 여기서 '내국인'이란 특정 외국법인의 각 사업연도 말 현재 발행주식 총수(또는 출자금액)의 10% 이상을 보유하는 자를 말함

❾ 주식대차거래로 대여자가 차입자로부터 지급받는 해당 주식에서 발생하는 배당에 상당하는 금액은 법 제17조 제1항 제9호에 따른 배당소득에 포함(소득세법 시행령 제26조의3 제4항)

❿ 위 ❶에서 ❾까지의 내용 중 어느 하나에 해당하는 소득을 발생시키는 거래 또는 행위와 파생상품이 대통령령으로 정하는 바에 따라 결합된 경우 해당 파생상품의 거래 또는 행위로부터의 이익

3 양도소득

양도소득세 과세대상인 양도소득에는 토지, 건물 등 부동산과 그 권리의 양도, 주식 등 일정한 지분증권의 양도 및 파생상품에서 발생한 소득이 포함된다. 지분증권 이외의 채무증권 등의 증권의 매매차익이나 차손에 대해서는 별도의 규정을 두고 있지 않다.

파생상품은 선물, 옵션, 스왑 등을 뜻하는데, 이 중 양도소득세 과세대상이 되는 파생상품은 주가지수 관련 파생상품과 해외시장에서 거래되는 장내파생상품, 주가지수 관련 장외파생상품, 차액결제 거래[(CFD) 2021. 4. 1부터 과세] 등을 말한다. 파생상품에 대한 양도소득세 과세는 2016년부터 시행되고 있으며 세율은 탄력세율 10%(기본세율 20%)이다.

집합투자기구 세제

집합투자기구는 다수의 투자자로부터 모은 자금을 하나의 펀드로 만들어 이를 전문적인 운용자가 대신 운용하고 투자자는 그 수익을 운용 결과대로 배분 받는 집단적·간접적 투자제도이다. 집합투자기구는 공동투자를 통한 비용절감·전문가에 의한 운용·광범위한 분산투자를 통한 위험분산 등의 특징과 이점으로 인해 투자자의 투자전략을 충족시켜주는 효율적인 수단으로 기능할 뿐 아니라, 자금 제공자와 자금 수요자를 연결시켜주는 금융중개, 나아가 연금저축에 있어서도 주요한 기능을 수행한다.

자본시장법은 집합투자기구를 '집합투자를 수행하기 위한 도구'로 정의하면서, 〈그림 2−1〉과 같이 신탁형, 회사형, 조합형 투자기구 등 7가지를 두고 있다.

자본시장법이 위와 같이 다양한 집합투자기구를 두고 있으나 집합투자를 위한 도구로서의 경제적 역할은 동일하다. 세법은 이러한 점을 고려하여 자본시장법상 집합투자기구에 대해 가급적 동일한 방식으로 과세하여 집합투자 종류별 세후 수익이 동일하도록 하고 있다. 다만, 집합투자증권 양도 시 과세방식이 상이하게 적용될 수 있어 현재 집합투자기구 과세의 주요 문제점으로 지적되고 있다.

자본시장법이 신탁형, 회사형, 조합형 등 여러 종류의 집합투자기구를 규정하고 있으나 펀드시장에서 이용되는 집합투자기구는 투자신탁이 대부분이다. 이는 우리나라 펀드산업이 투자신탁을 모태로 하여 발전하였기 때문이다. 이런 이유로 지금까지 세법도 신탁이라는 범주에서 투자신탁을 다루어 왔다. 그런데 2008년 말 세법 개정에서 투자신탁을 집합투자기구라는 새로운 용어로 치환(置換)하였다. 이는 집합투자기구와 신탁을 같은 범주에서 바라보는 새로운 시도라 하겠다. 집합투자기구와 관련된 세법의 규정은 집합투자기구 자체에 대한 과세규정과 집합투자기구가 발행한 집합투자증권을 취득한 투자자(이하 '펀드투자자'라 함)에 대한 과세규정으로 구분된다. 소득세법은 펀드투자자에 대한 과세규정을 주로 소개하고 있다. 투자자는 집합투자기구가 발행한 집합투자증권을 취득함으로써 투자에 참여하며, 집합투자증권을 환매 또는 그 이익을 결산분배 받거나 집합투자증권 자체를 양도하여 그 이익을 실현한다. 먼저 세법상 집합투자기구와 신탁 등의 구분에 관한 세법규정을 알아보고, 환

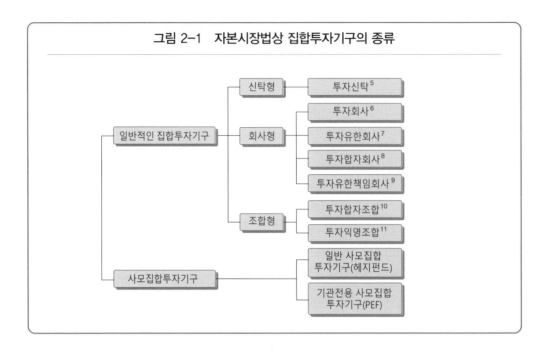

그림 2-1 　자본시장법상 집합투자기구의 종류

매 또는 결산분배를 받는 경우와 집합투자증권을 양도하는 경우 투자자에게 적용되는 세법규정을 알아본다.

---

5 자본시장법 제9조 제18항 제1호 : 집합투자업자인 위탁자가 신탁업자에게 신탁한 재산을 신탁업자로 하여금 그 집합투자업자의 지시에 따라 투자·운용하게 하는 신탁 형태의 집합투자기구(이하 '투자신탁'이라 한다)

6 자본시장법 제9조 제18항 제2호 : 「상법」에 따른 주식회사 형태의 집합투자기구(이하 '투자회사'라 한다)

7 자본시장법 제9조 제18항 제3호 : 「상법」에 따른 유한회사 형태의 집합투자기구(이하 '투자유한회사'라 한다)

8 자본시장법 제9조 제18항 제4호 : 「상법」에 따른 합자회사 형태의 집합투자기구(이하 '투자합자회사'라 한다)

9 자본시장법 제9조 제18항 제4의2호 : 「상법」에 따른 유한책임 회사 형태의 집합투자기구(이하 '투자유한책임회사'라 한다)

10 자본시장법 제9조 제18항 제5호 : 「상법」에 따른 합자조합 형태의 집합투자기구(이하 '투자합자조합'이라 한다)

11 자본시장법 제9조 제18항 제6호 : 「상법」에 따른 익명조합 형태의 집합투자기구(이하 '투자합자조합'이라 한다)

1 세법상 집합투자기구와 신탁, 변액보험의 구분

소득세법 제4조 제2항은 소득을 구분함에 있어서 집합투자기구로부터의 이익은 배당소득으로 과세하고, 집합투자기구 외의 신탁(자본시장법 제251조에 따른 집합투자업겸영보험회사의 특별계정을 제외)의 이익은 「신탁법」 제2조에 따라 수탁자에게 이전되거나 그 밖에 처분이 된 재산권에서 발생하는 소득의 내용별로 소득을 구분한다(소득세법 제4조 제2항).

상기 규정에서 '집합투자기구 외의 신탁'이란 신탁 형태의 집합투자기구(즉 투자신탁) 외의 신탁으로서 자본시장법에 의한 특정금전신탁이나 재산신탁, 신탁법에 의한 신탁을 의미한다.

(1) 집합투자기구와 신탁

신탁 형태의 집합투자기구로부터의 이익은 배당소득으로 과세하고, 그 외의 신탁의 이익은 재산권에서 발생한 소득의 내용별로 과세한다. 투자신탁도 신탁의 범주에 속하지만 세법을 적용함에 있어서는 그 외의 신탁과 다른 방법으로 과세한다.

(2) 변액보험

보험회사의 변액보험은 저축성보험일 뿐 아니라 자본시장법상 투자신탁에 해당한다. 입법적 고려가 없다면 변액보험에서 발생한 소득은 저축성보험의 보험차익(즉 이자소득)으로도 과세될 수 있고, 집합투자기구로부터의 이익(배당소득)으로도 과세될 수 있다.

상기 소득세법 제4조 제2항의 내용 중 괄호문단에는 신탁의 범위에 자본시장법 제251조 제1항에 의한 특별계정(즉 변액보험)을 제외하고 있다. 이는 소득세법 시행령 제26조의2 제1항 제1호에서 변액보험을 세법상 집합투자기구에서 제외하고 있고, 이로 인해 변액보험이 해석상 신탁으로 보아 과세될 여지가 있기 때문이다. 이를 막고자 상기 괄호문단에서 신탁의 범위에서 다시금 변액보험을 제외하고 있는 것이다. 따라서 변액보험은 소득세법상 저축성보험의 보험차익으로 과세된다.

2 집합투자기구로부터의 이익

자본시장법은 간접투자자산운용업법에서와는 달리 민법, 상법 등 현행법상 설립 가능한 모든 투자기구를 집합투자기구로 활용할 수 있도록 하였다. 이에 따라 새롭게 투자유한회사, 투자합자회사, 투자합자조합, 투자익명조합을 집합투자기구에 추가하였다.

이에 세법은 2008년말 세법 개정에서 새로이 도입된 집합투자기구의 과세체계를 기존의 투자신탁 또는 투자회사 세제와 전반적으로 동일하게 구성하였다. 새로 추가된 집합투자기구 중 조합형인 투자합자조합과 투자익명조합은 세법상 투자신탁으로 간주하여 과세하고,[12] 회사형인 투자유한회사와 투자합자회사는 세법상 투자회사로 간주하여 과세한다.[13] 그리고 소득세법과 조특법에서 각각 규정하던 것을 자본시장법상 집합투자기구를 소득세법에서 일괄 차용하여 통일적으로 규정하였다. 이하의 집합투자기구에 대한 세법상 요건과 집합투자기구로부터의 이익 계산 등의 규정은 모든 집합투자기구에 대해 차별없이 적용된다.

1) 세법상 요건과 효과

(1) 세법상 요건

소득세법은 집합투자기구에 대하여 아래의 요건을 두고 있다.[14]

❶ 자본시장법에 의한 집합투자기구(동법 제251조의 규정에 의한 보험회사의 특별계정을 제외하되, 금전의 신탁으로서 원본을 보전하는 것을 포함)일 것

❷ 당해 집합투자기구의 설정일부터 매년마다 1회 이상 결산·분배할 것

　　다만, 다음 각 항목의 어느 하나에 해당하는 이익금은 분배를 유보할 수 있으며, 자본시장법 제242조에 따른 이익금이 0보다 적은 경우에도 분배를 유보할 수 있음(같은 법 제9조 제22항에 따른 집합투자규약에서 정하는 경우에 한정)

　　ㄱ. 자본시장법 제234조에 따른 상장지수집합투자기구가 지수 구성종목을 교체

---

12 소득세법 시행령 제26조의2 제3항 제1호
13 소득세법 시행령 제26조의2 제3항 제2호, 법인세법 제51조의2 제1항 제2호 참조
14 소득세법 시행령 제26조의2 제1항 및 제8항

하거나 파생상품에 투자함에 따라 계산되는 이익

　ㄴ. 자본시장법 제238조에 따라 평가한 집합투자재산의 평가이익

　ㄷ. 자본시장법 제240조 제1항의 회계처리기준에 따른 집합투자재산의 매매이익

❸ 금전으로 위탁받아 금전으로 환급할 것(금전 외의 자산으로 위탁받아 환급하는 경우로서 당해 위탁가액과 환급가액이 모두 금전으로 표시된 것을 포함)

❹ 자본시장법에 의한 사모집합투자기구로서 다음 각 호의 요건을 모두 갖춘 집합투자기구(이하 '특정단독사모집합투자기구'라 함)에 해당되지 아니할 것

　ㄱ. 투자자가 거주자(비거주자와 국내사업장이 없는 외국법인을 포함한다. 이하 이 조에서 같다) 1인이거나 거주자 1인 및 그와 「국세기본법 시행령」 제1조의2 제1항부터 제3항까지의 규정에 의한 특수관계에 있는 자(비거주자와 그 배우자, 직계혈족 및 형제자매 또는 일방이 타방의 의결권주식을 직·간접적으로 100분의 50 이상 보유하는 관계)로만 이루어진 경우

　ㄴ. 투자자가 사실상 자산운용에 관한 의사결정을 하는 경우

(2) 효과

❶ 요건 모두를 충족하는 경우 : 요건 모두를 충족하는 경우에는 소득세법상 적격한 집합투자기구가 됨. 따라서 집합투자기구에 귀속되는 모든 소득은 통산되어 투자자가 환매 또는 결산분배를 통해 그 이익을 수령할 때 과세되며, 그 이익 중 일정한 손익은 과세 제외되고 운용보수 등 각종 수수료를 과세소득계산에 있어서 차감할 수 있게 됨

❷ 요건 모두를 충족하지 못하는 경우 : 상기의 요건 모두를 충족하지 못하는 집합투자기구에 대해서 세법은 아래와 같이 과세를 하고 있음(소득세법 시행령 제26조의2 제3항).

　ㄱ. 투자신탁·투자합자조합·투자익명조합(이하 '투자신탁 등'이라 함)으로부터의 이익은 법 제4조 제2항에 따른 집합투자기구 외의 신탁의 이익으로 보아 과세

　ㄴ. 투자회사·투자유한회사·투자합자회사·경영참여형 사모집합투자기구(경영참여형 사모집합투자기구는 조특법 제100조의15에 따른 동업기업과세특례를 적용받지 않는 경우에 한정. 이하 '투자회사 등'이라 함)로부터의 이익은 법 제17조 제1항 제1호의 배당 및 분배금으로 보아 과세

따라서 투자신탁 등은 소득의 내용별로 과세되고, 투자회사 등은 일부손익 과세제외규정(즉, 소득세법 시행령 제26조의2 제4항)의 적용 없이 집합투자기구에 귀속된 모든 손익이 통산되어 배당소득으로 과세. 한편, 투자회사 등이 상기 요건 ②(연 1회 이상 결산·분배요건)나 요건 ④(사모집합투자기구 특례)를 충족하지 못하는 경우에는 법인세법 제51조의2 제1항 및 제2항 후단 및 동법시행령 제86조의2 제9항의 내용에 따라 법인세도 부담하게 됨

2) 과세소득의 계산

(1) 일부손익 과세제외

집합투자기구가 직접 또는 자본시장법 제9조 제21항에 따른 집합투자증권에 투자하여 취득한 증권으로서 다음 각 호 어느 하나의 증권 또는 자본시장법에 따른 장내파생상품(이하 '장내파생상품'이라 함)의 거래나 평가로 인하여 발생한 손익(이하 이를 '일부손익과세제외규정'이라 함)은 과세제외 한다.[15]

❶ 증권시장에 상장된 증권(다음 각 목의 것은 제외. 이하 이 항에서 같음)
　ㄱ. 국가나 지방자치단체가 발행한 채권 또는 증권, 내국법인이 발행한 채권 또는 증권, 외국법인의 국내지점 또는 국내영업소에서 발행한 채권 또는 증권, 외국법인이 발행한 채권 또는 증권, 타인에게 양도가 가능한 증권으로서 금융회사 등이 발행한 예금증서 등 소득세법 시행령으로 정하는 것(소득세법 제46조 제1항)
　ㄴ. 외국 법령에 따라 설립된 외국 집합투자기구의 주식 또는 수익증권
❷ 「벤처기업육성에 관한 특별조치법」에 따른 벤처기업의 주식 또는 출자지분
❸ 제1호의 증권을 대상으로 하는 장내파생상품

다만, 비거주자 또는 외국법인이 일반 사모집합투자기구나 동업기업과세특례를 적용받지 아니하는 기관전용 사모집합투자기구(PEF)를 통하여 취득한 증권시장 상장주식 또는 출자증권으로서, 양도일이 속하는 연도와 그 직전 5년의 기간 중 그 주식 또는 출자증권을 발행한 법인의 발행주식 총수 또는 출자총액의 100분의 25 이상을 소유한 경우 이러한 주식 또는 출자증권의 거래로 발생한 손익은 그러하지 아니한다

---

15 소득세법 시행령 제26조의2 제4항.

(소득세법 시행령 제26조의2 제4항 단서 조항). 이는 외국인이 직접 국내 상장주식의 25% 이상 취득한 경우 그에 따른 매매차익에 대해 원천지국인 우리나라에서 과세하도록 하는 소득세법의 규정[16]을 회피하기 위하여 사모집합투자기구 등을 이용하는 것을 방지하기 위한 규정이다.

집합투자기구가 상장증권 등 과세제외 증권등을 직접 또는 자본시장법에 따른 집합투자증권에 투자하여 취득한 경우에도 과세제외한다.

일부손익 과세제외규정은 직접투자와의 과세형평을 고려한 규정이다. 직접투자하는 경우 상장주식 등의 매매평가손익은 과세제외된다. 집합투자기구를 통하여 간접투자하는 경우에는 이러한 소득이 모두 과세대상이 된다. 세법은 직접투자와 간접투자의 과세상 차이를 줄이기 위하여 상기의 규정을 두어 일정한 손익에 대해 과세제외하고 있다.

그러나 동 규정은 직접투자와의 과세형평을 완전히 실현하지 못하고 있다. 채권매매차익은 물론이고 환차익, 장외파생상품의 매매차익 등이 모두 과세되고 있기 때문이다.

일부손익과세제외규정은 이익뿐 아니라 손실도 과세제외한다. 손실이 과세상 비용으로 공제되지 않으므로, 그 손실이 집합투자재산에서 발생한 이자, 배당, 그 외의 소득(환차익 등)을 초과하여 원금 대비 투자손실이 발생한 경우에도 발생한 이자 등에 과세가 이루어질 수 있다.

(2) 수수료 공제

투자신탁 외의 신탁의 경우 원칙적으로 위탁자, 수탁자 관계에서 위탁자가 부담하는 수탁자의 보수는 신탁이익과 별개로 위탁자에게 그대로 귀속된다. 하지만 특정금전신탁과 투자신탁의 이익(집합투자기구로부터의 이익)은 보수·수수료 등은 비용으로 공제받을 수 있다. (소득령 제4조의2 ③항)

반면, 집합투자기구로부터의 이익은 자본시장법에 따른 각종 보수·수수료 등을 뺀 금액으로 한다.[17] 따라서 자본시장법에 의하여 집합투자업자, 신탁업자, 투자매매업자·투자중개업자가 받는 모든 보수와 환매수수료, 판매수수료 등 각종 수수료는 투자자의 과세소득을 계산함에 있어서 차감된다.

---

16 소득세법 제119조 제11호 및 동법 시행령 제179조 제11항 참조.
17 소득세법 시행령 제26조의2 제6항.

3) 수입시기

투자신탁 외의 신탁의 경우 원칙적으로 소득이 신탁재산에 귀속되는 때가 수입시기가 된다. 다만, 소득세법은 신탁재산에 이자소득과 배당소득이 귀속할 때마다 원천징수하는 불편을 해소하기 위해 소득이 신탁재산에 귀속된 날부터 3월 이내의 특정일(동일 귀속연도 이내로 한정)을 과세시기로 할 수 있는 특칙을 두고 있다.[18]

집합투자기구의 경우 수입시기는 소득이 신탁재산에 귀속되는 때가 아니라 투자자에게 소득이 분배되는 때가 된다. 소득세법은 아래와 같이 그 시기를 구체적으로 규정하고 있다.[19]

❶ 집합투자기구로부터의 이익을 지급받은 날
❷ 원본에 전입하는 뜻의 특약이 있는 분배금은 그 특약에 의하여 원본에 전입되는 날

집합투자기구로부터의 이익을 지급받은 날, 즉 현금으로 그 이익을 수령하는 날을 수입시기로 한다. 현금으로 수령하는 경우는 환매청구에 의하여 원리금을 수령하는 경우가 있고, 결산분배금을 현금으로 수령하는 경우가 있으며, 수익증권을 양도하여 그 이익을 현금으로 수령하는 경우가 있다. 그러므로 환매청구로 이익을 수령한 날, 결산분배금을 받은 날, 수익증권의 양도로 이익을 수령한 날이 모두 수입시기가 된다. 한편, 결산분배일에 결산분배금을 '재투자특약'에 의하여 원본에 전입하는 경우에도 이익을 현실적으로 지급받은 것은 아니지만 이를 지급받은 것으로 보아 수입시기로 하고 있다 (이를 '재투자수입시기규정'이라 함).

재투자수입시기규정은 투자자의 투자기간에 상응하는 집합투자기구로부터의 이익에 과세하는 것이 아니라 투자시점부터 결산분배일 그리고 결산분배일 이후부터 환매일 또는 다음 결산분배일까지 각각 끊어서 과세하는 것이므로, 결산분배일까지 과세소득이 발생하였으나 그 후 환매일까지 과세손실이 발생한 경우 그 과세손실은 당초 과세소득과 통산되지 아니하여 비용화할 수 없다. 따라서 전체 투자기간 동안 과세손실이 과세소득을 초과하는 경우 펀드투자자는 원금 대비 투자손실임에도 과세될 수 있다. 이러한 불합리성을 개선하기 위하여 2016년 세법 개정을 통해 주식·채권·파생상품 등 원본손실 가능성이 있는 투자자산의 매매차익을 결산시 과세하지 않고 투자기간 동안

---

18 소득세법 제155조의2.
19 소득세법 시행령 제46조 제7호.

전체 손익을 통산하여 환매 시 과세할 수 있도록 하였다(소득세법 시행령 제26조의2 제1항 제2호 다목).

4) 소득구분

소득구분이란 위에서 계산한 투자신탁으로부터의 이익을 이자소득, 배당소득 등으로 구분하는 것을 말한다.

舊소득세법은 투자신탁을 이자부 투자신탁과 배당부 투자신탁으로 구분하고 이자부 투자신탁에서 발생한 소득은 이자소득으로 배당부 투자신탁에서 발생한 소득은 배당소득으로 과세하도록 하였다(舊소득세법 시행령 제23조 제1항, 제2항, 제3항). 그러나 2007년 세법개정에서 투자신탁에 편입된 자산의 비중과 관계없이 모두 배당소득으로 구분하도록 개정하였다.

❶ 2006. 12. 31 이전 투자신탁의 이익

　ㄱ. 이자부 투자신탁의 이익 → 이자소득

　ㄴ. 배당부 투자신탁의 이익 → 배당소득

❷ 2007. 1. 1 이후의 투자신탁의 이익 → 배당소득

집합투자기구로부터의 이익이 배당소득으로만 구분되는 것은 아니다. 투자신탁이 소득세법상 일정요건을 충족한다 하더라도 소득지급방법 등에 따라 연금소득, 기타소득 또는 퇴직소득 등으로 달리 구분될 수 있다(소득세법 제20조의3, 소득세법 제21조 제1항 제21호, 소득세법 제22조 제1항). 이 경우 소득금액의 계산이 지급액을 기준으로 정해지는 점에서 투자신탁이익의 계산과 차이가 있다. 이는 연금저축 등에 의한 연금소득이 불입단계에서 세액공제되고 수령단계에서 과세되는 방식을 취하고 있기 때문이다. 또 투자신탁이익에 적용되는 일부손익과세제외규정(소득세법 시행령 제26조의2 제4항)은 소득세법 제17조 제1항 제5호의 규정에 의한 배당소득으로 구분되는 경우에 적용되는 것이므로 이와 같이 배당소득 이외의 소득으로 구분되는 경우에는 이를 적용할 수 없다.

(1) 의의

투자자는 자기의 자금을 펀드에 투자하고 그 대가로 집합투자기구가 발행한 집합투자증권을 취득하게 된다. 투자자는 집합투자증권을 환매청구함으로써 그 원금과 이익을 실현하게 된다. 집합투자업은 집합투자증권의 수시환매원칙[20]을 근간으로 운영되므로, 환매의 방법이 원리금 회수방법으로 주로 이용된다. 한편, 환매의 방법 이외에 집합투자증권을 양도하는 방법에 의하여 원금과 이익을 실현할 수도 있다. 일반적으로 집합투자증권은 저축약관에 의하여 수탁은행에 보관되며 저축통장에 좌수만 기재하는 방식으로 운영된다. 그런데 투자자가 통장에 표시된 집합투자증권 좌수에 근거해 집합투자증권의 현물발행을 청구하면 판매회사는 일정한 절차를 거쳐 집합투자증권의 현물인도를 해주도록 규정하고 있다. 이러한 집합투자증권 현물거래는 수시환매가 불가능한 폐쇄형 투자펀드나 사모투자펀드에서 자주 발생하며 개방형 투자펀드의 경우에도 증여나 상속 또는 양도의 목적으로 이루어진다.

(2) 집합투자증권 양도와 세금

집합투자증권의 양도와 관련하여 기존에는 원칙적으로 채권등보유기간과세제도를 적용하여 배당소득으로 과세하되,[21] 투자회사의 주식 등 회사형 집합투자증권의 양도는 양도소득으로 과세하도록 하였으나, 세법의 개정으로 2011년 1월 1일부터는 집합투자증권의 양도로 발생한 이익도 원칙적으로 소득세법 제17조 제1항 제5호인 집합투자기구로부터의 이익에 해당하는 것으로 하여 배당소득으로 과세하고, 기존의 채권 등 보유기간과세제도에서는 집합투자증권의 양도에 대한 규정을 삭제함으로써 법조문상 소득구분에 통일성을 높였다. 다만, 회사형 집합투자증권으로 외국시장에 상장된 주식에 해당되는 집합투자증권(예: 역외상장 투자회사형 ETF) 등의 양도에 대해서는 양도소득으로 과세된다.

---

20 자본시장법 제235조 제1항 : 투자자는 언제든지 집합투자증권의 환매를 청구할 수 있다.
21 舊 소득세법 제46조 제1항 및 舊 소득세법 제102조 제1항 제2호 본문 참조.

표 2-1	집합투자증권 환매 및 양도 시 소득구분		
유형	투자신탁 투자합자조합 투자익명조합	투자회사 투자유한회사 투자합자회사	
환매 · 결산분배	배당소득	배당소득	
양도	배당소득주1)	배당소득주2)	

주1) 주식형 ETF증권의 양도는 비과세(즉, 배당소득은 비과세)
  2) 1. 양도소득이 과세되는 주식 및 지분증권의 양도는 제외
    2. 양도소득이 과세되지 않더라도 투자회사(분배 가능 이익 전체를 1회 이상 배당하는 투자회사) 주식의 양
      도는 제외

4 부동산 집합투자기구 운용에 따른 과세

(1) 부동산 취득에 따른 취득세 · 등록면허세

취득세는 일정한 자산의 취득에 대하여 그 취득자에게 부과되는 도세(또는 특별시세·광역시세)이고, 등록에 대한 등록면허세는 재산권과 그 밖의 권리의 설정 · 변경 또는 소멸에 관한 사항을 공부에 등기 또는 등록하는 경우에 그 등기 · 등록을 받는 자에게 부과되는 도세이다. 부동산 집합투자기구에서 집합투자재산으로 부동산을 취득하는 경우 취득세 · 등록면허세를 납부하여야 한다.

(2) 부동산 보유에 따른 과세

집합투자기구가 투자목적으로 취득한 부동산을 보유하는 경우 지방세인 재산세와 국세인 종합부동산세가 과세될 수 있다. 재산세는 토지 · 건축물 · 주택 · 선박 및 항공기의 보유에 대하여 그 보유자에게 부과하는 시 · 군세(또는 구세)이다.

부동산 집합투자기구가 소유하고 있는 토지 · 건축물 · 주택에 대해서 재산세가 과세된다. 재산세는 토지의 경우 종합합산과세대상, 별도합산과세대상, 그리고 분리과세대상으로 구분하고, 건축물은 골프장 · 고급오락장용 건축물, 공장용 건축물과 상가 등 기타의 건축물로 구분하여 각각 다른 세율체계로 과세된다. 부동산 집합투자기구는 사업목적용 토지나 건축물을 보유하는 경우가 일반적이므로 토지는 별도합산대상토지, 건축물은 기타의 건축물에 해당될 경우가 많을 것으로 예상되나 사실판단은 건별로 각각 관련 세법규정에 따라 판단하여야 한다.

부동산 집합투자기구가 별도합산과세대상 토지를 소유하고 있는 경우에도 동 토지는 별도합산과세대상이 아닌 분리과세대상으로 구분하므로 별도합산과세하지 아니하고 분리과세한다(지방세법 제106조 제1항 제3호 및 지방세법 시행령 제102조 제8항). 다만, 사모 부동산 집합투자기구의 경우, 2020년 6월 2일부터 취득한 토지에 대해서는 별도합산과세대상으로 구분된다.

종합부동산세는 토지와 주택에 대하여 과세된다(종부세법 제7조 제1항 및 종부세법 제12조 제1항). 토지의 경우, 재산세가 분리과세되는 토지에 대해서는 종부세과세대상이 아니하므로(종부세법 제11조), 부동산 집합투자기구가 지방세법에 의해 분리과세되는 토지를 소유하고 있는 경우에는 종합부동산세가 과세되지 아니한다. 반면, 부동산 집합투자기구가 종합합산과세대상 토지(나대지 등)를 보유한 경우에는 종합부동산세의 과세대상이 된다. 또한 상기의 분리과세규정은 토지에 한하므로 부동산 집합투자기구가 소유한 주택에 대해서는 종합부동산세의 과세대상에 해당된다.

(3) 부동산 처분에 따른 과세

부동산 집합투자기구가 보유하던 부동산을 처분한 경우에는 양도소득이 발생한다. 개인에게 양도소득이 발생한 경우에는 우선 예정신고를 하고 다음해 5월 31일까지 확정신고를 하도록 하고 있다. 법인에게 양도소득이 발생하는 경우에는 당해 법인의 익금으로 처리할 뿐이며 예정신고 없이 결산일부터 3월 내에 신고납부하도록 하고 있다. 부동산 집합투자기구가 투자목적을 달성한 부동산을 처분한 경우에는 투자신탁의 경우 개인이 아니고 투자신탁 자체가 납세주체도 아니므로 소득세법상 예정신고의무는 없으며, 투자회사의 경우에는 법인이므로 예정신고 의무없이 법인의 익금으로 처리하면 된다.

부동산 집합투자기구에 귀속된 부동산 양도소득은 이와 같이 부동산 집합투자기구단계에서 과세되지 아니하고 투자신탁에 귀속되는 다른 소득(사업소득, 이자소득, 배당소득 등)과 통산되어 투자자가 환매금 또는 이익분배금을 수령할 때에 배당소득으로 과세된다.

(4) 부가가치세 과세

부동산 집합투자기구가 부동산을 취득·보유·처분하는 과정에서 부가가치세가 과세될 수 있다. 부가가치세는 재화와 용역의 공급에 대하여 과세된다. 부동산 집합투자기구의 운용대상 자산이 부가가치세 과세대상 재화와 용역에 해당되고 동 재화와 용역을 부동산 집합투자기구가 타인에게 공급한 경우에는 부가가치세를 납부하여야 한다. 부동산은 토지와 건물로 구분할 수 있으며 부가가치세법은 토지의 공급에 대해서는 면세로 정하고 있다. 따라서 토지와 건물을 일체로 공급하는 경우 건물분에 대한 부가가치세를 납부하게 된다.

(5) 법인세 과세

부동산 집합투자기구는 투자기구일 뿐이므로 집합투자기구 자체에 대해 법인세를 과세하게 되면 직접투자와 비교하여 과세상 불이익이 발생하게 된다. 집합투자기구 자체에 대하여 과세할 경우 집합투자기구의 고비용구조로 인하여 간접투자방식에 의한 투자행위는 사실상 불가능하게 될 것이다. 직접투자와 간접투자는 투자자의 선호에 의하여 선택될 문제이므로 과세가 여기에 개입하는 것은 바람직하지 않다. 이러한 이유로 대부분의 국가에서 집합투자기구 자체에 대해 사실상 과세를 하지 아니하고 있다.

우리나라의 경우, 집합투자기구를 투자신탁과 투자회사 등으로 열거하고 있다. 투자신탁은 신탁의 법리에 따라 과세하지 않고 있다. 또 투자회사의 경우에도 투자회사가 결산기에 배당가능 이익의 90% 이상을 투자자에게 분배한 경우(주식배당이든 현금배당이든 상관없음)에는 이를 각 사업연도 소득금액에서 공제하여 과세소득을 구하도록 하고 있어서 사실상 법인세를 부담하지 않고 있다. 결국 우리나라도 집합투자기구에 대해서 사실상 법인세 부담을 지우지 않고 있다.

투자자 단계에서의 과세

1 　투자자가 거주자인 경우

1) 금융소득 종합과세

(1) 종합소득과세

❶ 거주자의 소득 : 종합소득, 양도소득, 퇴직소득으로 분류
❷ 종합소득 합산과세 : 매년 경상적으로 발생하는 소득으로서 이자소득, 배당소득, 사업소득, 근로소득, 연금소득, 기타소득으로 구분하며 이를 합산하여 누진세율로 과세

(2) 금융소득 종합과세

❶ 금융소득 : 이자소득과 배당소득을 금융소득이라 하며 통상 금융상품에서 발생함
❷ 금융상품별 소득구분
　ㄱ. 금융상품에는 은행업의 수신상품(각종 예금과 적금을 말함), 보험업의 보험상품, 금융투자업이 취급하는 금융투자상품이 있음. 금융투자상품은 다시 증권상품과 파생금융상품으로 구분되며 증권상품은 지분증권, 채무증권, 수익증권, 파생결합증권 등으로 구분
　ㄴ. 세법은 은행의 수신상품에서 발생한 소득에 대해 이자소득으로 과세하고, 보험상품에서 발생한 소득은 보장성 보험의 보험차익의 경우 비과세, 저축성 보험의 보험차익의 경우 납입보험료 합계액이 1억 원(2017. 3. 31일까지 체결하는 보험: 2억 원), 월적립식인 경우 매월 납입보험료가 150만 원 초과 등의 경우 이자소득으로 과세
　ㄷ. 금융투자상품에서 발생한 소득은 이자소득(채무증권), 배당소득(지분증권, 수익증권 등) 그리고 양도소득(지분증권으로서 비상장지분증권의 매매차익과 상장주식으로서 장외거래에 의한 매매차익 그리고 상장주식의 대주주가 거래한 세법에서 규정하고 있는 파생상품 매매차익 등)으로 과세

(3) 금융소득 종합과세 방법

❶ 원천징수 : 금융소득을 지급할 때 14%로 원천징수

❷ 종합과세여부 판단 : 금융소득을 무조건분리과세, 조건부종합과세, 무조건종합과세 대상 금융소득으로 구분

ㄱ. 무조건분리과세는 원천징수로서 납세의무가 종결

ㄴ. 조건부 종합과세는 다음의 ①과 ② 중 큰 금액으로 적용하고 종합과세기준금액을 초과하지 않은 경우는 ②를 적용

① (다른 종합소득 + 2천만 원 초과금융소득) × 누진세율 + 2천만 원 × 14%

② (다른 종합소득) × 누진세율 + 금융소득 × 원천징수세율(14%)

ㄷ. 무조건 종합과세 되는 금융소득은 원천징수가 되지 않은 예외적인 금융소득에 대하여 적용

2) 집합투자기구 이익에 대한 적용

투자신탁이익을 지급하는 때에 14%로 원천징수한다.[22] 투자신탁이익이 세금우대종합저축상품(조특법 제89조) 등에 해당하여 무조건 분리과세[23]되는 경우에는 원천징수로서 과세가 종결된다. 무조건 분리과세 되는 경우 이외에는 투자신탁이익은 다른 금융소득과 합산하여 2천만 원을 초과하는 경우에는 종합소득에 합산하여 누진세율로 과세한다

표 2-2 **거주자의 금융소득에 과세방법**

과세방법		원천징수세율
(1) 무조건 분리과세소득 ⇒ 분리과세		(1)의 해당 세율
(2) 조건부종합과세	위 (1) 외의 이자·배당소득(귀속법인세는 제외)의 합계액이 ① 2천만 원 이하인 경우 ⇒ 분리과세 ② 2천만 원을 초과하는 경우 ⇒ 종합과세(주)	14% (비영업대금의 이익은 25%)
(3) 무조건종합과세	2천만 원 이하인 경우에도 원천징수대상이 아닌 이자·배당소득은 종합과세	–

주) 2천만 원을 초과하는 경우에는 2천만 원까지 14%로 과세하고 그 초과분은 다른 소득과 합산하여 기본세율로 과세한다.

---

22 개인에 대해서는 본세에 지방소득세 10%가 가산되어 원천징수세율은 15.4%이다.

23 무조건분리과세 : 분리과세를 신청한 장기채권의 이자와 할인액(30%), 세금우대종합저축의 이자·공모부동산펀드 배당소득(9%), 사회간접자본채권 등의 이자소득(14%) 등이 여기에 해당된다.

(소득세법 제14조 제4항). 따라서 금융소득이 2천만 원 이하인 경우에는 14% 원천징수로서 과세가 종결된다. 통상 종합소득금액에 배당소득이 포함되는 경우 배당세액공제를 받게 되는데, 투자신탁이익은 배당세액공제대상 배당소득에 해당하지 아니하여 공제받을 수 없다(소득세법 제17조 제3항).

2 투자자가 내국법인인 경우

내국법인에게 귀속되는 소득 중 이자소득에 대해서만 원천징수하고 배당소득 등 그 외의 소득에 대해서는 원칙적으로 원천징수하지 아니한다. 다만, 배당소득으로 구분되는 투자신탁의 이익은 예외적으로 원천징수대상소득이 된다(법인세법 제73조 제1항). 반면, 투자회사의 이익은 일반원칙에 따라 원천징수하지 아니한다. 원천징수된 투자신탁의 이익도 당해 법인의 익금(이때 익금은 투자이익이 됨)에 합산하여 과세되며, 원천징수된 세액은 법인세 신고 시 기납부세액으로 차감하여 납부하게 된다.

표 2-3 **투자자별 원천징수의무(요약)**

구분		소득구분	납세의무자별 원천징수의무	
			거주자	내국법인
집합투자기구	투자신탁의 이익	배당소득	○	○
	투자회사의 이익	배당소득	○	×

01 다음 중 소득세법상 과세대상으로 옳지 않은 것은?

　　① 채권의 할인액　　　　　　　　② 환매조건부 채권의 매매차익

　　③ 비상장주식의 매매차익　　　　④ 소액주주의 상장주식 매매차익

02 다음 중 소득세법상 과세대상 소득에 해당하는 것은?

　　① 채권·증권의 할인액　　　　　② 보장성 보험의 보험차익

　　③ 채권의 매매차익　　　　　　　④ 외환선도로부터의 이익

03 다음 중 소득세법상 배당소득에 해당하지 않는 것은?

　　① 인정배당

　　② 집합투자기구로부터의 이익

　　③ 주식워런트증권(ELW)으로부터 발생한 수익의 분배금

　　④ 주식연계증권(ELS)으로부터 발생한 수익의 분배금

04 다음 중 소득세법상 집합투자기구의 일부손익과세제외 규정과 관련된 설명으로 적절하지 않은 것은?

　　① 상장주식의 매매차익은 과세제외된다.

　　② 비상장주식의 매매차익은 과세제외된다.

　　③ 채권매매차익은 과세된다.

　　④ 주식의 배당소득이나 채권의 이자소득은 과세된다.

해설

01 ④는 비열거 소득이다. ①은 소득세법 제16조 제1항 제1호에, ②는 소득세법 제16조 제1항 제8호에, ③은 소득세법 제94조 제1항 제3호에 열거되어 있다.

02 ②, ③, ④의 소득은 비열거 소득이다.

03 ③ 비열거소득(소득세법 시행령 제26조의3 제2호 괄호 문단 참조)

04 ② 비상장주식의 매매차익은 과세된다.

정답 01 ④ | 02 ① | 03 ③ | 04 ②

part 03

펀드 구성·
이해 1

certified fund investment advisor

chapter 01

집합투자 및
집합투자기구의 설립

section 01 ## 집합투자

1 집합투자

집합투자란 ① 2인 이상의 투자자로부터 모은 금전등을, ② 투자자로부터 일상적인 운용지시를 받지 아니하면서, ③ 재산적 가치가 있는 투자대상 자산을 취득·처분, 그 밖의 방법으로 운용, ④ 그 결과를 투자자에 귀속시키는 것을 말한다.

여기에서 2인 이상의 투자자로부터 모든 금전등, 즉 2인 이상의 투자자에게 판매하여야 한다는 것이 종전 간접투자법 및 초기 자본시장법의 정의와는 크게 차이가 있는 부분이고, 투자자로부터 일상적인 운용지시를 받지 아니한다는 것은 집합투자업자의 운용의 독립성을 보장하는 것으로 만일 투자자가 자기자산의 운용에 대하여 간섭을 하게 될 경우 이는 법의 취지와 일치하지 아니하는 결과가 되는 것임을 명시적으로 밝힌 것이다. 종전의 간접투자법에서는 집합투자업자의 운용 독립성을 명시적으로 밝히진 않았으나, 자본시장법에서는 이를 명시적으로 밝혀 집합투자업자의 운용의 독립성을 중요한 하나의 주제로 보고 있다.

취득·처분, 그 밖의 방법으로 집합투자재산을 운용함에 있어 그 대상 자산을 특정하지 아니하고 재산적 가치가 있는 투자대상 자산으로 일반화하였다. 이는 종전의 간접투자법에서는 그 투자대상을 투자증권, 장내외파생상품, 부동산 등을 특정한 반면 자본시장법에서는 이를 특정하지 않아 신규로 발생하는 자산에 대한 투자 가능성까지 열어두고 있다.

2　집합투자기구의 종류

집합투자기구로는 투자신탁, 투자회사, 투자유한회사, 투자합자회사, 투자유한책임회사, 투자합자조합, 투자익명조합의 7가지가 있다.

section 02　집합투자기구의 설립

자본시장법에서는 투자신탁을 포함한 집합투자기구의 집합투자증권의 모집 또는 매출의 경우에도 해당 집합투자기구의 증권신고서를 요구하고 있고 거기에 더하여 해당 집합투자기구를 금융위에 등록하기를 요구하고 있다. 따라서 집합투자업자가 집합투자기구의 집합투자증권을 모집 또는 매출하기 위해서는 반드시 해당 집합투자기구의 집합투자증권의 모집 또는 매출에 대해서 금융위에 신고하여야 하고 동시에 해당 집합투자기구를 금융위에 등록하여야 한다.

이러한 과정을 거치게 될 경우 투자자의 입장에서는 보다 쉽게 집합투자기구의 정보에 접근할 수 있는 장치가 마련되는 것이며, 집합투자업자 입장에서는 과거보다 더 높은 수준의 집합투자기구에 대한 정보 제공의 의무가 생기는 효과를 기대할 수 있다.

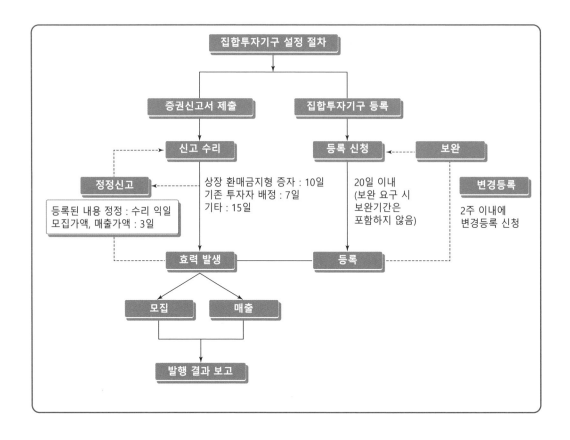

---

1 증권신고서

증권의 모집 또는 매출의 총액이 10억 이상인 증권의 모집 또는 매출은 그 발행인이 신고서를 금융위에 제출하여 수리되지 아니하면 이를 할 수 없다. 증권신고서 제출 시 신고 당시 해당 발행인의 대표이사, 신고업무를 담당하는 이사는 해당 증권신고서의 기재사항 중 중요사항에 관하여 거짓의 기재 또는 표시가 있거나 중요사항의 기재 또는 표시가 누락되어 있지 아니하다는 사실 등 다음의 사항을 확인·검토하고 각각 서명하여야 한다.

❶ 증권신고서의 기재사항 중 중요사항에 관하여 거짓의 기재 또는 표시가 없고, 중요사항의 기재 또는 표시가 빠져 있지 아니하다는 사실
❷ 증권신고서 이용자로 하여금 중대한 오해를 일으키는 내용이 기재 또는 표시되어 있지 아니하다는 사실

❸ 증권신고서 기재사항에 대하여 상당한 주의를 다하여 직접 확인·검토하였다는 사실

❹ 「주식회사 등의 외부감사에 관한 법률」 제4조에 따른 외부감사대상 법인인 경우에는 같은 법 제8조에 따라 내부회계관리제도가 운영되고 있다는 사실

이와 같은 증권신고서는 집합투자업자가 집합투자기구의 집합투자증권을 공모를 통하여 모집하고자 할 경우 적용하는 것이다. 따라서 사모투자신탁이나 모투자신탁의 경우 증권신고서의 대상이 되지 않는다. 왜냐하면 사모투자신탁과 모투자신탁의 수익증권은 일반인을 상대로 공모로 그 집합투자증권을 매각하는 것이 아니기 때문이다.

2 일괄신고서

증권신고서는 위에서 설명한 바와 같이 증권 발행인이 증권을 모집 또는 매출을 통하여 발행하고자 할 때 반드시 제출하여야 한다. 따라서 이를 통하지 않고 증권의 모집 또는 매출을 하는 것은 불법에 해당하게 된다. 그러나 현실적으로 거의 매일 증권을 발행 즉, 매일 집합투자기구의 집합투자증권을 발행 및 환매하여야 하는 개방형 집합투자기구의 경우에는 현실적이지 않다. 왜냐하면 해당 추가형 집합투자기구의 입출금을 위하여 매일 정정 신고 및 변경 등록을 한다면 그 업무의 번잡성이 크고 신고서의 효력 발생기간 및 변경 등록의 등록 기간을 감안할 때 업무가 불가능하기 때문이다.

따라서 법에서는 이러한 상황을 감안하여 일괄신고서 제도를 운영하고 있다. 일괄신고서 제도는 개방형 집합투자기구의 집합투자증권에 한하여 최초 신고 시 일정기간 동안 모집하거나 매출할 증권의 총액을 미리 정하고 그 정해진 기간과 금액 범위 내에서 해당 집합투자업자가 자신의 고유의 권한으로 그 증권을 추가 발행하는 제도이다. 따라서 이 제도를 활용할 경우 집합투자업자는 최초 신고 이후 해당 집합투자기구의 증권이 추가로 발행된다 하더라도 그 증권신고서를 추가로 제출할 의무가 없다.

3 신고의 효력 발생

증권신고서는 제출하는 즉시 효력이 발생하는 것은 아니다. 해당 증권신고서가 바르게 제출되었는지에 대하여 금융위가 판단하는 기간이 필요하기 때문이다. 따라서 증권

신고서는 금융위에 제출되어 수리된 날로부터 다음에서 정하는 기간이 경과한 날에 효력이 발생하며, 증권신고를 철회하고자 하는 경우에는 그 증권신고서에 기재된 증권의 취득 또는 매수의 청약일 전일까지 철회신고서를 금융위에 제출하여야 한다.

❶ 증권시장에 상장된 환매금지형집합기구의 집합투자증권 모집 또는 매출인 경우 : 10일
❷ 주주 등 출자자 또는 수익자에게 배정하는 방식의 증권시장에 상장된 환매금지형집합기구의 집합투자증권 모집 또는 매출인 경우 : 7일
❸ 상기 ❶, ❷ 이외의 경우의 집합투자기구 : 15일
❹ 상기 ❶~❸에도 불구하고, 해당 집합투자기구의 등록사항을 변경하기 위하여 정정신고서를 제출하는 경우에는 그 정정신고서가 수리된 다음 날 및 모집가액, 매출가액, 발행이자율 및 이와 관련된 사항의 변경으로 인하여 정정신고서를 제출한 경우에는 그 정정신고서가 수리된 날로부터 3일이 지난 후에 증권신고의 효력이 발생. 이 경우 그 효력 발생일이 상기 ❶~❸의 효력 발생일 이전일 경우 상기 ❶~❸의 효력 발생일에 증권신고의 효력이 발생

4 정정신고서

정정신고서란 기제출한 증권신고서의 내용을 정정하고자 할 경우 제출하는 신고서이다. 이 정정신고서는 증권신고서에 기재된 증권의 취득 또는 매수의 청약일 전일까지 그 이유를 제시하여야 한다. 한편 금융위는 증권신고의 내용이 다음의 경우에 해당하는 때에는 기존 증권신고서의 내용을 정정할 것을 요구할 수 있고, 이 경우 그 요구한 날부터 그 증권신고서는 수리되지 아니한 것으로 간주한다.

❶ 증권신고서의 형식을 제대로 갖추지 아니한 경우
❷ 중요사항에 관하여 거짓의 기재 또는 표시가 있는 경우
❸ 중요사항이 기재 또는 표시되지 아니한 경우
❹ 중요사항의 기재나 표시내용이 불분명하여 투자자의 합리적인 투자판단을 저해하거나 투자자에게 중대한 오해를 일으킬 수 있는 경우

반면 다음의 사항이 발생하는 경우에는 집합투자업자는 반드시 정정신고서를 제출하

고 해당 사항을 정정하여야 한다. 이 경우 정정신고서가 수리된 날에 그 증권신고서가 수리된 것으로 간주한다.

❶ 정정신고서 제출 필수사항(일괄신고서 제출이 아닌 경우)

    ㄱ. 모집가액 또는 매출가액, 발행예정기간, 발행예정금액 등 발행조건의 정정

    ㄴ. 인수인이 있는 경우로서 인수인의 정정

    ㄷ. 집합투자기구 등록 사항의 정정

    ㄹ. 모집 또는 매출되는 증권의 취득에 따른 투자위험요소

❷ 일괄신고서의 정정신고서 제출의 경우 : 개방형 집합투자증권의 경우 발행예정기간 종료 전까지 정정신고서 제출 가능

5   집합투자기구의 등록

(1) 집합투자기구의 등록

집합투자기구가 설정·설립된 경우 해당 집합투자기구를 금융위에 등록하여야 한다. 이는 앞에서 설명한 집합투자증권의 증권신고서 제출과는 다른 절차이다. 다음의 등록요건을 갖추고 해당 집합투자기구를 금융위에 등록 신청한 경우 금융위는 20일 이내에 등록 여부를 결정하여야 한다. 이 경우 금융위는 등록신청서에 흠결이 있을 때에는 보완을 요구할 수 있으며, 20일을 산정할 때 등록요건 확인을 위한 다른 기관 등으로부터 필요한 자료를 받는데 소요되는 시간과 등록신청서 흠결의 보완을 요구한 경우로서 그 보완기간은 포함하지 아니 한다.

그러나 만일 앞에서 설명한 바와 같이 집합투자기구의 등록을 집합투자증권의 증권신고서 제출과 별개의 사안으로 간주하여 각각 따로 그 효력 발생이나 등록 심의를 진행할 경우에는 그 소요 시간의 장기화가 불가피하고 이는 해당 집합투자업자의 영업, 즉 집합투자기구의 설정 및 집합투자증권의 판매에 부정적 영향을 줄 수 있으므로, 법에서는 증권신고서가 효력이 발생하는 때 집합투자기구가 금융위에 등록된 것으로 간주하여 업무의 간소화를 배려하고 있다. 집합투자기구의 등록요건은 다음 각 항과 같다 (자본시장법 제182조 제2항).

❶ 집합투자업자, 신탁업자, 투자매매업자·투자중개업자, 일반사무관리회사 등이

업무정지기간 중에 있지 아니할 것

❷ 집합투자기구가 법에 따라 적법하게 설정·설립되었을 것

❸ 집합투자규약이 법령을 위반하거나 투자자의 이익을 명백히 침해하지 아니할 것

❹ 투자유한회사·투자합자회사·투자유한책임회사·투자합자조합 및 투자익명조합의 경우 자본금 또는 출자금이 1억 이상일 것 등 집합투자기구의 형태 등을 고려한 요건을 갖출 것

(2) 변경등록

상기 등록신청서 기재사항의 변경이 필요한 경우에는 2주 이내에 변경 등록하여야 한다. 이 경우 변경내용을 증명할 수 있는 서류를 첨부하여야 한다. 다만, 법령·금융위 명령에 따른 등록 사항의 변경 또는 단순한 자구수정(단순한 자구수정과 집합투자업자, 신탁업자, 일반사무관리회사 또는 채권평가회사 등의 개요 및 재무정보 등 기본정보의 변경 등)의 경우에는 변경 등록이 불필요하다. 변경 등록의 경우에도 최초 등록과 마찬가지로 정정신고서를 제출한 경우에는 그 정정신고의 효력이 발생하는 때에 해당 집합투자기구가 변경 등록된 것으로 간주하여 집합투자업자의 업무 간소화를 지원하고 있다.

---

section 03 　**투자설명서**

1 　투자설명서 제출 시기 및 내용

발행인(집합투자업자)은 그 증권신고의 효력이 발생하는 날에 금융위에 투자설명서 및 간이투자설명서를 제출하고, 발행인의 본점, 금융위, 한국거래소, 청약사무를 취급하는 장소 등에 비치하여야 한다.

2 투자설명서 내용

투자설명서는 증권신고서에 기재된 내용과 다른 내용을 표시하거나 그 기재사항을 누락하면 안 된다.

3 투자설명서 변경 및 공시

집합투자업자는 연 1회 이상 다시 고친 투자설명서를 금융위에 추가로 제출하여야 하며, 금융위에 변경등록을 한 경우 변경등록의 통지를 받은 날로부터 5일 이내에 그 내용을 반영한 투자설명서를 금융위에 추가로 제출하여야 한다. 다만, 해당 집합투자증권의 모집 또는 매출을 중지한 경우에는 제출·비치 및 공시를 아니할 수 있다.

4 정당한 투자설명서의 사용

판매회사 등은 증권신고의 효력이 발생한 증권을 취득하고자 하는 자에게는 반드시 미리 투자설명서를 교부하여야 한다. 다만, 다음의 경우에는 투자설명서 교부를 면제할 수 있다.

❶ 전문투자자
❷ 회계법인, 신용평가업자, 발행인에게 회계, 자문 등의 용역을 제공하고 있는 공인회계사·감정인·변호사·변리사·세무사 등 공인된 자격증을 가지고 있는 자, 기타 금융위가 고시하는 자
❸ 해당 발행 증권의 연고자
❹ 투자설명서를 받기를 거부한다는 의사를 서면, 전화·전신·모사전송·전자우편 및 이와 비슷한 전자통신, 그밖에 금융위가 정하여 고시하는 방법으로 표시한 자
❺ 이미 취득한 것과 같은 집합투자증권을 계속하여 추가로 취득하려는 자(해당 집합투자증권의 투자설명서의 내용이 직전에 교부한 투자설명서의 내용과 같은 경우만 해당)

다만, 다음의 경우에는 투자설명서의 직접 교부하는 대신 전자문서의 방법을 활용할 수 있다.

1 전자문서에 의하여 투자설명서를 받는 것을 전자문서수신자가 동의할 것

2 전자문서수신자가 전자문서를 받을 전자전달매체의 종류와 장소를 지정할 것

3 전자문서수신자가 그 전자문서를 받은 사실이 확인될 것

4 전자문서의 내용이 서면에 의한 투자설명서의 내용과 동일할 것

5 거짓의 기재로 인한 배상 책임

증권신고서와 투자설명서에 다음의 사항의 문제가 있을 경우 그 해당하는 자가 배상의 책임을 가진다. 다만, 배상의 책임을 질 자가 상당한 주의를 하였음에도 불구하고 이를 알 수 없었음을 증명하거나 그 증권의 취득자가 취득의 청약을 할 때에 그 사실을 안 경우에는 배상의 책임이 없다.

(1) 증권신고서, 투자설명서상 문제

1 중요한 사항에 관하여 거짓의 기재 또는 표시가 있는 경우

2 중요사항이 기재 또는 표시되지 아니함으로써 증권의 취득자가 손해를 입은 경우

(2) 책임을 가지는 자

1 증권신고서의 신고인, 신고 당시 발행인의 이사

2 증권신고서의 작성을 지시한 자 및 집행한 자

3 증권신고서의 기재사항 또는 첨부서류가 정확하다고 서명한 공인회계사, 감정인, 신용평가업자 등

4 증권신고서의 기재사항 또는 그 첨부서류에 자기의 평가·분석·확인 의견이 기재되는 것에 대하여 동의하고 그 기재내용을 확인한 자

5 그 증권의 인수인 또는 주선인

6 투자설명서를 작성하거나 교부한 자 등

7 매출의 방법에 의한 경우 매출신고 당시의 매출인

(3) 예측정보의 오류에 대한 사항

예측정보가 다음의 사항에 따라 작성된 경우에는 동 정보 관련자는 손실에 대하여 책임을 지지 아니한다. 다만, 그 증권의 취득자가 청약 시 예측정보 중 중요사항에 관하여 거짓의 기재 또는 표시가 있거나 중요사항이 기재 또는 표시되지 아니한 사실을 인식하지 못하여 책임을 가지는 자가 고의 또는 중대한 과실이 있었음을 증명한 경우에는 배상의 책임을 가진다.

❶ 그 기재 또는 표시가 예측정보라는 사실이 밝혀져 있을 것
❷ 예측 또는 전망과 관련된 가정이나 판단의 근거가 밝혀져 있을 것
❸ 그 기재 또는 표시가 합리적 근거나 가정에 기초하여 성실하게 행하여졌을 것
❹ 그 기재 또는 표시에 대하여 예측치와 실제 결과치가 다를 수 있다는 주의문구가 밝혀져 있을 것

chapter 02

집합투자기구의 유형

신탁형 집합투자기구(투자신탁)

투자신탁이란 계약형 집합투자기구로서 운용회사인 집합투자업자와 수탁회사인 신탁업자가 투자신탁계약을 체결하여 집합투자기구를 만들어 이를 금융위에 등록하여 투자자에게 동 집합투자기구의 집합투자증권을 매각하고 그 자산을 투자대상 자산에 투자하여 운용하는 대표적인 집합투자기구이다.

투자신탁의 투자자가 판매회사를 통하여 수익증권을 매수하고, 그 매수된 자금은 판매회사를 경유하여 신탁업자에 납입되고 그 납입된 자산을 집합투자업자가 신탁업자에 지시하여 투자대상 자산에 투자하게 된다. 여기에서 투자자가 매수한 수익증권은 예탁결제원에 집중예탁을 하고 그 대신 투자자는 판매회사로부터 수익증권통장을 받아 관리의 편리성을 도모하고 있다.

1 투자신탁 관련 회사

투자신탁의 관련 회사인 집합투자업자, 신탁업자 및 판매회사는 투자신탁제도에서 각각 다음의 역할을 수행하고 그 수행하는 역할의 결과로 투자신탁이 유지 가능하게 된다.

(1) 집합투자업자

❶ 투자신탁의 설정·해지
❷ 투자신탁재산의 운용·운용지시

(2) 신탁업자

❶ 투자신탁재산의 보관 및 관리
❷ 집합투자업자의 투자신탁재산 운용지시에 따른 자산의 취득 및 처분의 이행
❸ 집합투자업자의 투자신탁재산 운용지시에 따른 수익증권의 환매대금 및 이익금의 지급
❹ 집합투자업자의 투자신탁재산 운용지시 등에 대한 감시
❺ 투자신탁재산에서 발생하는 이자·배당·수익금·임대료 등 수령
❻ 무상으로 발행되는 신주의 수령
❼ 증권의 상환금의 수입
❽ 여유자금 운용이자의 수입

(3) 판매회사

❶ 집합투자증권의 판매
❷ 집합투자증권의 환매

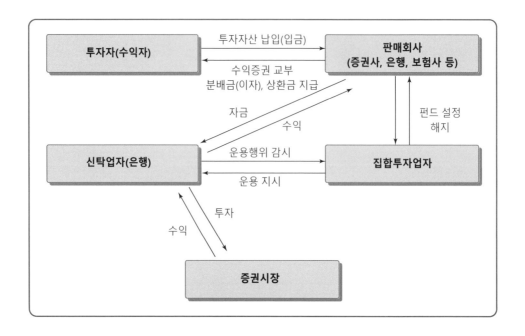

2 신탁계약의 변경

신탁계약을 변경할 경우에는 집합투자업자는 신탁업자와 변경계약을 체결하여야 하며, 그 변경 내용이 다음에 해당할 경우에는 수익자총회의 결의가 필요하다.

❶ 집합투자업자·신탁업자 등이 받는 보수, 그 밖의 수수료의 인상

❷ 신탁업자의 변경(합병, 분할, 분할합병, 영업양도 등으로 신탁계약의 전부가 이전되는 경우 등 시행령이 정하는 사유는 제외)

❸ 신탁계약기간의 변경(투자신탁을 설정할 당시에 그 기간 변경이 신탁계약서에 명시되어 있는 경우는 제외)

❹ 투자신탁의 종류의 변경. 다만, 투자신탁 설정 시부터 다른 종류의 투자신탁으로 전환하는 것이 예정되어 있고 그 내용이 신탁계약에 표시되어 있는 경우 제외

❺ 주된 투자대상 자산의 변경

❻ 투자대상자산에 대한 투자한도의 변경(동일종목 한도를 변경하는 경우만 해당)

❼ 집합투자업자의 변경

❽ 환매금지형투자신탁이 아닌 투자신탁의 환매금지형투자신탁으로 변경

❾ 환매대금 지급일의 연장

3   신탁계약 변경의 공시 · 통지

집합투자업자는 신탁계약의 변경 시에는 인터넷 홈페이지를 이용하여 공시하여야 하며, 그 신탁계약 변경의 내용이 수익자총회의 결의를 통한 경우에는 공시에 추가하여 수익자에게 통지하여야 한다.

4   수익자총회

수익자총회는 집합투자업자가 소집하며 자본시장법 또는 신탁계약에서 정해진 사항에 대해서만 결의할 수 있다. 또한 해당 집합투자기구의 집합투자증권의 5% 이상을 소유한 수익자의 요구나 신탁업자의 요구에 의하여 집합투자업자가 수익자총회를 소집할 수 있다.

수익자총회의 결의는 출석한 수익자의 의결권의 과반수와 발행된 수익증권 총좌수의 1/4 이상의 찬성으로 결의한다. 다만, 자본시장법에서 정한 수익자총회의 결의사항 외에 신탁계약으로 정한 수익자총회의 결의사항에 대하여는 출석한 수익자의 의결권의 과반수와 발행된 수익증권의 총좌수의 1/5 이상의 수로 결의할 수 있다. 수익자는 수익자총회에 출석하지 아니하고 서면에 의하여 의결권을 행사할 수 있다. 다만, 다음 각 호의 요건을 모두 충족하는 경우 수익자가 소유한 총좌수의 결의내용에 영향을 미치지 않도록 의결권 행사한 것으로 본다(간주의결권, Shadow voting).

❶ 수익자에게 의결권 행사 통지가 있었으나 행사되지 아니하였을 것
❷ 간주의결권 행사 방법이 집합투자 규약에 기재되어 있을 것
❸ 수익자총회의 의결권을 행사한 총좌수가 발행된 총좌수의 1/10 이상일 것
❹ 그 밖에 수익자 이익 보호와 수익자총회 결의의 공정성 위해 간주의결권 행사 결과를 금융위원회가 정하여 고시하는 바에 따라 수익자에게 제공하는 것을 따를 것

기타 해당 수익자총회가 수익자의 불참으로 성립하지 아니할 경우에는 이를 연기하여 연기 수익자총회를 개최하여야 하고 수익자총회 결의사항에 대하여 반대하는 수익자가 서면으로 반대의사를 밝힐 경우에는 그 투자신탁은 해당 수익자가 소유하고 있는

수익증권을 매수하여야 한다.

5 투자신탁의 해지

투자신탁은 신탁계약에서 정한 신탁계약기간의 종료, 수익자총회의 투자신탁 해지 결의, 투자신탁의 피흡수합병, 투자신탁의 등록 취소 및 수익자의 총수가 1인이 되는 경우(시행령에 예외 있음), 금융위로부터 전문투자형 사모집합투자기구의 해지명령을 받은 경우 해지된다. 이 외에도 집합투자업자는 금융위의 승인을 받아 투자신탁을 해지할 수 있다. 다만 다음의 경우에는 집합투자업자가 금융위의 승인 없이 투자신탁을 해지할 수 있다.

❶ 수익자 전원이 동의한 경우
❷ 수익증권 전부에 대한 환매의 청구가 발생한 경우
❸ 사모 집합투자기구가 아닌 투자신탁(존속하는 동안 투자금을 추가로 모집할 수 있는 투자신탁으로 한정. 이하 이 조에서 같음)으로서 설정한 후 1년이 되는 날에 원본액이 50억 원 미만인 경우와 투자신탁을 설정하고 1년이 지난 후 1개월간 계속하여 투자신탁의 원본액이 50억 원 미만인 경우

투자신탁을 해지하는 시점에 발생하는 투자신탁재산 중 미지급금과 미수금은 집합투자업자가 공정가액으로 투자신탁을 해지하는 날에 그 채권 또는 채무를 양수하거나 다른 펀드와 자전거래할 수 있다.

section 02 회사형 집합투자기구

회사형 집합투자기구로는 투자회사, 투자유한회사, 투자합자회사 및 투자유한책임회사가 있다. 현재 투자회사는 투자신탁 다음으로 활성화되어 있는 집합투자기구이다. 투자회사는 상법상의 주식회사로 그 집합투자기구는 실제 사람이 근무하지 아니하는 무인회사로 운영된다. 투자신탁과 회사형 집합투자기구는 그 법적 형태는 다르나 다수의 투자자로부터 자금을 모집하여 모집된 자금으로 투자대상 자산에 투자하고 그 결과를

투자자에게 돌려주는 경제적 실질은 동일하다.

1 투자회사(자본시장법 제194조 ~ 제206조)

집합투자업자가 법인이사이며 2인 이상의 감독이사로 이사회가 이루어진 상법상의 주식회사형태의 집합투자기구이다. 투자회사의 집합투자업자는 투자신탁에서의 집합투자업자와 동일한 역할을 하고 신탁업자 역시 마찬가지의 역할을 담당하고 있다. 두 가지 투자기구의 가장 큰 차이점은 투자회사는 그 이사회 및 주주총회를 보조하고 그 업무를 대행해 주는 일반사무관리회사가 반드시 필요한 반면 투자신탁의 경우 해당 투자신탁의 기준 가격 산정을 위탁하지 않을 경우에는 반드시 일반사무관리회사가 필요한 것은 아니라는 점에서 차이가 있다.

현재 국내 대부분의 집합투자기구는 투자신탁이다. 이는 투자회사가 회사형이어서 펀드의 설립 시 비용, 펀드의 임원 선임 절차, 이사회 개최 및 유지 비용, 펀드 등록 시의 비용, 임원 보수 및 상법상의 회사와 관련되는 규정의 준수 등 투자신탁과 비교할 때 불편한 점이 많은 반면 경제적으로는 별 차이가 없기 때문이다.

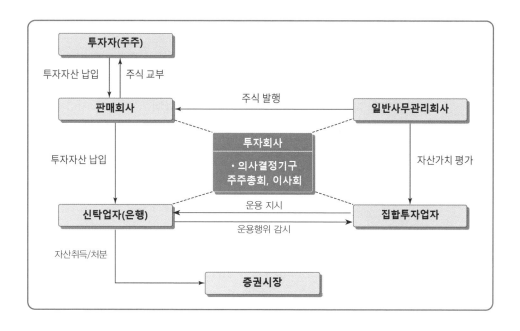

아래 표는 투자신탁과 투자회사의 차이점을 비교한 것이다.

	투자신탁	투자회사
형태	계약관계 • 투자기구의 실체가 없어 투자기구와 관련된 법률행위의 주체가 될 수 없음	회사형태 • 투자기구가 실체를 가지고 있어 투자기구와 관련된 법률행위를 직접 수행
당사자	집합투자업자, 신탁업자, 수익자, 투자매매업자·투자중개업자(판매회사)	투자기구, 집합투자업자, 신탁업자, 일반사무관리회사, 투자매매업자·투자중개업자(판매회사), 주주
자산 소유자	신탁업자	투자기구
법률행위주체	신탁업자	투자기구
투자기구 관련 의사 결정	집합투자업자가 대부분의 사항에 대해서 의사 결정. 다만, 법에서 정하는 범위에 한하여 수익자총회에서 결정	이사회, 주주총회에서 의사 결정. 다만, 실무적으로 집합투자업자가 의사 결정 과정에 중요한 역할 수행
가능한 투자기구의 형태	MMF, 주식형, 채권형 등 일반적인 투자상품	일반적 상품(MMF 제외) 외에 M&A투자기구, 부동산 투자기구, 기업구조조정투자기구, PEF 등 가능

2 투자유한회사(자본시장법 제207조 ~ 제212조)

집합투자업자가 법인이사인 상법상의 유한회사형태의 집합투자기구이다. 투자유한회사는 투자회사의 감독이사에 해당하는 자를 제도적으로 별도로 두고 있지 않으므로 청산감독인 관련 내용을 제외한 투자회사의 해산·청산·합병 규정을 투자유한회사에 준용한다.

3 투자합자회사(자본시장법 제213조 ~ 제217조)

집합투자업자가 무한책임사원이며 다수의 유한책임사원으로 이루어진 상법상의 합자회사형태의 집합투자기구이다. 투자합자회사는 투자회사의 감독이사에 해당하는 자를 별도로 두고 있지 않으므로 청산감독인 관련 내용을 제외한 투자회사의 해산·청산·합병에 관한 규정 준용한다.

상법상 유한책임사원의 경우는 그 출자가액에서 이미 이행한 부분을 공제한 가액을

한도로 하여 회사채무변제의 책임이 제한되나 투자합자회사의 유한책임사원은 투자합
자회사의 채무에 대하여 출자를 이행한 금액을 한도로 책임 부담하며, 이익배당 시 무
한책임사원과 유한책임사원의 배당률 또는 배당 순서 등을 달리 적용 가능하다. 다만
손실을 배분함에 있어서 무한책임사원과 유한책임사원의 배분율 또는 배당 순서 등을
달리 적용 불가능하다.[1]

4	투자유한책임회사(자본시장법 제217조의2 ~ 제217조의7)

회사의 주주들이 채권자에 대하여 자기의 투자액의 한도 내에서 법적인 책임을 부담
하는 회사로서 파트너십에 주식회사의 장점을 보완해서 만들어진 회사이다. 주식회사
처럼 출자자들이 유한책임을 지면서 이사나 감사를 의무적으로 선임하지 않아도 되는
등 회사의 설립·운영·구성 등에서 사적 영역을 인정하는 회사 형태이다.

section 03	조합 형태의 집합투자기구

조합이란 2인 이상의 특정인이 모여 공동사업을 하거나 영업자가 사업을 영위할 수
있도록 하고 그 사업의 결과를 자금을 출연한 투자자가 취하는 것으로 그 경제적 실질
은 투자신탁과 동일하다.

1	투자합자조합(자본시장법 제218조 ~ 제223조)

투자합자조합의 설립은 조합계약을 작성하고 집합투자업자인 업무집행조합원 1인과
유한책임조합원 1인이 기명날인 또는 서명함으로써 설립한다. 투자합자조합의 구성은
투자합자조합의 채무에 대하여 무한책임을 지는 집합투자업자인 업무집행조합원 1인

---

1 이익배당을 함에 있어 사원 간 차등 배당을 허용한 것은 유한책임사원과 무한책임사원 사이에 추가
출자의무의 유무를 고려한 것이며, 손실배당의 경우는 손실보전금지와 동일한 취지로 금지한 것임

과 출자액을 한도로 하여 유한책임을 지는 유한책임조합원으로 구성한다. 투자합자조합을 청산할 경우에는 청산인(업무집행조합원)은 투자합자조합의 잔여재산을 조합원에게 분배함에 있어 조합계약이 정하는 바에 따라 투자합자조합재산에 속하는 자산을 그 조합원에게 지급할 수 있다.

투자합자조합은 투자회사의 감독이사에 해당하는 자를 별도로 두고 있지 않으므로 청산감독인 관련 내용을 제외한 투자회사 청산에 관한 규정은 투자합자조합의 청산에 준용한다. 투자합자조합이 이익을 배당함에 있어 무한책임조합원과 유한책임조합원의 배당률 또는 배당 순서 등을 달리 적용할 수 있다. 다만, 손실을 배분함에 있어 무한책임조합원과 유한책임조합원의 배당률 또는 배분 순서를 달리 적용 불가하다.

2 투자익명조합(자본시장법 제224조 ~ 제228조)

투자익명조합은 익명조합계약을 작성하고 집합투자업자인 영업자 1인과 익명조합원 1인이 기명날인 또는 서명함으로써 설립한다. 투자익명조합재산은 집합투자업자인 영업자 1인이 운용한다. 상법에서는 익명조합원의 출자가 손실로 인하여 감소된 때에는 그 손실을 전보한 후가 아니면 이익배당을 청구하지 못하고, 당사자 간 다른 약정이 있으면 손실로 인하여 출자가 감소된 경우 그 손실을 전보하지 않더라도 이익배당의 청구가 가능하나 투자익명조합에서는 이를 배제한다.

chapter 03

집합투자기구의 종류

section 01 **증권 집합투자기구**

증권 집합투자기구는 집합투자재산의 50%를 초과하여 증권에 투자하는 집합투자기구로서 부동산 집합투자기구, 특별자산 집합투자기구가 아닌 집합투자기구를 말한다.

증권 집합투자기구의 운영대상에서 다음의 증권은 제외된다.

❶ 다음에 해당하는 자산이 신탁재산, 집합투자재산 또는 유동화자산의 50% 이상을 차지하는 경우에 그 수익증권, 집합투자증권 또는 유동화증권

ㄱ. 부동산

ㄴ. 지상권·지역권·전세권·임차권·분양권 등 부동산 관련 권리

ㄷ. 구조조정촉진법에 따른 채권금융기관(이에 준하는 외국 금융기관 포함)이 채권자인 금전채권

ㄹ. 증권 및 부동산을 제외한 투자대상 자산인 특별자산

❷ 부동산 투자회사가 발행한 주식

❸ 선박투자회사가 발행한 주식

❹ 사회기반시설사업의 시행을 목적으로 하는 법인이 발행한 주식과 채권

❺ 사회기반시설투융자회사를 제외한 사회기반시설사업의 시행을 목적으로 하는 법인이 발행한 주식, 채권, 대출채권을 취득하는 것을 목적으로 하는 법인의 지분증권

❻ 부동산 개발회사가 발행한 증권

❼ 부동산 관련 자산을 기초로 하는 자산유동화증권의 유동화자산의 가액이 70% 이상인 유동화증권

❽ 주택저당담보부채권 또는 금융기관 등이 보증한 주택저당증권

❾ 부동산 투자목적회사가 발행한 지분증권

❿ 해외자원개발 전담회사와 특별자산에 대한 투자만을 목적으로 하는 법인(외국법인을 포함)이 발행한 지분증권 · 채무증권

일반적으로 일반 투자자들이 투자하는 대부분의 투자기구는 증권 집합투자기구이다. 현재 업계에서 설정 · 운용되고 있는 유형의 증권 집합투자기구에는 주식형, 혼합형, 채권형, 파생주식형, 장외파생상품 투자형, 해외자산 투자형 다양한 유형의 집합투자기구가 있다.

section 02 | 부동산 집합투자기구

부동산 집합투자기구는 부동산 또는 부동산에서 파생된 자산에 투자하는 집합투자기구이다. 부동산 집합투자기구란 집합투자재산의 50%를 초과하여 부동산 또는 다음에서 정하는 부동산 관련 자산에 투자하는 집합투자기구를 말한다.

❶ 부동산을 기초자산으로 하는 파생상품

❷ 부동산 개발과 관련된 법인에 대한 대출

❸ 부동산의 개발, 관리 및 개량, 임대 및 운영, 지상권·지역권·전세권·임차권·분양권 등 부동산 관련 권리의 취득, 기업구조조정촉진법에 의한 채권금융기관(이에 준하는 외국 금융기관 포함)이 채권자인 부동산을 담보로 하는 금전채권

❹ 부동산과 관련된 증권

　ㄱ. 부동산, 지상권·지역권·전세권·임차권·분양권 등 부동산 관련 권리, 기업구조조정촉진법에 따른 채권금융기관(이에 준하는 외국 금융기관 포함)이 채권자인 금전채권

　ㄴ. 부동산 투자회사가 발행한 주식

　ㄷ. 부동산 개발회사가 발행한 증권

　ㄹ. 부동산 관련 자산을 기초로 하는 자산유동화증권의 유동화자산의 가액이 70% 이상인 유동화증권

　ㅁ. 주택저당담보부채권 또는 금융기관 등이 보증한 주택저당증권

　ㅂ. 부동산 투자목적회사가 발행한 지분증권

section 03 특별자산 집합투자기구

특별자산 집합투자기구란 집합투자재산의 50%를 초과하여 증권 및 부동산을 제외한 투자대상 자산인 특별자산에 투자하는 집합투자기구를 말한다.

예를 들어 와인, 그림, 날씨 등 예술품은 증권 또는 부동산에 포함되지 않는 자산이므로 동 자산에 투자하는 집합투자기구는 특별자산 집합투자기구로 분류할 수 있다.

section 04 | 혼합자산 집합투자기구

　혼합자산 집합투자기구란 집합투자재산을 운용함에 있어서 증권·부동산·특별자산 집합투자기구 관련 규정의 제한을 받지 아니하는 집합투자기구를 말한다.

　예를 들어 투자대상을 확정하지 아니하고 가치가 있는 모든 자산에 투자할 수 있는 집합투자기구는 혼합자산 집합투자기구로 분류할 수 있다. 따라서 사전에 특정되지 아니함으로 인해서 보다 많은 투자기회를 찾아 투자하고 그 수익을 향유할 수 있으나, 반면 그로 인한 투자손실의 가능성도 더 높은 집합투자기구라고 할 수 있다. 이러한 혼합자산 집합투자기구는 법령상 주된 투자대상 및 최저 투자한도 등에 대한 별도의 법령상 제한이 없으므로 어떠한 자산이든 투자비율의 제한 없이 투자 가능하다는 장점이 있는 반면 환매금지형 집합투자기구로 설정·설립되어야 한다는 제한이 있음에 유의할 필요가 있다.

section 05 | 단기금융 집합투자기구(MMF)

　단기금융 집합투자기구란 통상적으로 MMF라 말하는 것으로 집합투자재산의 전부를 단기금융상품에 투자하는 집합투자기구를 말한다. MMF가 앞에서 열거한 다른 집합투자기구와 가장 다른 점은 다른 집합투자기구가 보유 재산을 시가로 평가하는 반면 MMF는 장부가로 평가한다는 것이다. 보유 재산을 장부가로 평가할 경우는 그 기준 가격의 등락이 작아 금융시장의 등락에도 불구하고 마치 은행에 예금을 가입하듯이 일정한 수익을 기대할 수 있다는 데 장점이 있다. 따라서 대부분의 투자자는 긴급한 사용처가 정해져 있지 않은 단기자금을 일시적으로 투자하는 용도로 주로 활용하고 있다. 그러나 만일 채권 시세 가격의 급등락이 발생할 경우에도 계속 장부 가격으로 평가하게 될 경우에는 장부 가격과 시세 가격의 차이가 발생하게 되고 이는 투자자의 리스크로 작용하게 된다. 따라서 법규정에서는 MMF에 대해서는 다른 유형의 투자기구보다 더 강화된 운용제한 규정을 적용하고 있다. 다만, 2022년 4월부터는 법인형 MMF부터 시가평가제도가 단계적으로 도입되어 대규모 펀드환매 등에 대응할 수 있게 되었다.

앞에서 설명한 단기금융 집합투자기구가 투자하는 단기금융상품과 그 운용제한은 다음과 같다.

<table>
<tr><td>1</td><td>단기금융상품</td></tr>
</table>

(1) 원화로 표시된 다음의 금융상품

❶ 남은 만기 6개월 이내인 양도성 예금증서

❷ 남은 만기 5년 이내인 국채증권, 남은 만기 1년 이내인 지방채증권, 특수채증권, 사채권(주권 관련 사채권, 사모사채권 제외) 및 기업어음증권. 다만, 환매조건부매수의 경우에는 잔존만기에 대한 제한 적용 배제

❸ 남은 만기가 1년 이내의 기업어음증권을 제외한 금융기관이 발행·할인·매매·중개·인수 또는 보증하는 어음

❹ 단기대출, 만기가 6개월 이내인 금융기관 또는 체신관서에의 예치, 다른 단기금융 집합투자기구의 집합투자증권, 단기사채 등

(2) 외화(경제협력개발기구(OECD) 가입국가(속령은 제외), 싱가포르, 홍콩, 중화인민공화국의 통화로 한정)로 표시된 상품

❶ 위 (1)의 금융상품

❷ 위 (1)의 금융상품에 준하는 것으로서 금융위원회가 정하여 고시하는 금융상품

<table>
<tr><td>2</td><td>운용 방법</td></tr>
</table>

❶ 증권을 대여하거나 차입하지 아니할 것

❷ 남은 만기가 1년 이상인 국채증권에 집합투자재산의 5% 이내에서 운용할 것

❸ 환매조건부매도는 해당 집합투자기구가 보유하는 증권총액의 5% 이내일 것

❹ 해당 집합투자기구 집합투자재산의 남은 만기의 가중평균이 75일[1] 이내일 것

❺ MMF의 집합투자재산이 다음의 구분에 따른 기준을 충족하지 못하는 경우에는 다른 집합투자기구를 설정·설립하거나 다른 MMF로부터 운용업무 위탁을 받지 않을 것. 다만 「국가재정법」 제81조에 따른 여유자금을 통합하여 운용하는 MMF 및 그 MMF가 투자하는 MMF를 설정·설립하거나 그 운용업무의 위탁을 받는 경우에는 이를 적용하지 않는다.

ㄱ. 개인투자자 대상 원화 MMF : 3천억 원 이상

ㄴ. 개인투자자 대상 외화 MMF : 1천5백억 원 이상

ㄷ. 법인투자자 대상 원화 MMF : 5천억 원 이상

ㄹ. 법인투자자 대상 외화 MMF : 2천5백억 원 이상

❻ 하나의 MMF에서 원화와 외화 단기금융상품을 함께 투자하지 않을 것

❼ 투자대상자산의 신용등급 및 신용등급별 투자한도, 남은 만기의 가중평균 계산방법, 그 밖에 자산운용의 안정성 유지에 관하여 금융위원회가 정하여 고시하는 내용을 준수할 것

| 3 | 원화 MMF의 운영제한 |

❶ 자산의 원리금 또는 거래금액이 환율·증권의 가치 또는 증권지수의 변동에 따라 변동하거나 계약 시점에 미리 정한 특정한 신용사건의 발생에 따라 확대 또는 축소되도록 설계된 것에 투자운용하지 말고, 원리금 또는 거래금액, 만기 또는 거래기간 등이 확정되지 아니한 자산에 운용하지 아니할 것

❷ 집합투자재산의 40% 이상을 채무증권(국채증권, 지방채증권, 특수채증권, 사채권, 기업어음증권에 한하며, 환매조건부채권 매매 제외)에 운용할 것

❸ 다음에 10% 이상을 투자하여야 함

ㄱ. 현금

---

1 금융투자업규정 개정(2020.4.1. 시행) : 2020년 4월 1일부터 법인MMF의 경우 국채, 통안채 등 상대적으로 안정적인 자산의 편입비율이 30% 이하인 경우 시가평가를 실시하되 가중평균 잔존만기 한도를 120일(기존 75일에서 변경)로 하며, 이외의 법인MMF는 장부가평가를 유지하되 가중평균 잔존만기 규제를 강화하여 60일로 한다.

ㄴ. 국채증권

ㄷ. 통화안정증권

ㄹ. 잔존만기가 1영업일 이내인 자산으로 다음 각호의 어느 하나에 해당하는 것

    a. 양도성 예금증서 · 정기예금

    b. 지방채증권 · 특수채증권 · 사채권(주권 관련 사채권, 사모사채권 제외) · 기업어음증권

    c. 영 제79조 제2항 제5호에 따른 어음(기업어음증권 제외)

    d. 단기사채

ㅁ. 환매조건부매수

ㅂ. 단기대출

ㅅ. 수시입출금이 가능한 금융기관에의 예치

❹ 다음에 30% 이상 투자하여야 함

ㄱ. ❸의 ㄱ~ㄷ에 해당하는 자산

ㄴ. 잔존만기가 7영업일 이내인 자산으로서 ❸의 ㄹ에 해당하는 것

ㄷ. ❸의 ㅁ~ㅅ에 해당하는 것

4   외화 MMF의 운용제한

외화 MMF를 운용하는 집합투자업자는 집합투자재산을 다음의 어느 하나에 해당하는 자산에 운용할 수 없다.

❶ 자산의 원리금 또는 거래금액이 증권의 가치 또는 증권지수의 변동에 따라 변동하거나 계약시점에 미리 정한 특정 신용사건의 발생에 따라 확대 또는 축소되도록 설계된 것

❷ ❶과 같이 원리금 또는 거래금액, 만기 또는 거래기간 등이 확정되지 아니한 것

집합투자업자는 외화 MMF(외국환평형기금과 연기금 MMF는 제외)의 집합투자재산을 운용함에 있어 집합투자재산의 40% 이상을 외화표시 채무증권(환매조건부채권 매매는 제외)에 운용하여야 한다.

집합투자업자는 외화 MMF를 운용할 때 다음의 자산을 합산한 금액이 집합투자재산의 10% 미만인 경우에는 다음의 자산 외의 자산을 취득할 수 없다.

❶ 외국통화
❷ 외화표시 국채증권 또는 해당 외국통화를 발행한 국가의 정부가 발행한 국채증권
❸ 외화표시 통화안정증권 또는 해당 외국통화를 발행한 국가의 외국 중앙은행이 발행한 채무증권
❹ 잔존만기가 1영업일 이내인 자산으로서 다음 각 목의 어느 하나에 해당하는 것
　ㄱ. 외화표시 양도성 예금증서 · 외화 정기예금
　ㄴ. 외화표시 채무증권
　ㄷ. 영 제79조 제2항 제5호에 따른 외화표시 어음(기업어음증권은 제외한다)
　ㄹ. 외화표시 단기사채
❺ 외화표시 환매조건부매수
❻ 법 제83조 제4항에 따른 외화 단기대출
❼ 수시입출금이 가능한 금융기관(해당 외국통화를 발행한 국가의 외국은행을 포함한다)에의 외화예치

집합투자업자는 외화 MMF를 운용할 때 다음의 자산을 합산한 금액이 집합투자재산의 30% 미만인 경우에는 다음의 자산 외의 자산을 취득할 수 없다.

❶ 외국통화, 외화표시 국채증권 또는 해당 외국통화를 발행한 국가의 정부가 발행한 국채증권, 외화표시 통화안정증권 또는 해당 외국통화를 발행한 국가의 외국 중앙은행이 발행한 채무증권
❷ 잔존만기가 7영업일 이내인 자산으로서 다음의 어느 하나에 해당하는 것
　ㄱ. 외화표시 양도성 예금증서 · 외화 정기예금
　ㄴ. 외화표시 채무증권
　ㄷ. 영 제79조 제2항 제5호에 따른 외화표시 어음(기업어음증권은 제외한다)
　ㄹ. 외화표시 단기사채
❸ 외화표시 환매조건부매수, 법 제83조 제4항에 따른 외화 단기대출, 수시입출금이 가능한 금융기관(해당 외국통화를 발행한 국가의 외국은행을 포함한다)에의 외화예치

5   MMF의 입출금제도

당초 MMF는 당일 입출금이 가능한 거의 유일한 펀드 유형이었으나, 법규정 개정으로 먼저 법인MMF의 익일 입출금제도가 시행된 이후 2007년 3월부터 개인MMF도 익일입출금제도가 시행되고 있다. 그러나 개인MMF의 경우 모든 경우에 있어 익일 입출금제도가 적용되는 것은 아니고 개인투자자의 거래 편의성을 위하여 다음에서 정하는 경우에는 당일 입출금제도가 가능하도록 조치하고 있다.

❶ 증권 매도자금 및 일반펀드 환매자금이 MMF계좌로 자동입금 되도록 약정(또는 예약)되어 있는 경우 및 급여 등 정기적으로 수취하는 자금으로 수취일에 MMF의 집합투자증권을 매입하기로 약정되어 있는 경우 MMF에 납입된 자금으로 당일 설정 가능

❷ 주식 매수자금 및 일반펀드 매입자금이 MMF계좌로부터 자동 출금되도록 약정되어 있는 경우 및 공과금 납부 등 정기적으로 발생하는 채무를 이행하기 위하여 MMF의 집합투자증권을 환매하기로 약정되어 있는 경우 그 결제일에 MMF 당일 환매 가능

* 약정(또는 예약) : 결제일 전일 오후 5시 이전에 약정이 완료된 경우에 한함

또한 판매회사는 고유자금으로 일정 한도(MMF별 판매규모의 5%와 100억 중 큰 금액) 내에서 MMF 수익증권을 당일 공고된 기준 가격으로 매입하여 개인 투자자에 한하여 그 환매청구에 응할 수 있다.

chapter 04

특수한 형태의 집합투자기구

환매금지형 집합투자기구

환매금지형 집합투자기구는 투자자가 집합투자기구에 투자한 이후 집합투자증권의 환매청구에 의하여 그 투자자금을 회수하는 것이 불가능하도록 만들어진 집합투자기구를 말한다. 환매금지형 집합투자기구는 존속기간을 정한 집합투자기구에 대해서만 가능하며, 이 경우 해당 집합투자기구의 집합투자증권을 최초로 발행한 날부터 90일 이내에 그 집합투자증권을 증권시장에 상장하여야 한다. 또한 환매금지형 집합투자기구는 다음에서 정하는 경우에만 집합투자증권을 추가로 발행 가능하다.

❶ 환매금지형 집합투자기구로부터 받은 이익분배금의 범위에서 그 집합투자기구의 집합투자증권을 추가로 발행하는 경우

❷ 기존 투자자의 이익을 해할 우려가 없다고 신탁업자로부터 확인을 받은 경우

❸ 기존 투자자 전원의 동의를 받은 경우

❹ 기존 투자자에게 집합투자증권의 보유비율에 따라 추가로 발행되는 집합투자증권의 우선 매수기회를 부여하는 경우

다음에서 정하는 집합투자기구의 경우에는 반드시 환매금지형 집합투자기구로 설정·설립하여야 한다.

❶ 부동산 집합투자기구, 특별자산 집합투자기구, 혼합자산 집합투자기구

❷ 각 집합투자기구 자산총액의 20%를 초과하여 다음의 시장성 없는 자산에 투자할 수 있는 집합투자기구

  ㄱ. 부동산 : 부동산을 기초로 한 범위에서 파생상품·부동산 관련 증권 등 시가 또는 공정가액으로 조기에 현금화가 가능한 경우 제외

  ㄴ. 특별자산 : 관련 자산의 특성을 고려하여 시가 또는 공정가액으로 조기에 현금화가 가능한 경우 제외

  ㄷ. 증권시장 또는 외국시장에 상장된 증권, 채무증권, 파생결합증권, 모집 또는 매출된 증권, 환매를 청구할 수 있는 집합투자증권등에 해당하지 아니하는 증권

❸ 일반투자자를 대상으로 하는 펀드(MMF 및 ETF는 제외)로서 자산총액의 50%를 초과하여 금융위원회가 정하여 고시하는 자산에 투자하는 펀드를 설정·설립하는 경우

section 02 | 종류형 집합투자기구

종류형 집합투자기구란 판매보수의 차이로 인하여 기준가격이 다르거나 판매수수료가 다른 여러 종류의 집합투자증권을 발행하는 집합투자기구를 말한다.

종류형 집합투자기구는 동일한 투자기구 내에서 다양한 판매 보수 또는 수수료 구조를 가진 클래스(class)를 만들어 보수 또는 수수료 차이에서 발생하는 신규투자기구 설정을 억제하고, 여러 클래스에 투자된 자산을 합쳐서 운용할 수 있는 규모의 경제를 달

성할 수 있는 대안이 될 수 있는 집합투자기구이다. 여기에서 집합투자업자 및 신탁업자 보수는 클래스별로 차별화하지 못하는 것으로 하고 있다. 이는 클래스가 다르다고 해서 집합투자업자의 운용에 소요되는 비용 또는 신탁업자의 집합투자재산 관리에 소요되는 비용이 차별화되는 것이 아니기 때문이다.

종류형 집합투자기구의 수수료 적용 사례를 보면 다음과 같다.

표 4-1　종류형 투자기구 수수료 적용 사례

구분	종류A(Class A)	종류C(Class C)	종류C2(Class C2)
가입 자격	제한 없음		100억 이상 투자자
선취수수료	1%	해당사항 없음	
운용보수	연 0.7%		
판매보수	연 0.7%	연 1%	연 0.7%

또한 종류형 집합투자기구는 여러 종류의 집합투자증권 간에 전환할 수 있는 권리를 부여할 수 있고, 이 경우 전환에 따른 환매수수료를 부과할 수 없다.

추가적인 종류형 집합투자기구 관련 사항은 다음과 같다.

❶ 종류형 집합투자기구는 법에 의하여 수익자총회 또는 주주총회의 결의가 필요한 경우로서 특정 종류의 투자자에 대해서만 이해관계가 있는 때에는 그 종류의 투자자만으로 총회를 개최할 수 있음

❷ 종류형 집합투자기구를 설정하고자 하는 때에는 종류별 보수와 수수료에 대한 사항을 포함하여 보고하여야 함. 종류 수에는 제한이 없으며, 기존에 이미 만들어진 비종류형 집합투자기구도 종류형 집합투자기구로 전환할 수 있음

❸ 최근 일부 종류형 집합투자기구의 경우 장기투자 유도의 목적을 위하여 투자자금이 펀드 내에 일정기간 이상 머물게 될 경우에는 동일한 펀드 내에서 종류 간 전환이 가능한 기능을 추가하는 경우도 있음. 이것은 투자자가 일정기간(예, 1년) 이상을 투자할 경우에는 기존의 높은 판매회사 보수가 적용되던 종류에서 보다 낮은 판매회사 보수가 적용되는 종류로 전환되도록 한 구조를 말함. 이러한 구조의 종류형 집합투자기구는 펀드 투자자의 투자자금이 장기화되면 될수록 그 투자자금이 점차 낮은 판매회사 보수가 적용되는 종류로 전환되면서 결국 판

매회사 보수의 측면에서 장기 투자자에게 유리하는 작용하게 효과를 실현할 수 있음

전환형 집합투자기구

전환형 집합투자기구란 다양한 자산과 투자전략을 가진 투자기구를 묶어 하나의 투자기구 세트를 만들고 투자자는 그 투자기구 세트 내에 속하는 다양한 투자기구 간에 교체투자를 가능하게 해 주는 투자기구이다. 이러한 전환형 집합투자기구에 투자할 경우 그 투자자는 적극적인 의사결정으로 투자자산과 운용방법을 달리하여 투자자산을 운용할 수 있게 된다. 이 경우 투자기구 간 교체투자를 위하여 특정 투자기구에서 투자자가 집합투자증권을 환매할 경우에는 해당 투자기구의 환매수수료 조항에도 불구하고 그 환매수수료를 적용하지 아니 한다. 다만, 그 투자자가 마지막으로 투자한 투자기구에서 사전에 정한 기간에 미치는 못하는 기간만 투자하고 해당 투자기구의 집합투자증권을 환매 즉 투자기구 세트에서 이탈할 경우에는 그 투자자의 투자기간 중 유보하였던 환매수수료를 재징수하게 된다. 전환형 집합투자기구는 다음의 요건을 충족하여야 한다.

❶ 복수의 집합투자기구 간에 공통으로 적용되는 집합투자규약이 있을 것
❷ 서로 다른 법적 형태를 가진 펀드나 기관전용사모펀드 간에는 전환이 금지되어 있을 것

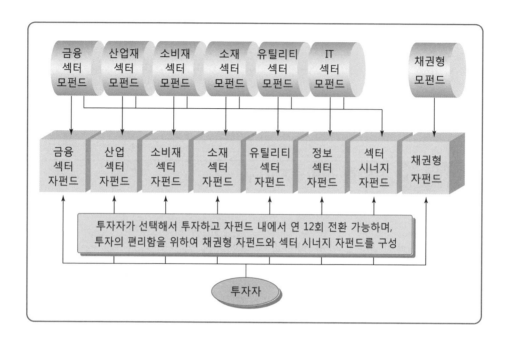

목표 달성형 펀드

① 목표 달성형 펀드는 펀드 수익이 일정 수준을 달성하면 펀드를 해지하거나 그 투자전략을 변경하여 기존에 달성한 수익을 확보하고자 하는 펀드를 말한다.

② 전환형 펀드는 각 펀드의 투자자에게 다른 펀드로 전환할 수 있는 전환권이 부여되어 있는 반면, 목표 달성형 펀드는 규약의 규정에 의하여 집합투자업자가 펀드에서 일정 수익이 달성되면 의무적으로 펀드를 해지(Spot Fund)하거나 또는 보다 안정성 높은 자산으로 투자대상 자산을 변경하도록 하고 있다.

③ 하지만 일반적으로 시장에서는 목표 달성형 펀드도 전환형 펀드와 유사한 투자성과를 실현할 수 있으므로 두 개의 펀드를 유사한 펀드로 이해하고 있으나 두 개의 펀드는 엄밀히 다른 유형의 펀드라고 인식되어야 한다.

section 04 | 모자형 집합투자기구

　모자형 집합투자기구는 동일한 집합투자업자의 투자기구를 상하구조로 나누어 하위 투자기구(子투자기구)의 집합투자증권을 투자자에게 매각하고, 매각된 자금으로 조성된 투자기구의 재산을 다시 거의 대부분 상위 투자기구에 투자하는 구조를 말한다. 이 경우 실제 증권에 대한 투자는 상위 투자기구(母투자기구)에서 발생한다. 따라서 투자기구를 운용하는 펀드매니저 입장에서는 모자형 집합투자기구가 되어 있지 않았을 경우에 운용하였어야 할 다수의 투자기구(하위 투자기구+상위 투자기구) 대신 하나의 투자기구(상위 투자기구)만을 운용할 수 있게 되어 운용의 집중도를 올릴 수 있다는 장점이 있다.

　모자형 집합투자기구는 다음의 요건을 충족하여야 하며, 기존 집합투자기구를 모자형 집합투자기구로 변경 가능하다. 다만 둘 이상의 집합투자기구의 자산을 합하여 하나의 모집합투자기구에 이전하거나 하나의 집합투자기구의 자산을 분리하여 둘 이상의 모집합투자기구로 이전 불가하다.(단, 사모 집합투자기구가 아닌 집합투자기구로서 원본액이 50억 원 미만일 경우에는 금융위원회가 고시하는 기준에 따라 이전 가능)

❶ 자집합투자기구가 모집합투자기구의 집합투자증권 외의 다른 집합투자증권을 취득하는 것이 허용되지 아니할 것

❷ 자집합투자기구 외의 자가 모집합투자기구의 집합투자증권을 취득하는 것이 허용되지 아니할 것

❸ 자집합투자기구와 모집합투자기구의 집합투자재산을 운용하는 집합투자업자가 동일할 것

　모자형 집합투자기구와 다른 집합투자기구가 발행한 집합투자증권에 집합투자기구 재산을 주로 투자하는 집합투자기구(Fund of Funds)는 하나의 집합투자기구가 다른 집합투자기구에 투자한다는 면에서는 비슷하나, 다음과 같은 부분에 차이가 있다.

❶ 모자형 집합투자기구는 집합투자업자의 운용의 효율성을 위하여 도입된 제도인 반면 Fund of Funds는 운용회사의 운용능력의 아웃소싱을 위하여 도입된 제도

❷ 모자형 집합투자기구는 하위 투자기구에 투자자가 투자하는 반면 Fund of Funds는 그 투자기구 자체에 투자자가 투자하게 됨

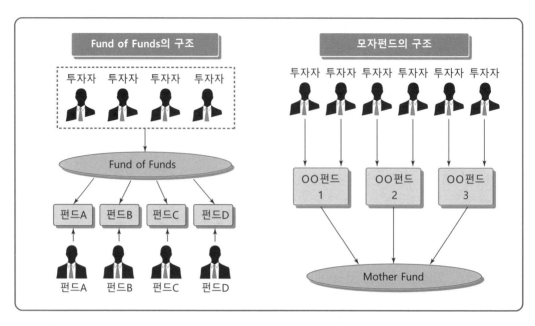

❸ 모자형 집합투자기구는 상위 및 하위 투자기구의 집합투자업자가 동일한 반면 Fund of Funds의 경우 그 투자기구와 투자대상 투자기구의 집합투자업자가 동일하지 않은 경우가 대부분이다.

section 05 상장지수 집합투자기구(ETF)

일반적인 개방형 집합투자기구는 투자자가 언제든지 환매청구를 통하여 투자자금을 회수할 수 있으므로 별도의 유동성 보완장치인 증권시장에 상장이 필요 없으나, ETF(상장지수 집합투자기구 : Exchange Traded Funds)의 경우에는 그러하지 아니하다. ETF는 개방형 투자기구이나 그 집합투자증권이 증권시장에 상장이 되어 있고 투자자는 시장에서 보유 증권을 매도하여 투자자금을 회수할 수 있다. 일반적으로 ETF는 다음의 특징을 가지고 있다.

❶ ETF는 인덱스펀드이다. ETF는 일반주식과 같이 증권시장에서 거래되지만 회사의 주식이 아니라 특정 주가지수를 따라가는 수익을 실현하는 것을 목적으로 하는 인덱스펀드(2017년 부터는 벤치마크 대비 초과성과를 추구하는 적극적 운용이 가능한 액티브 ETF가 도입되어 ETF 상품이 다양해지고 있음)

❷ ETF는 추가형 투자기구이다.

❸ ETF는 상장형 투자기구이다.

❹ ETF는 일반 투자기구와는 달리 증권 실물로 투자기구의 설정 및 해지를 할 수 있음

다음은 ETF의 다른 집합투자기구 대비 장점이다.

❶ ETF는 주식과 같이 편리하게 투자할 수 있다. ETF는 인덱스펀드이지만 기존의 인덱스펀드와는 달리 증권시장에 상장되어 거래하기 때문에 주식과 같은 방법으로 거래가 가능. 즉, 증권시장 거래시간 중에 자유로이 현재 가격에 매매가 가능하고 매매의 방법도 일반주식과 같이 증권회사에 직접 주문을 내거나 HTS 또는 전화로 매매가 가능

❷ ETF는 주식과 인덱스펀드의 장점을 모두 가지고 있다. ETF는 인덱스펀드이면서 주식과 같이 거래되기 때문에 기존의 인덱스펀드의 단점을 제거. 기존의 인덱스펀드는 투자의사결정과 실제 투자 간에 시간적인 차이가 존재할 수밖에 없음. 그러나 ETF는 주식과 같이 증권시장에서 계속적으로 거래되므로 투자자가 원하는 가격과 시간에 시장에서 매매할 수 있어 의사결정과 실제 투자 간의 차이가 발생하지 아니 함

ETF에 투자하는 것과 일반적인 집합투자기구에 투자하는 것은 그 투자과정에서도 차이가 있다.

1 일반투자기구 투자 과정

일반적으로 투자기구에 투자하기 위해서는 투자자는 판매회사에 현금을 납입하고 투자기구의 증권의 매입을 요청하면 판매회사는 신탁업자를 통하여 투자기구에 현금을 납입하고 투자기구의 증권을 발급받아 투자자에게 전달하게 된다.

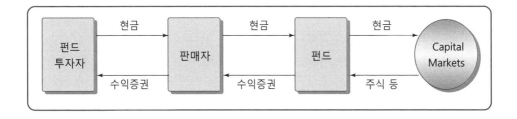

ETF는 일반적인 집합투자기구와 달리 두 가지 시장이 동시에 존재한다. 이미 발행된 ETF 증권이 증권시장을 통해서 주식같이 매매되는 Secondary Market(유통시장=증권시장)과 ETF가 설정·해지되는 Primary Market(발행시장: 투자매매업자·투자중개업자 또는 지정참가회사)으로 나눌 수 있다. Primary Market에서는 지정참가회사(AP: Authorized Participant)를 통하여 ETF의 설정과 해지가 발생하게 되고 Secondary Market에서는 일반투자자들과 지정참가회사가 ETF 수익증권의 매매를 하게 된다. 이 과정에서 지정참가회사는 ETF 수익증권의 순자산가치와 증권시장에서의 거래 가격을 근접시키기 위하여 차익거래를 수행하게 된다. 그 결과 일반투자자는 발행시장에서 ETF를 설정하여 투자하는 것과 유사한 가격으로 유통시장에서 투자할 수 있게 된다.

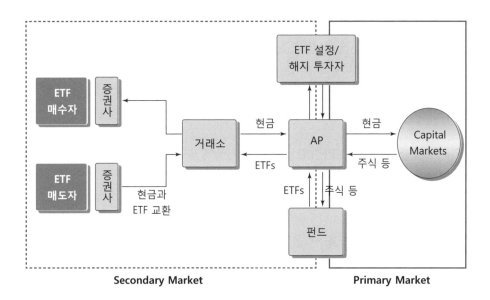

ETF는 일반적인 집합투자기구와는 다른 속성이 있어서 관련 법령에서는 다음의 사항을 적용하지 않고 배제하여 ETF를 다르게 배려하고 있다.

❶ 대주주와의 거래 제한 : 대주주 발행 증권 소유, 특수관계인이 발행한 주식, 채권 및 약속어음을 소유하는 행위

❷ 집합투자재산의 의결권 행사 가능 경우(즉 ETF는 의결권을 적극적으로 행사할 수 없고 Shadow voting만 하여야 함)

❸ 자산운용보고서 제공 의무

❹ 주식등의 대량보유 등의 보고 의무

❺ 내부자의 단기매매차익 반환 의무

❻ 임원 등의 특정 증권 등 소유상황 보고 의무

❼ 환매청구 및 방법, 환매 가격 및 수수료, 환매의 연기

❽ 집합투자기구 설정·추가 설정 시 신탁원본 전액을 금전으로 납입

ETF 운용상의 특례는 다음과 같다(자본시장법 시행령 제252조).

❶ 각 상장지수 집합투자기구 자산총액의 30%[1]까지 동일종목의 증권에 운용 가능. 이 경우 동일법인 등이 발행한 증권 중 지분증권(그 법인 등이 발행한 지분증권과 관련된 증권예탁증권 포함)과 지분증권을 제외한 증권은 각각 동일 종목으로 봄

❷ 각 상장지수 집합투자기구 자산총액으로 동일법인 등이 발행한 지분증권 총수의 20%까지 운용 가능

❸ 이해관계인 간 거래 제한 적용 배제 : 상장지수 집합투자기구의 설정·추가 설정을 목적으로 이해관계인과 증권의 매매, 그 밖의 거래를 할 수 있음

ETF의 상장과 상장폐지는 거래소의 증권상장규정에서 정하는 바에 따르며 상장이 폐지되는 경우에는 상장폐지일로부터 10일 이내에 펀드를 해지하거나 해산하여야 하며 해지일이나 해산일부터 7일 이내에 금융위에 보고하여야 한다.

---

1 다만, 금융위가 정하여 고시하는 지수에 연동하여 운용하는 상장집합투자기구의 경우 동일종목이 차지하는 비중이 100분의 30을 초과하는 경우에는 해당 종목이 지수에서 차지하는 비중까지 동일종목의 증권에 투자할 수 있다.

chapter 05

일반적 분류에 의한 집합투자기구

---

section 01 | 펀드 성격에 따른 분류

1 추가형 vs 단위형

추가형, 단위형 구분은 펀드의 좌수를 추가로 설정할 수 있느냐에 따른 분류이다. 추가형으로 펀드를 설정할 것이냐 단위형으로 설정할 것이냐 하는 것은 투자대상 자산의 특성을 고려하여 결정한다. 예를 들어 장외파생상품에 투자하는 펀드인 경우 투자일자가 달라질 경우 투자 대상이 되는 장외파생상품의 수익구조가 달라질 가능성이 커지게된다. 따라서 장외파생상품 펀드의 경우 단위형 펀드로 설정하는 것이 보통이며, 부동산 펀드의 경우도 마찬가지라 할 수 있다.

(1) 추가형

최초로 펀드를 설정한 후 투자자의 수요에 따라 신탁원본을 증액하여 수익증권을 추가로 발행할 수 있는 형태로서 일반적으로 신탁계약기간이 정해져 있지 아니 하다.

(2) 단위형

기 설정된 투자신탁에 원본액을 추가로 증액하여 투자신탁을 설정할 수 없으며 일반적으로 신탁계약기간을 정한다. 그러나 최근에는 단위형 펀드의 경우에도 자금모집을 용이하게 하기 위해 최초 설정일로부터 일정기간의 추가 설정은 가능하도록 하는 경우가 많다.

2 개방형 vs 폐쇄형

개방형 및 폐쇄형은 중도 환매를 가능하게 해주느냐에 따른 분류이다.

(1) 개방형

수익자가 투자신탁 계약기간 중도에 보유 수익증권의 환매를 요구할 수 있는 펀드를 말한다. 대부분의 일반 펀드는 개방형의 유형에 속한다. 심지어는 장외파생상품에 투자하는 펀드의 경우에도 단위형 개방형의 성격이 대부분이다. 장외파생상품의 성격을 고려할 때에는 개방형이 어울리지 않을 수 있으나, 마케팅의 용이성을 높이기 위해서 그리고 폐쇄형으로 펀드를 설정할 경우에는 법에 의해서 증권시장에 강제적으로 상장해야 하므로 이러한 문제를 피하기 위해서 개방형으로 하는 경우가 많다. 다만 이 경우 장외파생상품의 성격을 감안하여 아주 높은 수준의 환매수수료를 적용하여 환매청구를 최소화하고 있다. 통상적으로 장외파생상품의 환매수수료 수준은 펀드에서 투자하고 있는 장외파생상품의 계약을 해지하는 데서 발생하는 비용인 호가 차이(bid-ask spread) 수준을 적용하고 있으며 환매금액을 기준으로 부과하는 것이 일반적이다.

(2) 폐쇄형

수익자가 투자신탁 계약기간 중도에 보유 수익증권의 환매를 요구할 수 없는 펀드를 말한다. 법에서는 공모 폐쇄형 펀드의 경우 그 수익증권을 증권시장에 상장할 것을 요구하고 있다. 펀드를 폐쇄형으로 개발할 것이냐의 여부는 투자대상 자산의 유동성에 의해서 결정되는 경우가 많다. 만일 펀드가 부동산에 투자할 경우 투자자의 환매에 대응하기 위하여 부동산을 분할하여 매도할 수도 없고 부동산 매매에서 발생하는 비용이 많이 소요되므로 폐쇄형으로 개발하고 그 수익증권을 상장하는 경우가 많다. 선박투자펀드의 경우도 마찬가지라 할 수 있다.

3 주식형 vs 채권형 vs 혼합형

주식형, 채권형, 혼합형은 투자대상 자산의 비중에 따른 분류이다.

과거에는 전체 투신시장에서 채권형의 비중이 압도적으로 높았으나, 최근 국내 주식시장의 상승세 지속과 해외 주식시장의 호황으로 주식형 펀드의 비중이 높아지는 추세이다.

(1) 주식형

펀드재산의 60% 이상을 주식 또는 주식 관련 파생상품에 투자하는 펀드를 말한다. 주식형 펀드의 경우 자산의 대부분을 상장주식 등에 투자하는 펀드이므로 펀드의 위험은 대부분 주식 고유의 위험으로부터 발생한다. 다음은 주식형 펀드가 갖게 되는 위험을 설명한 것이다.

❶ 시장위험 : 주식은 채권 등 안정적 자산보다 가격 변동성이 크다. 따라서 주식에 주로 투자하는 주식형 펀드의 경우 채권형 펀드보다 가격 변동성(펀드 수익률 변동성)이 크게 됨. 가격 변동성이 크다는 것은 높은 수익을 기대할 수 있는 반면 그만큼 큰 하락의 가능성이 있기 때문에 이로 인한 손실의 가능성도 크다는 것임. 시장 전체를 투자 대상으로 하는 주식형 펀드의 경우 시장 전체의 변동성 수준으로 펀드의 가격 변동성을 갖겠지만, 해당 주식형 펀드가 시장 전체를 대상으로 하지 않고 일정 업종에 집중하여 투자하는 섹터펀드나 개별 주식의 펀드멘털 요소(수익성, 현금흐름 등)를 기준으로 투자하는 스타일 펀드의 경우에는 시장 전체를 투자대상으로 하는 펀드보다 가격 변동성이 크게 됨. 또한 해당 펀드가 자본금 규모를 기준으로 하여 일정 수준 이상의 시가총액·자본금을 가진 주식에만 투자하거나 일정 수준 이하의 시가총액·자본금을 가진 주식에만 투자할 경우에도 그 위험은

시장 전체를 투자하는 펀드의 위험 수준보다 높은 것이 보통

❷ 개별 위험 : 개별 위험은 개별 주식이 갖는 위험으로부터 발생하는 위험. 개별 주식은 그 주식 발행 기업의 재무상태, 영업현황, 경쟁상황으로부터 영향을 받게 되고 개별 기업의 영업현황은 다시 그 기업이 위치하는 지역이나 국가 등의 경제 상황으로부터 영향을 받게 됨. 이러한 영향이 발생할 때 개별 주식은 그 영향에 의하여 가격이 크게 변하게 됨. 채권의 경우 개별 기업으로부터 발생하는 위험이 있지만 그 발행기업에 부도가 나지 않는 한 해당 채권을 만기까지 보유하게 될 경우에는 투자 원금의 손실은 없으나, 주식의 경우에는 그 주식의 만기가 없으므로(보통주 기준) 원금이 회복되지 않을 가능성이 높음. 반대의 경우도 마찬가지임. 주식을 발행한 기업의 상황이 호전될 경우에 그 기업이 발행한 주식의 가격이 크게 오르는 경우가 많은 반면 채권의 경우 그 상승 폭이 주식과 비교시 상대적으로 작은 것이 일반적이고 만일 만기까지 채권을 그대로 보유할 경우에는 당초 약속된 수익 이상의 수익을 기대할 수가 없게 됨

❸ 유동성 위험 : 주식은 주식시장에서 거래를 하게 되는데, 투자대상이 되는 모든 주식이 항상 유동성이 높은 것은 아님. 여기에서 유동성이라 함은 투자자가 원하는 시점에 보유 주식을 처분하여 현금화할 수 있는 가능성을 이야기 하는 것인데, 일부 유동성이 낮은 종목에 집중적으로 투자하는 주식형 펀드의 경우에는 그 유동성 부족으로 인하여 환매대금 지급에 어려움을 겪게 될 수 있음. 일반적으로 중소형주가 대형주보다 유동성이 낮으며, 대형주라 하더라도 대주주 지분이 높아 유동 물량(시장에서 자유로이 거래되는 물량)이 적을 경우에도 유동성이 낮다고 할 수 있음. 따라서 이러한 종목에 집중적으로 투자하는 주식형 펀드의 경우 그 유동성 부족으로 인한 추가적인 손실의 발생 가능성도 있음. 추가적으로 비상장 기업의 주식에 투자하는 주식형 펀드의 경우 그 유동성은 극히 제한될 수밖에 없음

주식형 펀드는 주로 투자하는 주식이 어떤 종류의 기업인가를 기준으로 성장주 펀드와 가치주 펀드, 나아가 배당주 펀드로 분류할 수 있다.

❶ 성장주 펀드 : 성장주란 지금보다는 앞으로 성장할 가능성이 큰 종목을 말한다. 즉 미래성장성에 대한 기대감으로 현재의 기업가치보다 주가가 높게 형성되는 주식을 말함. 일반적으로 미래에 크게 성장할 만한 신기술과 성장의 기회를 가지

고 있는 기업을 일컫음. 성장주는 경기회복기나 상승기에 실적 호전 증가로 큰 수익을 얻을 수 있으며, 미래 수익성장에 대한 기대로 현재의 주가 수준이 매우 높게 형성된다. 이러한 기업에 집중투자하는 펀드를 성장주펀드라고 함

성장주 펀드는 경기가 본격적으로 회복될 때 주가 상승에 따른 투자수익을 기대할 수 있는 펀드. 따라서 향후 국내 경기가 차츰 회복되고 주식시장이 안정될 때 미래성장성을 바탕으로 한 성장주 펀드가 최적의 펀드. 그러나 주가하락 시에는 변동성이 높아 원금손실의 폭이 크다는 단점이 있음

❷ 가치주 펀드 : 가치주 펀드는 기업의 내재가치에 비해서 저평가되어 있는 기업을 골라서 투자하는 펀드. 기업의 내재가치는 기업이 갖고 있는 자산의 가치, 매출과 이익 등의 수익가치, 시장점유율, 기술력 같은 무형의 가치 등에 대해서 종합적으로 판단

성장주가 현재가치에 비해 미래의 수익이 클 것으로 기대되는 주식인 데 비해 가치주는 성장은 더디지만 현재가치에 비해 저평가된 주식을 말함. 가치주는 성장주에 비해 영업실적과 자산가치가 우수. 주가지수가 투자심리 위축 등으로 크게 떨어지는 시기에 가치주가 많이 생겨나는데 가치주는 성장주에 비해 주가 변동폭이 크지 않아 주로 방어적인 투자자들이 선호. 증시가 불안할 때 가치주에 장기투자를 함으로써 저평가된 기업의 가치가 시장에서 적정 주가로 재평가될 때 높은 투자수익을 얻을 수 있으며, 성장주에 비해 변동성이 적어 주가하락 시 상대적으로 시장 상황에 덜 민감하여 손실 폭을 줄일 수 있음. 반면 당장 주가가 오르는 것은 아니기 때문에 투자수익을 얻기 위해서는 주가가 오를 때까지 기다려야 함

❸ 배당주 펀드 : 배당주 펀드는 배당수익률이 높은 종목에 집중적으로 투자하는 펀드를 말함. 운용 시작 후 예상한 배당수익률 이상으로 주가가 상승하면 주식을 팔아 시세 차익을 얻고, 반대로 주가가 오르지 않으면 배당 시점까지 주식을 가지고 있다가 예상배당금을 획득함으로써 주가 하락에 따른 자본 손실을 만회하는 펀드

(2) 채권형

펀드재산의 60% 이상을 채권 또는 채권 관련 파생상품에 투자하는 펀드를 말한다. 채권형은 펀드재산의 대부분을 채권에 집중적으로 투자한다. 그 결과 해당 펀드는 채권

투자로부터 발생하는 위험이 그대로 채권형 펀드의 위험으로 전환된다. 채권에서 발생하는 위험도 크게 시장위험과 개별 위험, 유동성 위험으로 구분할 수 있다.

❶ 시장위험 : 채권시장은 해당 국가의 금융시장, 자금시장, 경제 상황에 따라 변동. 일반적으로 긴축재정 상황 하에서는 시중 유동성의 부족으로 인하여 금리가 상승하고 상대적으로 채권 가격이 하락하게 됨. 이러한 채권 가격의 하락은 채권형 펀드의 가격 하락(수익률 하락)을 초래한다. 여기에서 금리의 변화에 따라 채권 가격이 변하게 되는데 일반적으로 장기채권의 금리 민감도(금리 변화 시 채권 가격의 변화)가 단기채권의 금리 민감도보다 높은 것이 일반적. 따라서 금리 상승 국면에서의 장기채권의 가격 하락이 단기채권의 가격 하락보다 크게 됨. 반대로 금리 하락 국면에서의 장기채권의 가격 상승이 단기채권의 가격 상승보다 크게 됨. 따라서 금리 상승 국면에서의 장기채펀드의 수익률 하락이 단기채펀드의 수익률 하락보다 큰 것이 일반적. 금리 하락의 경우에는 반대로 전개된다. 채권의 경우에도 주식과 같이 포트폴리오가 중요한데, 다양한 발행주체가 발행한 채권에 분산하여 투자하는 것이 특정 산업에 속하는 기업이 발행하는 채권에 집중하여 투자하는 채권형 펀드보다 상대적으로 가격 변동성이 낮음

❷ 개별 위험 : 채권을 발행한 개별 기업은 금융시장, 경제상황, 경쟁환경 등으로부터 영향을 받게 되는데 이러한 영향으로 해당 채권 발행기업의 상황이 악화될 경우에는 그 채권의 거래 가격이 하락할 것임. 최악의 경우 그 발행기업에 부도가 발생할 경우에는 투자원금의 일부 또는 전부를 회수하지 못할 위험도 있음

❸ 유동성 위험 : 채권의 유동성은 주식의 유동성과 비교할 경우 월등히 떨어지는 것이 보통. 물론 시장의 지표물이 되는 국고채 등의 유동성은 상당히 높은 것이 보통이나 그럼에도 불구하고 채권의 최소 거래단위는 주식의 거래단위보다 훨씬 크므로 주식과 같이 필요한 수량으로 절단하여 매매할 수 없음. 또한 채권의 경우 그 발행기업에 문제가 발생할 경우에는 아예 거래가 중단되는 경우가 많으므로 이 경우에는 극단적인 유동성 위험이 발생할 수도 있음

(3) 혼합형

혼합형 펀드는 채권형이나 주식형 이외의 펀드를 말하는 것으로서 신탁계약서상 최대 주식(주식 관련 파생상품 포함) 편입비율 50% 이상인 펀드를 주식혼합형, 신탁계약서상

최대 주식(주식 관련 파생상품 포함) 편입비율 50% 미만인 펀드를 채권혼합형으로 분류한다. 혼합형 펀드는 주식과 채권에 분산하여 투자하는 펀드이므로 앞에서 설명한 주식형 펀드와 채권형 펀드의 위험을 모두 가지고 있다고 봐야 한다. 혼합형 펀드는 주식과 채권의 효율적 배분을 통해 수익성과 안정성을 동시에 추구한다.

<h2>4   증권형 vs 파생형</h2>

펀드 자산의 일정 부분 이상을 파생상품에 투자할 수 있느냐에 의한 구분이다. 펀드에서 파생상품에 투자할 수 있느냐 없느냐에 의해서 투자자가 부담하여야 하는 위험의 정도는 큰 차이가 발생할 수 있으므로 증권형이냐 파생형이냐의 구분이 필요하다.[1]

일반적으로 파생상품에 투자하는 펀드가 증권에만 투자하는 펀드에 비하여 추가적으로 부담하여야 하는 위험은 아래와 같다.

(1) 파생상품으로 장내파생상품에만 투자할 경우의 위험

투자대상이 장내파생상품으로만 국한될 경우에는 파생상품거래에 따른 거래상대방 위험이 없으므로 파생상품 투자로 인한 고유의 리스크인 레버리지 리스크가 발생한다. 이는 파생상품은 투자하고자 하는 금액의 일정 부분만 투자하면서도 그 투자효과는 투자하고자 하는 전체 금액에 상당하는 효과를 볼 수 있기 때문에 발생하는 것이다. 그러나 이러한 효과는 해당 파생상품의 가격이 하락했을 때에는 오히려 부작용을 초래할 수 있다. 즉 파생상품에 대한 투자금액 대비 손실의 폭이 커질 수 있는 문제가 발생할 수 있다.

(2) 장외파생상품에 투자할 경우의 위험

장외파생상품은 위의 장내파생상품에 대한 투자 위험 외 추가적으로 거래 상대방 위험이 발생할 수 있다. 즉, 장외에서 거래 상대방과 장외파생상품계약에 의하여 펀드의 재산을 투자한 이후 그 거래상대방의 재정 상황 등에 문제가 발생하여 당초에 체결한 계약조건에 상당하는 자금을 지급할 수 없는 상황이 발생할 경우에는 해당 금액을 지

---

1   금융투자협회가 정한 집합투자기구 분류코드에 따라 파생상품매매에 따른 위험평가액이 집합투자기구 자산총액의 100분의 10을 초과하고 위험회피 이외의 목적인 경우 파생형으로 구분

급받을 수 있을 것으로 기대하고 있던 펀드의 투자자에게는 문제가 발생하게 되는 것이다. 이 외에도 장외파생상품은 거래 건마다 펀드의 운용을 담당하는 집합투자업자와 거래상대방이 계약을 체결해야 하므로 그 계약 내용에 따라서 계약 조기해지 위험, 지급금액 변동 위험 등 다양한 위험이 발생할 수 있다.

5 상장형 vs 비상장형

(1) 상장형

펀드의 수익증권을 증권시장 등에 상장하여 그 수익증권을 증권시장에서 거래할 수 있도록 한 펀드를 말한다. 수익증권을 상장하는 이유는 펀드 자체가 환매를 허용하지 아니하는 폐쇄형 펀드이거나, ETF와 같이 펀드 자체가 환매를 허용한다 하더라도 특수한 목적을 가지고 상장하는 펀드로 분류할 수 있다. 현재 대부분의 선박투자펀드, 부동산 투자신탁(REITs), ETF 등이 증권시장에 상장되어 있다. 그러나 사모펀드의 경우에는 폐쇄형이라 하더라도 상장을 할 수 없다. 왜냐하면, 사모펀드는 수익자가 50인 미만인 펀드여야 하고 일반 대중을 상대로 수익증권의 모집 또는 매출의 행위를 하지 아니하여야 하나, 이 펀드를 상장하게 될 경우 수익자 수 요건과 대중을 상대로 한 증권의 모집 또는 매출의 행위 금지 요건이 달성되지 못할 가능성이 크기 때문이다.

(2) 비상장형

펀드의 수익증권을 증권시장 등에 상장하지 아니하는 펀드를 말한다. 대부분의 펀드가 이 분류에 해당한다. 왜냐하면 대부분의 펀드는 수익자의 환매 청구에 응하는 구조로 되어 있기 때문이다.

6 모집식 vs 매출식

모집식 및 매출식은 투자매매업자 · 투자중개업자의 펀드 판매방법에 따른 분류이다.

(1) 모집식

펀드를 설정하기 전에 미리 투자자로부터 펀드의 투자에 대하여 청약을 받고 그 청약대금을 확보한 후 펀드의 설정을 요청하는 펀드를 말한다. 현재 대부분의 펀드는 모집식으로 판매가 되고 있다. 그 이유는 모집식 펀드의 경우 투자매매업자·투자중개업자가 펀드를 판매함으로써 발생할 수 있는 자금 부담이 없기 때문이다.

(2) 매출식

판매회사의 보유현금으로 자금을 납입하여 펀드를 설정한 후 설정된 펀드의 수익증권을 보유하고 있던 판매회사가 고객의 수익증권 매입 청구에 대응하여 보유 중인 수익증권을 고객에게 매각하는 펀드를 말한다. 현재 매출식으로 펀드를 판매하는 판매회사는 드문 상태이다. 그 이유는 매출식 판매방법에서 발생하는 투자매매업자·투자중개업자의 자금 부담 문제와 고객에게 보유 수익증권을 판매할 경우에 판매회사에 발생하는 수익증권 처분 손익이 부담이 되기 때문이다. 그러나 과거 투자신탁 전업 회사에서는 매출식으로 수익증권을 판매하는 비중이 높은 경향을 보였다.

---

7 거치식 vs 적립식

펀드 영업 실무에서는 펀드를 거치식, 임의식, 적립식으로 구분하기도 한다. 펀드를 거치식과 적립식으로 분류하는 것은 엄밀한 의미에서 존재하지 않는 분류이거나 적절하지 않을 수도 있으며 다만 펀드 투자방법의 분류라고 하는 것이 보다 적절할 것이다.

거치식은 은행의 정기예금과 같이 일시에 목돈을 투자하는 방식이며, 적립식은 은행의 적금과 같이 목돈 없이도 일정기간마다 일정 금액을 나누어 장기간 투자하는 방식을 말한다.

적립식 펀드는 소액을 꾸준히 투자하는 것이 일반적인 방식이기 때문에 단기간에 고수익을 노릴 수는 없지만 장기적인 관점에서 꾸준히 납입하면 평균 매입단가를 낮추는 효과가 있기 때문에 투자위험이 낮다는 장점을 가지고 있다(Cost Averaging 효과 : 일정 금액을 일정한 기간에 분산투자하여 특정 주가가 떨어지면 주식을 많이 사고, 주가가 오르면 오른 만큼 주식을 덜 사는 방식으로 주식을 매입하여 평균 매입단가를 낮추는 효과).

다만, 적립식 펀드 투자를 하더라도 펀드 그 자체는 수익이 운용실적에 따라 달라진다는 실적배당원칙은 동일하게 적용되는 것이며, 주가가 장기간 하락 추세에 있거나 주가가 투자기간에는 상승하다가 만기 무렵에 하락하는 경우 또는 투자기간이 장기화되면서 코스트애버리징 효과가 사실상 사라지고 거치식 펀드화되는 경우 등에는 만기 때 주가가 떨어지면 수익률이 낮거나 심한 경우 원금 손실도 감수해야 하는 위험이 따른다는 점을 특히 유의하여야 한다.

8 공모 vs 사모

공모는 50인 이상 다수의 투자자를 상대로 대규모 자금을 모집하는 것으로 법령에서는 상대적으로 높은 수준의 제약요건을 두고 있다.

사모는 공모(公募)에 의하지 아니하고 해당 집합투자기구의 집합투자증권을 매각하여 투자기구를 설정·설립하는 것이다. 사모의 경우에는 그 해당 투자자의 수가 적으므로 상대적으로 낮은 수준의 제약요건을 적용하고 있다. 이는 사모 집합투자기구의 투자자는 그 자산이 이미 투자에 대하여 어느 정도 이해하고 투자하는 것으로 간주하기 때문이다.

자본시장법상 사모 집합투자기구는 2021년 10월 21일 사모펀드 체계 개편에 따라 일반 사모 집합투자기구와 기관전용 사모 집합투자기구로 구분된다. 전자는 기존의 헤지펀드를, 후자는 소위 PEF를 말한다.

다음은 공모집합투자기구와 달리 일반 사모 집합투자기구에 적용되는 특례로서 그 적용을 배제하는 사항이다.

❶ 펀드 등록 전 판매 및 광고 금지, 판매보수 및 판매수수료 제한(법 76조 2항 ~ 6항)
❷ 자산운용의 제한(법 81조)
❸ 자기집합투자증권 취득 제한(법 82조)
❹ 금전차입 등의 제한(법 83조)
❺ 자산운용보고서 작성 및 제공 의무(법 88조)(일반투자자에게는 제공의무 있음)
❻ 수시공시 의무(법 89조)
❼ 집합투자재산에 관한 보고 의무(법 90조)
❽ 집합투자규약의 인터넷 홈페이지를 통한 공시 의무(법 91조 3항)

⑨ 파생상품의 운용 특례(법 93조)

⑩ 부동산의 운용 특례(법 94조 1항~4항, 6항)

⑪ 집합투자기구의 등록(법 182조)

⑫ 집합투자기구의 명칭(법 183조 1항)

⑬ 신탁계약 변경과 수익자총회 사항(법 188조 2항 및 3항)

⑭ 좌수에 따라 균등한 상환(법 189조 2항)

⑮ 집합투자기구의 종류(법 229조)

⑯ 환매금지형 집합투자기구(법 230조)

⑰ 환매청구 및 방법 등(법 235조), 환매의 연기(법 237조)

⑱ 기준 가격 매일 공고 · 게시 의무(법 238조 7항~8항)

⑲ 결산서류의 작성 · 비치 · 보존 · 교부(법 239조 1항 3호, 2항~5항)

⑳ 집합투자재산의 외부회계감사 수감 의무(법 240조 3항~8항, 10항)

㉑ 회계감사인의 손해배상책임 의무(법 241조)

㉒ 신탁업자의 집합투자재산 운용 관련 운용행위감시 의무(법 247조 1항~4항, 5항
   1호~3호, 6호~7호, 6항~7항)

㉓ 자산보관 · 관리보고서 작성 및 제공 의무(법 248조)

㉔ 집합투자기구의 등록취소 등(법 253조)

section 02 투자지역에 따른 분류

그 동안 국내 펀드의 대부분은 국내 자산에 투자하는 것이었다. 즉 국내 증권시장에 상장되어 있는 국내 기업의 주식, 채권, 주식 또는 채권에서 파생된 파생상품 등이 펀드가 투자하는 대부분의 자산이었다. 그러나 2007년부터 시행된 해외주식투자 비과세와 해외 주식시장 특히 중국 등 이머징 시장의 폭등은 이러한 펀드의 유형에 큰 변화를 가져왔다. 즉 투자자들이 해외 주식시장에 투자하는 펀드에 대하여 눈을 돌린 것이다. 그 결과가 해외주식투자펀드의 대폭적인 증가로 귀결되었다. 그러나 2008년 이후 해외 이머징 시장의 폭락으로 인한 투자수익률 악화와 우리나라 환율의 평가절하로 인한

환헤지 부분의 손실 발생으로 인해 대부분의 투자자들이 해외 투자펀드에서 큰 손실을 보게 되었다. 이렇듯이 해외투자는 국내 투자와 달리 시장의 리스크뿐 아니라 해당국가의 환율과 우리나라 환율의 움직임에 따라 추가적인 리스크가 발생할 수 있다.

국내 투자펀드는 그 펀드 재산의 대부분을 국내 자산에 투자하는 것이다. 이에 반해 해외 투자펀드는 그 펀드 재산의 대부분을 해외 자산에 투자하는 것이다.

해외 투자펀드는 다시 투자 지역을 기준으로 전 세계 투자펀드, 특정 지역 투자펀드, 특정 국가 투자펀드 등으로 나눌 수 있고, 투자대상 자산을 기준으로 하면 주식, 채권, 대체투자상품군 등으로 분류할 수 있다.[2]

1 투자지역 기준

전 세계 투자펀드는 투자대상 지역을 특정하지 아니한다. 우리나라도 당연히 투자대상에 포함될 수 있으며 이를 통상 '글로벌 투자펀드'라 칭한다.

해외 투자펀드 중 가장 넓은 투자지역을 가지고 있고 그 결과로 가장 많은 국가에 투자하는 효과가 발생하므로 상대적으로 펀드 수익률 변동성이 낮은 수준에 속할 수 있다. 그러나 실제로는 대부분의 글로벌 투자펀드는 투자 지역이 선진국 위주로 투자되는 경우가 많다. 왜냐하면 이머징 마켓에 속하는 국가나 프런티어 마켓에 속하는 국가는 상대적으로 투자 제한이 많고 투자에 따르는 비용과 시장의 변동성이 높아 상대적으로 안정적 수익을 추구하는 글로벌 투자펀드와는 맞지 않는 경우가 많기 때문이다.

글로벌 투자펀드보다 조금 더 좁은 지역에 투자하는 펀드를 통상 지역(Regional)투자펀드라 칭한다. 예를 들면 이머징마켓 투자펀드, 범중화권 투자펀드, 동남아펀드, 중남미 등이 여기에 해당된다. 이러한 유형의 펀드는 일반적으로 글로벌 투자펀드보다는 높은 수익을 기대할 수 있는 반면 높은 위험도 감수하여야 한다. 즉, 이머징 국가는 선진국과 달리 개별 기업의 회계의 투명성이 상대적으로 결여되어 있고, 해당 국가의 경제정책의 투명성, 예측성 등이 떨어지고 투자에 소요되는 비용이 높으므로 이러한 부분을 감안하고 투자에 임하여야 한다.

투자지역을 기준으로 분류할 때 가장 좁은 지역에 투자하는 펀드로 개별 국가(single

---

2 이 구분 방법은 법령이나 학술적으로 정의된 것이 아니라 실무상 적용하는 구분 기준을 설명한 것이다. 따라서 사람마다 그 구분 기준을 다르게 정의할 수 있다.

country)투자펀드를 들 수 있다. 개별 국가에 투자하는 펀드는 중국, 인도, 일본 등을 예로 들 수 있다. 이러한 펀드는 지역투자펀드보다 높은 수준의 수익을 기대할 수 있는 반면 지역투자펀드보다 높은 위험도 감수하여야 한다.

최근에는 국가별 투자외에는 특정섹터(글로벌 2차전지, 미국 플랫폼 기업 등)에 투자하는 글로벌 투자도 확대되고 있다.

2 투자대상 자산 기준

해외 투자펀드의 투자대상 자산이 국내 투자펀드의 투자대상 자산의 범위보다 당연히 넓다고 할 수 있다. 국내 투자펀드의 경우에는 대부분 주식과 채권을 대상으로 하고 있으나, 해외 투자펀드의 경우에는 해외 주식, 채권, 실물자산, 헤지펀드 등 그 투자대상이 더 다양하다. 따라서 해외 투자펀드는 국내에서는 실현할 수 없는 투자대상과 방법을 실현할 수 있는 수단으로 활용이 가능하다.

다만, 기존 국내 투자자에게 익숙한 투자대상 자산인 주식, 채권 외의 자산에 투자하는 해외 투자펀드의 경우에는 그 내재되어 있는 위험을 모두 파악할 수 없으므로 이에 대한 충분한 사전 분석이 필요하다.

3 해외 투자펀드의 리스크

해외 투자펀드를 투자할 경우에는 국내 투자펀드의 경우와 달리 추가적인 리스크를 부담하여야 한다. 그 추가적인 리스크란 환율의 변동에서 발생하는 리스크이다. 즉 국내 투자펀드의 경우 투자자금의 입출금이 원화로 이루어지므로 환율의 변동으로 인한 추가적인 위험에 노출되지 않지만 해외 투자펀드의 경우 원화를 펀드에 입금하여 해당 원화를 외국 통화로 환전한 후 그 통화로 투자를 하게 되므로 해당 외국통화와 원화 간의 움직임에 따라서 추가적인 손익이 발생할 수 있다.

최근에는 위의 환율에서 발생하는 리스크를 방지하기 위하여 행한 환헤지거래에서 오히려 손실이 크게 발생하여 주된 투자대상에서 발생하는 리스크를 초과하는 경우도 있었다. 이렇게 환헤지란 그 환율 변동에서 발생하는 리스크를 완전히 없애주는 거래를 뜻하는 것이 아니라, 현재 시점의 환율을 해당 환헤지거래의 계약기간 종료 시점에 고정시켜 주는 역할을 하는 것이다. 따라서 해당 계약기간 동안 환 변동이 과도하였을 경우에는 오히려 환헤지에서도 손실이 발생할 수 있다.

이외 해외투자는 국내와 다른 시장 폐장 및 개장 시간으로 인하여 펀드에서 보유하고 있는 자산의 정확한 가치평가가 어렵고, 해외시장 자체의 거래정지 또는 개별 종목의 거래정지 관련 정책의 차이, 국내외 간 복잡한 결제과정 및 현금 운용과정에서 추가적인 리스크가 발생할 수 있으며, 투자대상 국가가 프런티어마켓(이제 막 증권시장이 형성되고 있는 시장)일 경우에는 국가 정책에 따라 투자자금 송금이 곤란해질 수도 있다.

section 03 투자전략에 따른 분류

펀드의 투자전략을 가장 크게 분류하면 액티브투자전략과 패시브투자전략으로 분류할 수 있다.

1 액티브운용전략 펀드

액티브운용전략은 크게 둘로 나눌 수 있다. 하나는 Bottom-up Approach이며 다른 하나는 Top-down Approach이다.

주식 운용에 있어 Bottom-up Approach는 투자 의사결정, 즉 자산 간, 섹터 간 투자 의사 결정을 함에 있어 투자대상 주식의 성과에 영향을 미칠 수 있는 거시 경제 및 금융 변수에 대한 예측을 하지 아니하고 투자대상 종목의 성장성과 저평가 여부 등을 투자의 기준으로 판단하는 것이다. 즉 거시 경제 변수의 예측은 지극히 어렵고 정확한 예측이 불가능한 것이므로 불가능한 방식에 매달리지 않고 펀드매니저 또는 집합투자업자가 자신 있는 부분에 모든 역량을 집중하고 그 결과에 따라 판단하는 것이다.

예를 들어 A라는 종목이 저평가되어 있는지를 판단하기 위해서 동종 업종의 다른 종목 또는 전 세계 유사 업종의 종목과 비교하여 투자 여부를 결정하는 방식을 말한다. 채권에 있어 Bottom-up Approach란 향후 금리의 향방이 어떻게 전개될 것이냐를 분석하여 투자하는 것보다 투자대상 채권이 현재 저평가되어 있느냐를 분석하고 그 결과를 기준으로 판단하는 것을 말한다. 다만, 채권의 경우 주식보다 개별성이 훨씬 떨어지는 자산이므로 Bottom-up Approach의 유효성이 떨어질 수 있으나, 발행기업 분석을 통하여 해당 기업의 신용평가등급의 상승 여부를 판단하고 그 등급이 상승할 가능성이 높은 종목을 찾아 투자하는 것도 그 대안이 될 수 있다.

반면 Top-down Approach는 다음과 같다. 주식에 있어서 Top-down Approach는 저평가된 우수 종목의 발굴 및 투자도 중요하나 펀드 수익에 미치는 영향은 개별 종목의 성과보다 주식 및 채권 간 투자비율 또는 주식에 있어서도 업종 간 투자비율이 더 크다는 전제 하에서 출발한다. 따라서 이러한 운용전략을 구사하는 펀드매니저는 경제 및 금융 동향의 변화에 따라 자산 간 업종 간 투자비율을 탄력적으로 조절하게 된다.

만일 이러한 투자비율 조정이 정확하게 맞아 떨어질 경우에는 그 수익은 Bottom-up Approach보다 높을 가능성이 클 것이다. 채권에 있어서 Top-down Approach는 향후의 경제 및 금융시장의 전망을 기초로 펀드의 듀레이션 조정, 만기 구간별 투자비중 조절, 국채 및 회사채 투자 비중 조절 등의 방법으로 비교대상 지수보다 높은 수익을 추구할 수 있다.

전술한 액티브운용전략은 양자 간 분류법에 의한 분류에 불과하다. 왜냐하면 실제 거의 대부분의 펀드매니저들은 전술한 두 가지 운용전략을 혼합하여 자산을 운용하고 있기 때문이다. 그 어떤 펀드매니저도 투자 리스크와 그로 인해 발생할 수 있는 수익률 열세가 문제가 될 수 있어 극단적인 운용전략을 적용할 수 없기 때문이다.

2 패시브운용전략 펀드

패시브펀드란 곧 시스템 펀드로 표현될 수 있는데 이는 펀드 운용에 있어 체계적인 거래기법을 이용하여 운용되는 펀드를 가리키는 일반적인 용어이다. 통상 패시브펀드는 펀드매니저의 의견에 따른 뇌동매매를 배제하기 위하여 통계적인 분석들을 이용하고 있다. 따라서 일정 범위 안에서 사전적으로 기대수익 및 리스크가 알려지게 되고 이러한 지표들은 투자자의 투자의사결정에 중요한 기준이 된다. 패시브펀드는 일반적으로 인덱스형, 포트폴리오 보험형, 차익거래형, 롱숏형, 시스템트레이딩형 등을 예로 들 수 있다.

패시브펀드를 대표하는 것은 인덱스펀드이다. 앞서 설명한 바와 같이 액티브투자 펀드 운용전략의 목표가 인덱스＋α인 것과 달리 패시브투자를 대표하는 인덱스펀드의 경우 통상적으로 인덱스 수익률이 그 운용의 목표가 된다. 즉 앞서 설명한 초과위험을 최소화하는 것이 그 목표라 할 수 있다.

다시 말하면 인덱스운용전략은 비교대상 지수인 인덱스와 유사하거나 근접한 수익을 올리는 것을 그 목표로 하고 있다. 따라서 이러한 펀드를 운용하는 펀드매니저는 가급적 펀드의 포트폴리오는 인덱스의 구성 내역과 유사하도록 운용한다. 다만, 현실적으로 펀드의 포트폴리오는 인덱스와 완벽하게 같게(full replication방식) 할 수는 없으므로 인덱스에 포함된 종목 중 투자가 가능한 종목을 가려내어 선정한 종목의 포트폴리오(sampling 방식)의 과거 움직임이 시장의 움직임과 유사하거나 근접할 수 있도록 포트폴리오를 구성하게 된다. 그러므로 이렇게 구성된 펀드의 포트폴리오는 비교적 장기간 유지될 수 있어 상대적으로 투자대상 종목의 변경이 빈번하지 않고 그 결과 펀드의 운용비용도 저렴해질 수 있다. 따라서 인덱스로 운용하는 펀드의 보수는 액티브로 운용하는 펀드의 보수보다 저렴한 경우가 많다.

그러한 현실에 있어서는 대부분의 집합투자업자는 인덱스펀드의 운용목표를 인덱스＋α로 정하는 경우도 많이 있다. 그 이유는 인덱스＋α로 운용목표를 정하는 것이 마케팅에 도움이 되기 때문이다. 인덱스펀드에서 ＋α를 추구하는 방법은 액티브펀드의 그것과는 다르다. 인덱스펀드의 ＋α를 추구하는 방법은 주로 동일한 자산의 가격차, 예를 들어 KOSPI200의 현물과 선물 간의 가격차(basis)를 활용하여 고평가된 자산을 매도하고 저평가된 자산을 매수함으로써 비교 지수인 KOSPI200보다 높은 수익을 추구하는 방법이 있다.

1) 인덱스펀드

패시브운용전략 펀드의 대표적인 펀드는 인덱스펀드와 ETF가 있다. 과거에는 주식을 대상으로 하는 인덱스가 대부분이었으나, 최근에는 거의 모든 투자대상 자산의 가격을 인덱스로 개발하여 이를 활용하고 있고 주식을 대상으로 하는 인덱스도 다양한 기준에 따라 추가적인 인덱스를 개발하여 시장을 설명하거나 운용실적 판단의 자료로 활용하고 있다. 아래는 각 자산별 주요 인덱스의 사례이다.

❶ 국내 주식시장

　　ㄱ. 시장 인덱스 : KOSPI, KOSPI200 등

　　ㄴ. 섹터 인덱스 : KRX Autos(자동차), KRX Semicon(반도체), KRX IT(IT), KRX
　　　　 Banks(은행), KRX Health Care(의료)

❷ 해외 주식시장 : MSCI all country world index, S&P500, Dow, Nasdaq,
　　Nikkei225, Topix, Jasdaq 등

❸ 국내 채권시장 : 국내 채권평가 4개사에서 발표하는 종합채권지수 등

❹ 해외 채권시장 : Barclays Global Aggregate Bond Index, CITI World
　　Government Bond Index, BofA Merrill Lynch Total Bond Return Index 등

❺ 헤지펀드 시장 : MSCI Hedge Fund Index, HFRX, CSFB Tremont 등

❻ 실물자산 시장 : GSCI, Reuters-CRB, DJ-AIG 등

(1) 인덱스펀드의 장점

❶ 저렴한 비용(보수) : 인덱스펀드는 대부분 액티브펀드보다 낮은 보수를 적용하고
있는데, 이것은 인덱스펀드의 경우 액티브펀드와는 달리 시장 전망에 기초한 투
자를 하지 아니하므로 시장 분석, 종목 분석에 들어가는 비용이 절감되고, 펀드
매니저가 시장을 이기기 위해 별개의 투자 기회를 포착하여야 할 필요가 없으므
로 상대적으로 액티브펀드보다 보유 증권의 매매 횟수가 적게 되며 매매에 따른
비용도 저렴하게 됨. 이러한 저렴한 비용은 장기투자시 액티브펀드 대비 우월한
수익을 실현할 수 있도록 하는 중요한 원인으로 작용될 수 있음

❷ 투명한 운용 : 인덱스펀드는 추적대상 지수의 가격 움직임이 곧 인덱스펀드의 수
익률이 된다. 따라서 투자자가 보유 펀드의 수익률 예상을 명쾌하게 할 수 있음.
이에 반해 액티브펀드의 경우 펀드매니저의 시장관에 따라 시장 상승에 비교하
여 수익률이 만족스럽지 못할 경우가 있으며, 투자자의 투자 수익이 지수의 움직
임과 반드시 일치하지 아니할 수 있으므로 투자자의 불만의 원인이 되기도 함

❸ 시장수익률의 힘 : 어떠한 액티브펀드 펀드매니저의 경우에도 증권시장이 효율적
인 한 장기간 지속적으로 시장보다 높은 수익을 실현할 수는 없음. 시장이 효율
적이라 함은 과거의 투자정보뿐만 아니라 해당 기업 내부의 투자정보까지 모두
가격에 반영되고 이렇게 결정된 개별 기업의 주가가 모여서 주가지수가 되므로
이렇게 결정된 주가지수보다 장기간 동안 높은 수익을 실현한다는 것은 현실적

으로 어려운 문제임. 따라서 장기투자자의 경우 인덱스펀드에 투자하여 추적대상지수 수준의 수익만을 장기간 취득하는 것만으로도 충분히 목적을 달성할 수 있게 되는 것임

(2) 인덱스펀드의 운용

인덱스펀드가 추적대상지수와 운용전략을 정한 이후에는 펀드의 포트폴리오를 구축하고 인덱스를 추적하는 운용을 개시하게 된다. 여기에서 인덱스펀드의 실적과 지수의 실적 차이를 추적오차(tracking error)라고 하게 된다. 추적오차는 다음과 같은 원인에서 발생하게 된다.

❶ 인덱스펀드에 부과되는 보수 등 비용
❷ 인덱스펀드의 포트폴리오를 구축하기 위한 거래 비용
❸ 인덱스펀드의 포트폴리오와 추적대상지수 포트폴리오의 차이
❹ 포트폴리오 구축 시 적용되는 가격과 실제 매매 가격과의 차이 등

상기와 같은 추적오차를 최소화하기 위하여 고안된 펀드가 앞서 설명한 상장지수펀드(ETF)이다. ETF가 아닌 일반 인덱스펀드가 추적오차를 가장 작게 운용할 수 있는 방법은 완전복제 방법이다.

(3) 인덱스펀드 투자포인트

❶ 인덱스펀드는 장기투자에 유리하다. 단기간을 관찰할 경우 인덱스펀드의 수익률보다 액티브펀드의 수익률이 높을 가능성이 높다. 그러나 기간을 장기화할 경우 인덱스펀드는 동일한 수준의 수익률을 실현하는 액티브펀드보다 실현 수익률은 높은 것이 보통이다. 왜냐하면 앞서 설명한 바와 같이 인덱스펀드의 저렴한 보수 때문이다.
❷ 주식의 부도 등과 같은 개별 종목의 리스크를 피하기에는 인덱스펀드가 유리하다. 인덱스펀드는 기본적으로 시장 전체를 투자하여 시장 수익률과 동일한 수익률을 실현하는 것을 목표로 하고 있으므로 개별 종목투자 리스크가 분산되어 거의 영(zero)에 가깝게 되고 시장 리스크만 남게 된다. 따라서 개별 종목의 리스크를 피하는 방법 중 하나가 인덱스펀드에 투자하는 것이다.

2) 인핸스드 인덱스펀드

인핸스드 인덱스펀드는 추적대상지수 수익률을 초과하는 수익률을 목표로 하는 인덱스펀드이다. 이 경우 초과로 하는 목표는 통상 인덱스펀드가 부담하는 보수 및 인핸스드(enhanced) 전략으로 인해 오히려 추적대상지수 수익률에 하락할 위험성을 보상받을 수 있을 정도가 목표가 될 수 있다. 따라서 인핸스드 인덱스펀드는 액티브펀드와는 달리 제한적 위험을 부담하는 전략으로 추가 수익, 즉 인핸스드 전략을 수행하게 된다. 따라서 인핸스드 인덱스펀드의 추적오차는 정통 인덱스펀드의 추적오차보다 크다. 다음은 인핸스드 인덱스펀드의 인핸스 전략을 설명한 것이다.

(1) 알파(α) 추구 전략

알파 추구 전략은 기본적으로 인덱스펀드의 포트폴리오를 잘 구성해서 그 포트폴리오만으로도 추적대상지수보다 높은 수익을 올리겠다는 전략이다. 이 경우 알파를 추적하는 계량적 모델이 사용되고 그 계량적 모델에 개별 기업의 펀드멘탈 요소를 반영하여 투자 가능 유니버스를 구성한 후 법적, 제도적, 환경적 제한에 따른 각 종목별 투자 제한을 반영하여 포트폴리오를 구성하게 된다. 이 전략의 장점은 포트폴리오 그 자체로서 추적대상지수를 넘어서는 실적을 추구할 수 있으나, 결국 그 포트폴리오는 지수에 포함되어 있는 종목과는 차이가 발생하므로 오히려 지수보다 낮은 수익을 실현할 수도 있다는 것이다.

(2) 차익거래

이 전략은 제한된 투자위험(이론상으로는 투자 위험 영(zero)) 하에서 추가적인 수익을 취하기 위하여 투자대상 자산과 그 자산에서 파생된 상품 간의 가격 차이를 활용하는 것이다. 예를 들어 KOSPI200 지수를 추적하는 주식형 인덱스펀드의 경우 펀드에서 보유하고 있는 KOSPI200을 추적하는 주식 현물 포트폴리오, KOSPI200을 추적하는 ETF, KOSPI200을 기초자산으로 하는 주가지수선물 간의 가격 격차를 추가적 수익 취득의 기회로 활용할 수 있다. 즉, 3가지 사실상 동일한 자산을 배경으로 하는 상품 간에 가격 차이가 발생하였을 경우에는 이론 가격보다 낮은 가격으로 거래되는 자산을 매수하고 이론 가격보다 높은 가격으로 거래되는 자산을 매도하는 것이다. 현실적으로 공매도가 허용되지 않을 경우에는 보다 저렴한 가격으로 거래되는 자산으로 교체하는 것도 하나의 방법이 될 수 있다.

section 04 **대체투자 여부에 따른 분류**

투자자는 때로 전통적 자산인 국내 주식, 채권 등에서 발생하는 수익으로 만족하지 못하는 경우가 있다. 이 경우 대부분의 투자자는 전통적 자산을 대체할 수 있는 대체투자상품을 찾게 된다. 대체투자상품은 기존 전통적 자산과 상관관계가 낮아 전통적 자산만 투자하였을 때 발생할 수 있는 수익률 변동성을 완화시킬 수 있는 장점이 있다. 그러나 대체투자상품은 아직까지는 일반인들에게 익숙하지 못하고 심지어 전문가라 하더라도 그 상품의 깊숙한 내면은 잘 알지 못하는 것이 사실이다. 따라서 대체투자상품을 투자할 경우에는 충분히 검토하고 그 내용에 대해서 충분히 이해가 된 이후에 투자여부에 대해서 판단하는 것이 바람직하다. 다음은 일반적으로 대체투자상품으로 분류할 수 있는 상품군이다.

❶ 부동산 및 부동산 관련 자산 : 부동산펀드, 부동산투자신탁(REITs), SOC투자 펀드 등
❷ 기타 : 헤지펀드, PEF(Private Equity Fund) 등

01 다음 중 집합투자의 정의에 대한 설명으로 적절하지 않은 것은?

① 2인 이상을 대상으로 투자 권유를 하여야 하는 것이지 반드시 2인 이상이 투자 하여야 하는 것은 아니다.

② 집합투자업자는 투자자로부터 일상적인 운용지시를 받지 아니하여야 한다.

③ 집합투자재산으로 재산적 가치가 있는 투자대상 자산을 취득·처분 그 밖의 방 법으로 운용하여야 한다.

④ 집합투자업자는 집합투자재산을 운용한 결과를 투자자에게 귀속시켜야 한다.

02 다음 중 공모 자펀드를 포함하고 있는 모자펀드의 모펀드 증권의 발행과 관련하여 설명한 내용으로 가장 옳은 것은?

① 집합투자업자는 해당 모펀드 증권 발행 시 증권신고서를 제출할 필요가 없다. 그 이유는 해당 모펀드를 최초 설정할 때 집합투자업자가 미리 증권신고서를 제출하였기 때문이다.

② 집합투자업자는 해당 모펀드 증권 발행 시 증권신고서를 제출할 필요가 없다. 그 이유는 해당 모펀드는 공모로 그 증권을 발행하지 않기 때문이다.

③ 집합투자업자는 해당 모펀드 증권 발행 시 증권신고서를 제출하여야 한다. 그 이유는 해당 모펀드의 증권이 결국 공모로 발행되는 자펀드를 포함하고 있어 공모와 동일한 효과를 보이기 때문이다.

④ 모펀드 증권 발행 시 증권신고서 제출 여부는 그 집합투자업자가 판단할 사항 이다. 즉, 집합투자업자가 필요하다고 판단할 경우 증권신고서를 제출하고 그 렇지 않을 경우 제출하지 않아도 무방하다.

해설

01 ① 2015.1.1 법 개정으로 집합투자기구는 2인 이상을 대상으로 투자 권유를 하는 것으로는 부족하고 반드시 2인 이상이 실제로 투자하여야 하는 것으로 변경되었다.

02 ② 모자펀드가 공모 자펀드를 가지고 있다고 하더라도 그 모펀드는 해당 펀드의 증권을 공모로 발행 하는 것이 아니므로 증권신고서의 대상이 되지 아니한다.

03 다음 중 일괄신고서에 대한 설명으로 적절하지 않은 것은?

① 일괄신고서는 개방형 집합투자기구가 증권 발행을 효율적으로 할 수 있도록 도입된 제도이다.

② 일괄신고서는 집합투자업자가 증권신고서를 최초 신고할 때 일정기간 모집하거나 매출할 증권의 총액 및 모집하거나 매출할 판매회사를 정하여 신고한 후 신고된 범위 내에서 해당 집합투자업자의 권한으로 증권을 발행하는 제도이다.

③ 집합투자기구 증권 발행을 위한 일괄신고서에서 발행예정기간은 해당 집합투자기구의 존속기간으로 한다.

④ 일괄신고서를 제출한 경우 해당 집합투자기구는 발행예정기간 중 최초 3회 이상의 증권을 발행하여야 한다.

04 다음은 증권신고서의 내용에 대하여 금융위원회가 정정신고 할 것을 요구할 수 있는 경우에 대하여 설명한 것이다. 다음의 사례 중 정정신고를 요구할 수 있는 사례로서 옳지 않은 것은?

① 증권신고서의 형식을 제대로 갖추지 아니한 경우

② 증권신고서 주요 사항에 관하여 거짓의 기재 또는 표시가 있는 경우

③ 증권신고서에 기재된 집합투자업자의 보수의 수준이 너무 높다고 판단될 경우

④ 증권신고서의 주요 사항이 기재 또는 표시되지 아니한 경우

해설

03 ② 일괄신고서에 판매회사를 정할 필요는 없다. 만일 판매회사를 정할 경우 판매회사가 추가되거나 변경될 때마다 해당 신고서를 변경하여야 하므로 효율성이 반감된다. 따라서 이를 감안하여 일괄신고서에는 판매회사를 정하지 아니한다.

04 ③ 금융위원회는 집합투자업자의 보수가 높다고 해서 그 내용을 정정하도록 요구할 수 없다.

05 다음 중 투자설명서에 대한 설명으로 적절하지 않은 것은?

① 투자설명서는 증권신고서 효력이 발생한 이후 15일 이내에 금융위원회에 제출하여야 한다.

② 투자설명서는 발행인인 집합투자업자의 본점, 금융위원회, 한국거래소, 청약사무를 취급하는 판매회사의 청약사무 담당 장소 등에 비치하여야 한다.

③ 투자설명서는 증권신고서에 기재된 내용과 다른 내용을 표시하거나 그 기재사항을 누락하면 안 된다.

④ 집합투자업자는 연 1회 이상 다시 고친 투자설명서를 금융위원회에 추가로 제출하여야 한다.

06 다음 중 투자신탁의 관계 당사자의 업무에 대한 설명으로 적절하지 않은 것은?

① 집합투자업자는 투자신탁재산의 운용·운용지시의 업무를 담당한다.

② 신탁업자는 투자신탁재산의 보관 및 관리업무를 담당한다.

③ 신탁업자는 집합투자업자의 투자신탁재산에 대한 운용지시에 따라 수익증권의 판매대금 및 이익금을 지급하는 업무를 담당한다.

④ 판매회사인 증권사는 집합투자업자가 투자신탁재산으로 주식, 채권 등의 자산을 매매할 때 그 매매의 중개를 담당한다.

해설

05 ① 집합투자업자는 투자설명서를 증권신고의 효력이 발생하는 날에 금융위원회에 제출하여야 한다.

06 ④ 증권사는 투자신탁재산의 매매 시 그 매매 중개의 업무를 담당한다. 다만, 그 증권사는 판매회사로서 그 업무를 담당하는 것이 아니라 중개기관으로서 그 업무를 담당하는 것이다.

07 다음은 환매금지형 집합투자기구가 해당 집합투자증권을 추가 발행할 수 있는 경우에 대해서 설명한 것이다. 옳지 않은 것은?

① 이익분배금 범위에서 집합투자증권을 추가로 발행하는 경우
② 보유 주식의 유상증자로 인해 추가적인 자금이 필요하다고 집합투자업자가 인정하는 경우
③ 기존 투자자의 이익을 해할 우려가 없다고 신탁업자로부터 확인을 받은 경우
④ 기존 투자자 전원의 동의를 받은 경우

08 다음 중 종류형 집합투자기구에 대한 설명으로 옳지 않은 것은?

① 집합투자업자가 특정 종류의 투자자에 대해서만 이해관계가 있는 사안에 대해서 수익자총회를 개최할 경우에는 반드시 다른 투자자로부터 그 사실에 대해 동의를 받아야 한다.
② 비종류형 집합투자기구는 종류형 집합투자기구로 전환이 가능하다.
③ 투자자는 투자한 집합투자기구가 사전에 공시한 조건에 따라 동일한 펀드 내 다른 종류로 전환이 가능하다.
④ 집합투자업자는 클래스별로 집합투자업자 보수를 다르게 적용할 수 없다.

해설

07 ② 보유 주식 유상증자로 인한 자금 필요의 경우에도 투자자 전원의 동의 및 신탁업자의 확인 후에 추가적으로 증권 발행이 가능하다.

08 ① 특정 종류 수익자총회는 다른 종류의 수익자로부터 승인이나 동의 없이 개최할 수 있다.

정답 01 ① | 02 ② | 03 ② | 04 ③ | 05 ① | 06 ④ | 07 ② | 08 ①

part 04

펀드 구성·
이해 2

certified fund investment advisor

chapter 01

파생상품펀드

개론

1 파생결합증권 및 파생상품 구분

(1) 금융투자상품 정의

자본시장법에서 금융상품은 원본손실 가능성을 기준으로 비금융투자상품과 금융투자상품으로 구분한다. 그리고 금융투자상품을 원본 초과 손실 가능성을 기준으로 증권과 파생상품으로 구분한다.[1]

---

1 펀드의 집합투자규약상에 '파생결합증권 매매에 따른 매매금액 및 파생상품 매매에 따른 위험평가액이 펀드 자산총액의 100분의 10을 초과하여 투자할 수 있다'라고 규정한 펀드를, 비록 자본시장법

예금처럼 원본손실 가능성이 없으면 비금융투자상품이다. 주식·채권 등 증권, 파생상품은 금융투자상품이다. 금융투자상품 중에서 투자자의 투자손실이 투자자가 취득과 동시에 지급한 금전 등으로 제한되면 원본 초과 손실이 없는 것이고 증권으로 분류한다. 이러한 분류 기준에 의하여 증권사가 발행하는 파생결합증권은 증권으로 분류된다. 선물/선도, 옵션, 스왑 등 파생상품은 원본 초과 손실의 가능성이 있는 금융투자상품이다.

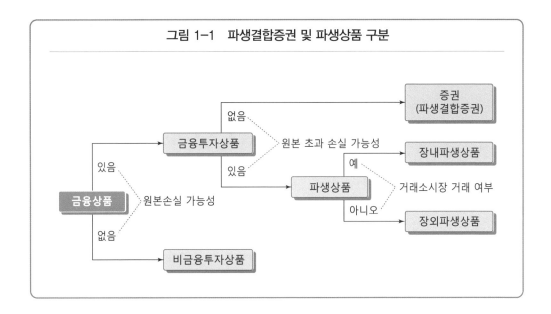

그림 1-1　파생결합증권 및 파생상품 구분

(2) 파생결합증권 정의

파생상품펀드에서 주로 투자하는 파생결합증권(Securitized Derivatives)은 파생상품이 아닌 증권의 범위에 포함된다는 것을 반드시 기억해야 한다.

자본시장법 제4조에서 증권은 다음처럼 정의한다. '금융투자상품으로서 투자자가 취득과 동시에 지급한 금전 등 외에 어떠한 명목으로든지 추가로 지급의무를 부담하지 아니하는 것'이다. 증권사가 발행하는 파생결합증권은 투자자가 취득 이후에 추가적인 지급의무가 없으므로 증권의 하나로 분류되는 것이다.

자본시장법 제4조 제7항에서 파생결합증권은 '기초자산의 가격·이자율·지표·단위 또는 이를 기초로 하는 지수 등의 변동과 연계하여 미리 정하여진 방법에 따라 지급금

에서 명문으로 인정하고 있는 펀드의 종류는 아니지만 '이른바 파생상품펀드(이하 파생상품펀드)'라 한다. 따라서 '파생상품펀드'의 명칭에서 사용하고 있는 파생상품에는 파생결합증권과 파생상품을 모두 포함하고 있는 것이다.

액 또는 회수금액이 결정되는 권리가 표시된 것'으로 정의한다.[2] 동조 제10항 각 호에서 기초자산으로 금융투자상품, 통화, 일반상품, 신용위험과 기타 등을 열거하여 사실상 투자대상을 확대하였다.

(3) 파생상품 정의

파생상품은 선물 및 선도, 옵션, 스왑으로 분류할 수 있다. 자본시장법 제5조 제1항 각호에서 다음과 같이 정의하고 있다. 제1항 제1호에서 선물 및 선도를 '기초자산이나 기초자산의 가격·이자율·지표·단위 또는 이를 기초로 하는 지수 등에 의하여 산출된 금전 등을 장래의 특정 시점에 인도할 것을 약정하는 계약'으로 정의한다. 그리고 제2호에서 옵션을 '당사자 어느 한쪽이 의사표시에 의하여 기초자산이나 기초자산의 가격·이자율·지표·단위 또는 이를 기초로 하는 지수 등에 의하여 산출된 금전 등을 수수하는 거래를 성립시킬 수 있는 권리를 부여하는 것을 약정하는 계약'으로 정의한다. 제3호에서는 스왑을 '장래의 일정기간 동안 미리 정한 가격으로 기초자산이나 기초자산의 가격·이자율·지표·단위 또는 이를 기초로 하는 지수 등에 의하여 산출된 금전 등을 교환할 것을 약정하는 계약'으로 정의한다.[3]

그리고 자본시장법 제5조 제2항에서 장내파생상품을 국내외 파생상품시장에서 거래되는 파생상품으로 정의하고 제3항에서 장내파생상품이 아닌 파생상품을 장외파생상품으로 정의하고 있다.

---

2 | 파생결합증권의 구성 요소

파생결합증권은 투자원금 이외의 추가적인 손실위험이 없다는 측면에서는 증권으로 분류된다. 그러나 실체는 파생상품 성격이 강하며 따라서 비록 자본시장법상으로는 증권에 해당하지만, 장외파생상품 성격이 포함되어 있다.

파생결합증권의 구성요소를 파악하고 파생상품펀드의 투자자에게 주는 의미를 알아

---

2 다만, 투자금 원본이 아닌 이자 등에 대해서만 파생상품의 성격이 적용되는 증권 등은 파생결합증권의 범위에서 제외된다.
3 다만, 이러한 계약상의 권리라고 하더라도 해당 금융투자상품의 제반 특성을 고려하여 증권으로 규제하는 것이 타당한 금융투자상품을 금융위원회가 정하여 고시할 수 있도록 하고 있으며 이 경우 해당 금융투자상품은 당연히 파생상품이 아니게 된다.

본다.

❶ 발행사 : 파생결합증권을 발행하는 주체이며 상환시점에 제시한 구조에 따라 지급의무를 부담한다. 그리고 시장에서 기초자산을 매매하거나 또 다른 거래를 통하여 포지션을 헤지한다. 파생상품의 위험을 감안할 때 대부분 이론적 모델에 준하여 델타 헤지를 한다. 발행사의 전체 포지션에 따라 파생결합증권의 가격이 좌우되기 때문에 운용사는 많은 발행사와의 협의를 통해 파생상품펀드의 투자자에게 가장 유리한 파생결합증권을 발굴하여야 한다. 파생상품펀드의 투자자는 파생결합증권에 투자하는 파생상품펀드[4]의 운용사가 어느 회사이고 파생결합증권을 발행하는 발행사가 어느 회사인지 확인해야 한다.

❷ 기초자산 : 파생결합증권의 수익에 영향을 주는 자산을 가리킨다. 개별 종목이나 주가지수 혹은 금리, 환율, 일반 상품 그리고 몇 가지 자산을 동시에 투자하는 멀티에셋도 가능하다. 파생상품펀드의 투자자는 파생결합증권의 기초자산을 파악하고 시장 거래대금 등의 유동성을 확인하는 것이 필요하다.

❸ 만기 : 파생결합증권은 기초자산이 주식인 경우에도 주식과 다른 점이 만기가 있다는 것이다. 예를 들어 만기가 1년이라고 하면 파생결합증권에게는 1년 이후의 주가가 영향을 줄 수 없다. 투자기간 중의 기초자산 가격만이 중요하다.

❹ 중도상환 가능 여부 : 만기 이전에 기초자산 가격이 사전에 정한 조건을 만족할 때 상환되는 경우이다. 예를 들어 '만기는 2년인데 매 4개월마다 평가를 하며 상환이 가능하다' 등이다.

❺ 환매 가능성 : 파생상품펀드는 투자자에게 유동성을 공급해야 하기 때문에 대부분의 경우 투자자가 원할 때 환매가 가능하다. 단, 중도환매수수료가 발생할 수 있다.

❻ 수익구조 : 파생결합증권의 수익구조는 파생상품펀드의 투자자가 가장 중요하게 파악해야 하는 부분이다.

　ㄱ. 원금보존 구조인가?

　ㄴ. 최대 수익과 예상되는 평균수익은 얼마인가?

　ㄷ. 최대 손실 및 손실이 발생할 가능성은 얼마인가?

4　자본시장법의 분류로는 증권 집합투자기구이다.

파생상품펀드

우리나라 파생상품의 역사는 길지 않다. 1996년에 주가지수선물이 상장되었고 2002년에 장외파생상품이 인가되었는데 모두 주가연계 상품 중심이다. 이 때문에 우리나라에서는 가장 대표적인 상품이 주가연계상품이다. 장외파생상품은 발행이 인가된 이후 급속히 성장하여 한국 파생상품 시장의 주류로 자리잡고 있다. 펀드 측면에서도 파생상품펀드의 규모가 급속히 성장하고 있다.

1 상품의 특성

주가연계 파생상품이란 파생상품의 수익이 주가에 연계되는 상품이다. ○○전자 주식을 매입한 후 가격이 상승하면 이익이 발생한다. 투자자는 ○○전자의 가격 위험에 자산을 투자한 것이고 ○○전자의 가격 상승으로 이익을 본 것이다.

주가연계 파생상품의 기초자산은 ○○전자, ○○자동차 등의 개별 종목이 가능하다. 또한 한국, 중국 그리고 일본 등의 주가지수 역시 기초자산으로 가능하다. 다만 개별 종목의 경우 어떤 기준으로 기초자산을 선택할지는 잘 판단해야 한다. 거래량이 충분하여 유동성에 문제가 없는지, 변동성이 적정한지 등을 판단해야 한다. 주가지수의 경우에도 대표성이 있는지 그리고 유동성에 문제가 없는지 등을 파악해야 한다.

장외파생상품의 성격을 띠고 있는 것으로는 주가연계 파생결합증권의 형태로 증권사에서 발행되거나 금융기관 간에 계약의 형태를 통해 거래될 수 있다. 은행은 주가연계 워런트를 예금에 편입하여 주가에 연동시킨 주가연동예금(ELD : Equity Linked Deposit)을 제공한다. 증권사는 직접 고객들에게 주가연계 파생결합증권(ELS : Equity Linked Securities)을 발행한다. 그리고 운용사는 주가연계 파생결합증권을 편입하여 구조화펀드[5](ELF : Equity Linked Fund)를 제공한다. 이 중 주가연동예금과 주가연계증권은 발행사인 은행과 증권의 자체 신용을 바탕으로 원금보장 구조로 발행이 가능하다. 즉 발행사가 파산하지 않

---

5 간접투자법에서는 주가연계증권(ELS)이 편입된 펀드를 주가연계펀드(ELF)라 함. 자본시장법의 시행에 따라 주가연계증권이 파생결합증권으로 통합되므로 본 교재에서는 ELF를 구조화펀드(Structured Fund)로 칭함

으면 원금이 지켜진다. 반면 구조화펀드는 운용사가 집합투자기구의 운용을 담당하는 대리인 자격이어서, 실적배당 상품인 펀드에 대하여 '원금보장'이라는 표현을 사용할 수 없다. 펀드는 실적배당 상품이므로 '원금보존추구형'으로 제공한다.

2 주가연계 워런트 투자 구조

주가연계 파생상품에 투자하는 가장 간단한 방법은 주가연계 워런트에 투자하는 것이다. 워런트(Warrant)는 '신주인수권'이라는 용어에서 시작되었지만 최근에는 '옵션'과 유사한 용어로 이해할 수 있다.

주식을 직접 매입하려면 원금이 필요하다. 그러나 주가연계 워런트는 이자 수준의 규모로 투자가 가능하다. 프리미엄(Premium)이라 부르며 연 3~5%를 투자하는 것이 일반적이다. 즉 5억 원을 투자하여 100억 원에 투자하는 효과를 얻을 수 있는 것이다.

펀드(집합투자기구)에서는 주가연계 워런트를 투자하면 원금보존추구형을 만들 수 있다. 펀드자산의 대부분으로 이자자산을 매입하고 이자 규모로 주가연계 워런트를 매입하면 기초자산의 가격 변동에 따른 수익을 얻으면서도 원금보존추구형이 가능하다.

펀드에서 이자자산을 직접 편입한다는 것은 '어떤 이자자산에 투자할 것인가?'가 매우 중요하다. 이자자산의 선택에 따라 수익률이 결정되고 다른 수준의 신용위험에 노출될 수 있기 때문이다. 예를 들어, 편입한 이자자산이 국고채 및 통안채의 경우 이자자산의 부도 위험은 현실적으로 거의 없는 반면 수익률이 낮으며 낮은 신용 등급의 회사채를 이용한다면 이자수익은 늘어날 수 있지만 이자자산의 신용위험이 부각될 수 있다.

3 원금비보존형

원금비보존형 또는 조건부 원금보존추구형은 국내 시장에서 가장 대표적인 구조화 상품이다. 투자 시점에서는 상당히 높은 확률로 안정적 수익을 얻을 것으로 예상되는 기초자산과 구조를 이용하되, 적은 확률로 원금손실도 가능하게 함으로써, 옵션 매도의 프리미엄을 이용하여 상품의 수익을 제고시켜 투자자들에게 제공하는 것이다.

원금비보존형 구조에서 쿠폰에 가장 영향을 많이 주는 요인은 기초자산의 변동성이다. 변동성이 크면 쿠폰이 상승한다. 상환조건이 낮을수록 쿠폰이 낮아진다. 상환 조건, 즉 행사 가격이 낮으면 상환 가능성이 상승하므로 투자자에게 유리하다.

원금손실 가능성과 연계되는 KI(Knock In)수준에 반비례한다. KI수준이 낮을수록 투자자에게는 안정성이 높고 손실위험이 감소한다. 따라서 KI이 낮은 구조는 쿠폰이 낮다. 구조에 KO(Knock Out)조건이 있는 경우에는 KO이 낮을수록 쿠폰이 낮다. KO조건을 만족시키면 구조화상품은 상환수익률이 확정된다.

두 종목의 상관관계가 낮을수록 쿠폰이 높다. 두 종목의 상관관계가 낮은 경우에는 기초자산 하나가 상환조건을 만족하더라도 다른 하나가 만족하지 못할 가능성이 크다. 상관관계가 높은 경우는 두 기초자산이 동시에 상승하거나 하락할 가능성이 크므로 상관관계가 낮은 경우보다 상환 가능성이 높다.

4 장내파생상품 운용 펀드

장내파생상품을 이용하는 대표적 펀드의 하나는 금융공학펀드이다. 옵션구조를 복제하는 펀드들이다. 풋옵션 매도 포지션의 성과를 복제하는 것이 가장 일반적이다. Reverse Convertible[6] 전략 및 콜옵션 매수의 성과를 복제하는 Portfolio Insurance 전략을 구사하는 상품도 있다. 또한, 최근에는 델타펀드라는 이름으로 개별 종목 여러 종목, 주식 바스켓 혹은 인덱스선물의 풋옵션 매도 포지션의 델타를 참조하여 운용한다. 설정 이후 변동성이 증가하거나 시장이 큰 폭의 하락이 없는 경우에 주식매매 이익에 대한 비과세라는 장점도 있어서 투자자들의 관심이 많다. 그러나 펀드별로 운용을 해야 하는 어려움이 있고, 변동성이 감소하거나 바스켓의 성과가 부진하거나 시장이 큰 폭으로 하락하는 경우 투자자들의 불만을 받을 수 있다.

---

6 Reverse Convertible 전략은 기초자산이 큰 폭의 하락이 없으면 안정적 수익을 얻을 수 있는 구조이다. 과거 일본에서 크게 유행했던 대표적인 상품이다. 예를 들어 '향후 3개월간 ○○전자 주가가 20% 하락하지 않으면 연 9%' 등의 구조이다.

구분	주가연계 파생결합증권(ELS) 혹은 ELS 편입 펀드(ELF)	금융공학 펀드(델타 펀드)
상품성격	구조화된 상품으로 기초자산이 특정구간에 있을 경우 수익이 결정	
운용방식	장외옵션 외부 매입	장외옵션 직접 복제
중도해지(환매 등)	상대적으로 높은 환매수수료	중도환매 가능
이자배당소득 과세	확정수익 전체(금융소득종합과세)	채권이자 및 배당소득에 한정
장점	준확정수익 가능	펀드운용성과에 따른 추가 수익 가능
단점	장외옵션 발행사의 신용위험에 노출	실적 배당수익률(확정수익률이 아니며 제시 수익률 변동 가능성)

chapter 02

부동산펀드

부동산펀드의 개요

1 부동산펀드의 정의

부동산 집합투자기구(이하 '부동산펀드'라 함)는 집합투자재산(이하 펀드재산)의 100분의 50을 초과하여 부동산(부동산을 기초자산으로 한 파생상품, 부동산 개발과 관련된 법인에 대한 대출, 그 밖에 대통령령으로 정하는 방법으로 부동산 및 대통령령으로 정하는 부동산과 관련된 증권에 투자하는 경우를 포함)에 투자하는 집합투자기구(이하 '펀드'라 함)를 말한다.

자본시장법은 집합투자업자 등이 부동산펀드를 설정·설립하는 경우에는 반드시 당해 부동산펀드를 '환매금지형 펀드'로 설정·설립하도록 의무화하고 있다.

이 경우 '공모 부동산 투자신탁의 집합투자업자 또는 공모 부동산 투자회사'는 신탁계약 또는 정관에 투자자의 환금성 보장 등을 위한 별도의 방법을 정하지 아니한 경우에는, 해당 집합투자증권을 최초로 발행한 날부터 90일 이내에 그 집합투자증권을 증권시장에 상장하여야 한다.

3   부동산펀드의 투자대상

1) 개요

앞서 살펴본 바와 같이 자본시장법은 펀드재산의 100분의 50을 초과하여 '부동산'자체에 투자하는 경우는 물론, 부동산과 관련성이 있는 자산(부동산과 관련된 권리, 부동산과 관련된 증권, 부동산을 기초자산으로 한 파생상품을 의미)에 투자하는 경우와, 더 나아가 부동산과 관련성이 있는 투자행위(부동산 개발과 관련된 법인에 대한 대출을 의미)를 하는 경우에도 부동산펀드로서의 법적 요건을 충족하는 것으로 규정하고 있다.

자본시장법상의 법적 요건을 충족한 부동산펀드는 나머지 펀드재산으로 다른 자산 즉 '증권 및 특별자산'에 자유롭게 투자할 수 있다.

2) 부동산펀드 투자대상으로서의 부동산 등

먼저 자본시장법에 따라 부동산펀드 펀드재산의 100분의 50을 초과하여 투자해야하는 투자대상 자산 및 투자행위의 구체적인 내용을 살펴보면 다음과 같다.

(1) 부동산

부동산펀드의 가장 본질적인 투자대상 자산에 해당하며, 부동산펀드에서 부동산에 투자한다는 것은 해당 부동산을 취득하여 매각하는 것을 비롯하여 부동산의 개발, 관리 및 개량, 임대 및 운영하는 방법, 지상권·지역권·전세권·임차권·분양권 등 부동산 관련 권리의 취득, 채권금융기관이 채권자인 금전채권의 취득 등으로 부동산에 투자하는 것도 가능하다. 아울러 부동산을 기초자산으로 한 파생상품, 부동산 개발과 관련된 법인에 대출 부동산과 관련된 증권에 투자할 수 있다.

(2) 부동산과 관련된 증권

❶ 다음 중 어느 하나에 해당하는 자산이 신탁재산의 100분의 50 이상을 차지 하는 경우의 '수익증권', 펀드재산의 100분의 50 이상을 차지하는 경우의 '집합투자증권', 유동화자산의 100분의 50 이상을 차지하는 경우의 '유동화증권'

ㄱ. 부동산

ㄴ. 지상권·지역권·전세권·임차권·분양권 등 부동산 관련 권리

ㄷ. 기업구조조정 촉진법 제2조 제3호에 따른 채권금융기관(이에 준하는 외국 금융기관과 금융산업의 구조개선에 관한 법률에 따른 금융기관이었던 자로서 청산절차 또는 채무자 회생 및 파산에 관한 법률에 따른 파산절차가 진행 중인 법인을 포함)이 채권자인 금전채권(부동산을 담보로 한 경우만 해당)

❷ 부동산 투자회사법에 따른 부동산 투자회사가 발행한 주식

❸ 특정한 부동산을 개발하기 위하여 존속기간을 정하여 설립된 회사(이하 부동산 개발회사)가 발행한 증권

❹ '부동산', '그 밖에 금융위원회가 정하여 고시하는 부동산 관련 자산[부동산매출채권(부동산의 매매·임대 등에 따라 발생한 매출채권을 말함), 부동산 담보부채권]'을 기초로 하여 자산유동화에 관한 법률 제2조 제4호에 따라 발행된 유동화증권으로서, 그 기초자산의 합계액이 자산유동화에 관한 법률 제2조 제3호에 따른 유동화자산 가액의 100분의 70 이상인 유동화증권

❺ 한국주택금융공사법에 따른 주택저당채권담보부채권 또는 한국주택금융공사법에 따른 한국주택금융공사 또는 자본시장법 시행령 제79조 제2항 제5호 가목부터 사목까지의 금융기관(은행, 한국산업은행, 중소기업은행, 한국수출입은행, 투자매매업자 또는 투자중개업자, 증권금융회사, 종합금융회사)이 지급을 보증한 주택저당증권

❻ 다음 요건을 갖춘 회사(부동산 투자목적회사)가 발행한 지분증권

ㄱ. 부동산 또는 다른 부동산 투자목적회사의 투자증권에 투자하는 것을 목적으로 설립될 것

ㄴ. 부동산 투자목적회사와 그 종속회사(주식회사의 외부감사에 관한 법률에 따른 종속
회사에 상당하는 회사를 말함)가 소유하고 있는 자산을 합한 금액 중 부동산 또는
자본시장법 시행령 제240조 제4항 제4호에 따른 자산(지상권·지역권·전세권·
임차권·분양권 등 부동산 관련 권리)을 합한 금액이 100분의 90 이상일 것

(3) 부동산과 관련된 투자행위

자본시장법은 부동산과 관련성이 있는 투자행위로 '부동산 개발과 관련된 법인에 대한 대출'을 규정하고 있다. 비록 펀드재산으로 직접 투자대상 자산을 취득하는 형태는 아니지만, '대출'이란 투자행위로 인해 부동산과 관련된 법인에 대한 대출채권을 확보하게 되므로 결과적으로는 투자대상 자산을 취득하는 형태가 되기 때문에, '대출'이라는 투자행위를 하는 경우도 부동산펀드의 법적 요건을 충족하는 것으로 인정한 것이다.

4 부동산펀드의 운용 제한

1) 부동산에 대한 운용 제한

부동산펀드에서 펀드재산으로 '부동산'에 운용하는 경우에는 다음과 같은 운용제한이 있으며, 이는 공모 부동산펀드 및 사모 부동산펀드에 동일하게 적용된다.

(1) 부동산펀드에서 부동산을 취득한 후 일정기간 내 처분 제한

❶ 부동산펀드에서 취득한 부동산은 원칙적으로 다음 각각의 기간 이내에 해당 부동산을 처분하는 행위를 할 수 없음

ㄱ. 국내에 있는 부동산 중 주택법 제2조 제1호에 따른 주택 1년 이내. 다만, 펀드가 미분양주택(주택법 제38조에 따른 사업주체가 같은 조에 따라 공급하는 주택으로서 입주자 모집공고에 따른 입주자의 계약일이 지난 주택단지에서 분양계약이 체결되지 아니하여 선착순의 방법으로 공급하는 주택을 말함)을 취득하는 경우에는 집합투자규약에서 정하는 기간으로 한다.

ㄴ. 국내에 있는 부동산 중 주택법 제2조 제1호에 따른 주택에 해당하지 아니하는 부동산 1년 이내

ㄷ. 국외에 있는 부동산은 집합투자규약에서 정하는 기간 이내

❷ 부동산펀드에서 취득한 부동산은 예외적으로 다음 각각의 경우에는 해당 부동산을 처분할 수 있음

    ㄱ. 부동산 개발사업(토지를 택지·공장용지 등으로 개발하거나 그 토지 위에 건축물, 그 밖의 공작물을 신축 또는 재축하는 사업을 말함)에 따라 조성하거나 설치한 토지·건축물 등을 분양하는 경우

    ㄴ. 투자자 보호를 위하여 필요한 경우로서, 부동산펀드가 합병·해지 또는 해산되는 경우

(2) 부동산펀드에서 토지를 취득한 후 처분 제한

❶ 부동산펀드는 원칙적으로 건축물, 그 밖의 공작물이 없는 토지로서, 그 토지에 대하여 부동산 개발사업을 시행하기 전에 해당 토지를 처분하는 행위를 할 수 없음

❷ 부동산펀드는 예외적으로 다음 각각의 경우에는 해당 토지를 처분할 수 있음

    ㄱ. 부동산펀드가 합병·해지 또는 해산되는 경우

    ㄴ. 투자자 보호를 위하여 필요한 경우로서, 부동산 개발사업을 하기 위하여 토지를 취득한 후 관련 법령의 제정·개정 또는 폐지 등으로 인하여 사업성이 뚜렷하게 떨어져서, 부동산 개발사업을 수행하는 것이 곤란하다고 객관적으로 증명되어 그 토지의 처분이 불가피한 경우

2) 공모 부동산펀드의 운용 제한

부동산펀드 중 '공모 부동산펀드'는 다른 종류의 공모펀드와 마찬가지로 투자자를 보호하기 위한 차원에서 규정하고 있는 자본시장법상의 다양한 운용제한 규정의 적용을 받는다.

1 실물형 부동산펀드

자본시장법에 의하면 펀드재산의 50%를 초과하여 '부동산'에 투자하는 형태의 부동산펀드가 인정될 수 있으며, 이와 같이 펀드재산의 50%를 초과하여 실물로서의 '부동산' 자체에 투자하는 펀드를 '실물형 부동산펀드'라 할 수 있다.

자본시장법은 부동산펀드의 가장 기본적인 형태로 부동산 자체에 투자하는 실물형 부동산펀드를 삼고 있으며, 이러한 실물형 부동산펀드는 투자한 부동산을 어떻게 운용하느냐에 따라 다음과 같이 세부적인 유형으로 구분할 수 있다.

❶ 매매형 부동산펀드 : 펀드재산의 50%를 초과하여 부동산을 취득한 다음에 단순히 매각하는 부동산펀드

❷ 임대형 부동산펀드 : 펀드재산의 50%를 초과하여 부동산을 취득한 다음에 임차인에게 임대한 후 매각하는 부동산펀드

❸ 개량형 부동산펀드 : 펀드재산의 50%를 초과하여 부동산을 취득한 다음에 해당 부동산의 가치를 증대시키기 위해 개량한 후에 단순 매각하거나 또는 임대 후 매각하는 부동산펀드

❹ 경공매형 부동산펀드 : 펀드재산의 50%를 초과하여 부동산 중에서 경매 부동산 또는 공매 부동산을 취득한 다음에 단순매각하거나 또는 임대 후 매각하는 부동산펀드를 말하며, 경매 부동산 또는 공매 부동산을 취득하여 개량한 다음에 단순 매각하거나 또는 임대 후 매각하는 부동산펀드를 포함

❺ 개발형 부동산펀드 : 펀드재산의 50%를 초과하여 부동산을 취득한 다음에 개발사업을 통해 분양 또는 매각하거나, 임대 후 매각하는 부동산펀드

2　대출형 부동산펀드

자본시장법에 의하면 펀드재산의 50%를 초과하여 '부동산 개발과 관련된 법인에 대한 대출' 형태의 투자행위를 하는 부동산펀드가 인정될 수 있으며, 이러한 부동산펀드를 '대출형 부동산펀드'라 할 수 있다. 일반적으로 '프로젝트 파이낸싱(Project Financing : PF)형 부동산펀드'라고 불린다.

대출형 부동산펀드란 주로 아파트, 상가, 오피스텔 등을 신축하는 것과 같은 부동산 개발사업을 영위하고자 하는 시행사에 대해 해당 부동산 개발사업에 소요되는 자금을 대출형태로 빌려주고, 시행사로부터 사전에 약정한 대출이자를 지급받고 대출원금을 상환받아 이를 재원으로 하여 부동산펀드의 투자자에게 이익분배금 및 상환금 등을 지급하는 형태의 부동산펀드를 말한다.

3　권리형 부동산펀드

자본시장법에 의하면 펀드재산의 50%를 초과하여 '지상권·지역권·전세권·임차권·분양권 등 부동산 관련 권리의 취득'의 방법으로 투자하는 형태의 부동산펀드가 인정될 수 있다.

또한 자본시장법에 의하면 펀드재산의 50%를 초과하여 '채권금융기관(외국 금융기관 포함)이 채권자인 금전채권(부동산을 담보로 한 경우만 해당)의 취득'의 방법으로 투자하는 형태의 부동산펀드가 인정될 수 있다.

4　증권형 부동산펀드

자본시장법에 의하면 펀드재산의 50%를 초과하여 '부동산과 관련된 증권'에 투자하는 형태의 부동산펀드가 인정될 수 있으며, 이러한 펀드를 '증권형 부동산펀드'라 할 수 있다.

5 　파생상품형 부동산펀드

　　자본시장법상의 '파생상품형 부동산펀드'를 파생상품의 유형에 따라 구분해 보면 부
동산을 기초자산으로 한 선물(또는 선도)에 투자하는 파생상품형 부동산펀드, 부동산을
기초자산으로 한 옵션에 투자하는 파생상품형 부동산펀드, 부동산을 기초자산으로 한
스왑에 투자하는 파생상품형 부동산펀드를 들 수 있다.

chapter 03

특별자산 펀드

section 01 특별자산 펀드의 개요

1 특별자산 펀드의 정의

자본시장법은 특별자산 펀드를 '펀드재산의 100분의 50을 초과하여 특별자산(증권 및 부동산을 제외한 투자대상 자산을 말함)에 투자하는 펀드'로 정의하고 있다. 이 경우 자본시장법은 특별자산 펀드에서 투자할 수 있는 특별자산을 열거주의가 아닌 '포괄주의'에 의거하여, 증권 및 부동산을 제외한 경제적 가치가 있는 모든 자산에 투자할 수 있도록 하고 있다. 따라서 자본시장법 하에서는 실로 다양한 형태의 특별자산이 나타날 수 있고, 이에 투자하는 다양한 특별자산 펀드가 개발될 수 있는 환경이 마련되었다.

한편 자본시장법은 특별자산에 해당하는 '선박'과 관련하여, 선박투자회사법에 따라

50인 이상의 투자자로부터 자금을 모집하여 공모방식으로 설립되는 '공모선박투자회사'를 자본시장법의 적용을 받는 특별자산 간접투자상품의 하나로 인정하고 있다.

2 특별자산 펀드의 운용대상

특별자산 펀드는 펀드재산의 100분의 50을 초과하여 '특별자산'에 투자하여야 하며, 펀드재산의 나머지를 '증권 및 부동산'에도 투자할 수 있다.

특별자산 펀드에서 펀드재산의 100분의 50을 초과하여 투자해야만 하는 특별자산에 해당하는 것을 예시하면 다음과 같다.

❶ 일반상품(농산물·축산물·수산물·임산물·광산물·에너지에 속하는 물품 및 이 물품을 원료로 하여 제조하거나 가공한 물품, 그 밖에 이와 유사한 것)

❷ 선박, 항공기, 건설기계, 자동차 등과 같이 등기·등록 등의 공시방법을 갖추고 있는 동산(動産)

❸ 미술품(그림·조각·공예·사진 등 예술작품을 포괄적으로 말함), 악기(명품 바이올린과 같은 모든 종류의 악기를 포함)

❹ 문화콘텐츠상품(영화·드라마·애니메이션·음반·연극·뮤지컬·오페라·게임·캐릭터·인터넷/모바일콘텐츠·출판물 등과 엔터테인먼트 성격을 내포하고 있는 제반 상품을 포괄적으로 말함)

❺ 특별자산에 해당하는 증권
　ㄱ. 특별자산이 신탁재산의 100분의 50 이상을 차지하는 경우의 수익증권, 특별자산이 펀드재산의 100분의 50 이상을 차지하는 경우의 집합투자증권, 특별자산이 유동화자산의 100분의 50 이상을 차지하는 경우의 유동화증권
　ㄴ. 선박투자회사법에 따른 선박투자회사가 발행한 주식
　ㄷ. 사회기반시설에 대한 민간투자법에 따른 사회기반시설사업의 시행을 목적으로 하는 법인이 발행한 주식과 채권
　ㄹ. 사회기반시설에 대한 민간투자법에 따른 하나의 사회기반시설사업의 시행을 목적으로 하는 법인이 발행한 주식과 채권을 취득하거나 그 법인에 대한 대출채권을 취득하는 방식으로 투자하는 것을 목적으로 하는 법인(같은 법에 따른 사회기반시설투융자회사는 제외)의 지분증권

❻ 해외자원개발 사업법 제14조의2 제1항 제2호에 따른 해외자원개발 전담회사와

특별자산에 대한 투자만을 목적으로 하는 법인(외국법인을 포함)이 발행한 지분증권·채무증권

❼ 통화, 일반상품, 신용위험(당사자 또는 제3자의 신용등급의 변동, 파산 또는 채무재조정 등으로 인한 신용의 변동), 그 밖에 자연적·환경적·경제적 현상 등에 속하는 위험으로서 합리적이고 적정한 방법에 의하여 가격·이자율·지표·단위의 산출이나 평가가 가능한 것을 기초자산으로 하는 파생상품

❽ 어업권, 광업권, 탄소배출권, 지적재산권, 보험금지급청구권 등 권리

❾ 기타 '증권 및 부동산을 제외한 자산'으로서, 펀드에서 투자할 만한 경제적 가치가 있는 모든 투자대상 자산

3 특별자산 펀드의 운용 관련 특이사항

특별자산 펀드의 경우 '공모 특별자산 펀드'는 다른 종류의 공모펀드와 마찬가지로 투자자를 보호하기 위한 차원에서 규정하고 있는 자본시장법상의 다양한 운용제한 규정의 적용을 받는다.

그런데 공모 특별자산 펀드임에도 불구하고 집합투자규약에서 해당 내용을 정한 경우에는 예외적으로 각 펀드 자산총액의 100분의 100까지 동일 종목에 투자할 수 있도록 다음과 같이 규정하고 있다.

❶ 사회기반시설에 대한 민간투자법에 따른 사회기반시설사업의 시행을 목적으로 하는 법인이 발행한 주식과 채권

❷ 사회기반시설에 대한 민간투자법에 따른 사회기반시설사업의 시행을 목적으로 하는 법인에 대한 대출채권

❸ 사회기반시설에 대한 민간투자법에 따라 하나의 사회기반시설사업의 시행을 목적으로 하는 법인이 발행한 주식 및 채권을 취득하거나 그 법인에 대한 대출채권을 취득하는 방식으로 투자하는 것을 목적으로 하는 법인(같은 법에 따른 사회기반시설투융자회사는 제외)의 지분증권

❹ 다음의 어느 하나에 해당하는 출자지분 또는 권리('사업수익권')

　ㄱ. 상법에 따른 합자회사·유한책임회사·합자조합·익명조합의 출자지분

　ㄴ. 민법에 따른 조합의 출자지분

ㄷ. 그 밖에 특정 사업으로부터 발생하는 수익을 분배받을 수 있는 계약상의 출자지분 또는 권리

❺ 특별자산 투자목적회사가 발행한 지분증권

4   특별자산의 평가

특별자산 펀드를 금융위원회에 등록하는 경우에는 금융위원회에 등록신청서를 제출하여야 하고, 해당 등록신청서에는 필요한 서류를 첨부하여야 한다. 이때 특별자산 펀드는 특별자산의 평가방법을 기재한 서류를 별도로 첨부하여야 한다.

한편, 집합투자업자는 특별자산 펀드에서 투자하는 특별자산을 시가에 따라 평가하되, 평가일 현재 신뢰할만한 시가가 없는 경우에는 공정가액으로 평가하여야 한다.

5   환매금지형 특별자산 펀드

자본시장법은 집합투자업자 등이 특별자산 펀드를 설정·설립하는 경우에는 원칙적으로 당해 특별자산 펀드를 '환매금지형 펀드'로 설정·설립하도록 의무화하고 있다.

이 경우 공모 특별자산 투자신탁의 집합투자업자 또는 공모 특별자산 투자회사는 신탁계약 또는 정관에 투자자의 환금성 보장 등을 위한 별도의 방법을 정하지 아니한 경우에는 환매금지형 펀드의 집합투자증권을 최초로 발행한 날부터 90일 이내에 그 집합투자증권을 증권시장에 상장하여야 한다.

section 02   특별자산 펀드의 종류

자본시장법상 특별자산 펀드의 투자대상 자산인 특별자산에 의거하여 특별자산 펀드의 종류을 예시하면 다음과 같다.

❶ 일반상품(농산물·축산물·수산물·임산물·광산물·에너지에 속하는 물품 및 이 물품을 원료로 하여 제조하거나 가공한 물품, 그 밖에 이와 유사한 것)에 투자하는 특별자산 펀드

❷ 선박, 항공기, 건설기계, 자동차 등과 같이 등기·등록 등의 공시방법을 갖추고 있는 동산(動産)에 투자하는 특별자산 펀드

❸ 미술품(그림·조각·공예·사진 등 예술작품을 포괄적으로 말함) 또는 악기(명품 바이올린과 같은 모든 종류의 악기를 포함)에 투자하는 특별자산 펀드

❹ 문화콘텐츠상품(영화·드라마·애니메이션·음반·연극·뮤지컬·오페라·게임·캐릭터·인터넷/모바일콘텐츠·출판물 등과 엔터테인먼트 성격을 내포하고 있는 제반 상품을 포괄적으로 말함)에 투자하는 특별자산 펀드

❺ 다음과 같은 특별자산에 해당하는 증권에 투자하는 특별자산 펀드

ㄱ. 특별자산이 신탁재산의 100분의 50 이상을 차지하는 경우의 수익증권, 특별자산이 펀드재산의 100분의 50 이상을 차지하는 경우의 집합투자증권, 특별자산이 유동화자산의 100분의 50 이상을 차지하는 경우의 유동화증권

ㄴ. 선박투자회사법에 따른 선박투자회사가 발행한 주식

ㄷ. 사회기반시설에 대한 민간투자법에 따른 사회기반시설사업의 시행을 목적으로 하는 법인이 발행한 주식과 채권

ㄹ. 사회기반시설에 대한 민간투자법에 따른 하나의 사회기반시설사업의 시행을 목적으로 하는 법인이 발행한 주식과 채권을 취득하거나 그 법인에 대한 대출채권을 취득하는 방식으로 투자하는 것을 목적으로 하는 법인(같은 법에 따른 사회기반시설투융자회사는 제외)의 지분증권

❻ 통화, 일반상품, 신용위험(당사자 또는 제3자의 신용등급의 변동, 파산 또는 채무재조정 등으로 인한 신용의 변동), 그 밖에 자연적·환경적·경제적 현상 등에 속하는 위험으로서 합리적이고 적정한 방법에 의하여 가격·이자율·지표·단위의 산출이나 평가가 가능한 것을 기초자산으로 하는 파생상품에 투자하는 특별자산 펀드

❼ 어업권, 광업권, 탄소배출권, 지적재산권, 보험금지급청구권 등 권리에 투자하는 특별자산 펀드

❽ 기타 증권 및 부동산을 제외한 자산으로서, 펀드에서 투자할 만한 경제적 가치가 있는 모든 투자대상 자산

chapter 04

신탁

신탁 일반이론

---

1 **신탁의 기본개념**

(1) 신탁(信託)의 정의

신탁이란 시간이 없어서 또는 전문지식이 없어서 등 자기가 직접 재산을 관리하거나 운용하기가 어려울 때 자기가 신뢰할 수 있는 제3자에게 자신의 재산을 이전하여 주고, 그 재산을 이전 받은 자로 하여금 자기가 지정한 자 또는 자기가 설정한 특정의 목적을 위하여 그 이전 받은 재산을 관리, 운용 및 처분하도록 하는 법률관계라고 할 수 있다.

신탁법 제2조에서는 신탁을 다음과 같이 정의하고 있다.

> **신탁법 제2조(신탁의 정의)** 이 법에서 '신탁'이란 신탁을 설정하는 자(이하 '위탁자'라 한다)와 신탁을 인수하는 자(이하 '수탁자'라 한다) 간의 신임관계에 기하여 위탁자가 수탁자에게 특정의 재산(영업이나 저작재산권의 일부를 포함한다)을 이전하거나 담보권의 설정 또는 그 밖의 처분을 하고 수탁자로 하여금 일정한 자(이하 '수익자'라 한다)의 이익 또는 특정의 목적을 위하여 그 재산의 관리, 처분, 운용, 개발, 그 밖에 신탁 목적의 달성을 위하여 필요한 행위를 하게 하는 법률관계를 말한다.

(2) 신탁관계인

신탁관계인이란 신탁에 직접적으로 이해관계나 그 밖의 권리관계를 가지고 있는 자를 통칭하여 일컫는 말이다.

① 위탁자란 타인을 신뢰하여 자신의 재산을 맡기고 신탁을 설정하는 사람을 말하며, ② 위탁자와의 신탁계약을 통해서 위탁자로부터 재산을 넘겨 받아 관리 및 운용을 하는 사람을 수탁자라고 하며, ③ 그 신탁을 통해 관리되는 재산과 그로부터 발생하는 이익을 받는 자를 수익자라고 한다. 이때, 수익자는 위탁자 본인이 될 수도 있고, 위탁자가 지정하는 제3자가 될 수도 있다.

(3) 신탁의 기본구조

신탁은 특수한 경우로서 위탁자의 단독행위인 유언이나 신탁선언[1]에 의해서도 설정될 수 있으나, 대부분의 신탁은 위탁자와 수탁자 간의 신탁계약에 의해 설정되는 것이 일반적이다.

신탁이 설정되면 그 신탁재산의 소유자 및 권리자는 위탁자에서 수탁자로 변경된다.

수탁자는 신탁기간 동안 수익자를 위해 신탁재산을 소유하는 것일 뿐이며, 신탁종료 후에는 신탁의 원본[2]과 이익은 모두 수익자에게 귀속된다.

---

1 신탁선언이란 위탁자 자신을 수탁자로 지정하는 위탁자의 선언을 말하며, 위탁자가 스스로 수탁자가 되기 때문에 자기신탁이라고도 한다.
2 신탁상품은 금전이 아닌 재산으로도 신탁을 받을 수 있으므로, 원금이라는 표현 대신 신탁한 재산의 원래 가치를 의미하는 원본이라는 용어를 사용한다. 다만, 금전신탁에 있어서는 '원금'과 '원본'이라는 용어를 혼용하고 있다.

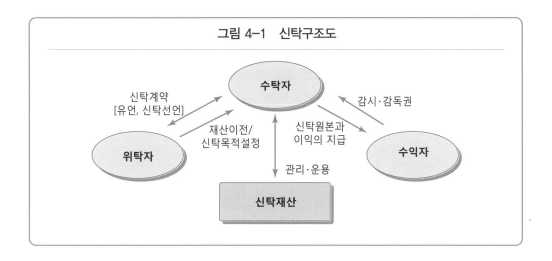

그림 4-1　신탁구조도

수익자는 수탁자가 신탁계약에서 정한 바대로 신탁사무를 잘 처리하고 있는지를 감시 감독할 권한을 가지게 된다.

2　신탁재산의 법적 특성

신탁이 설정되면 그 신탁재산은 위탁자로부터 수탁자에게로 이전됨에 따라 신탁재산의 권리자는 위탁자에서 수탁자로 변경되고, 신탁재산은 더 이상 위탁자의 재산이 아니다.

또한, 법률적 형식적으로는 수탁자가 신탁재산의 권리자라고 할 지라도 수탁자는 수익자를 위하여 그 신탁재산을 소유한 것일 뿐이며, 신탁재산은 수탁자의 재산도 아니다.

이를 신탁재산의 독립성이라고 하며, 이러한 신탁재산의 독립성을 보장하기 위하여 신탁법에서는 신탁재산에 대하여 여러 가지 법적 특성을 부여하고 있다.

(1) 신탁재산에 대한 강제집행의 금지

신탁법에서는 위탁자나 수탁자에게 채권을 가지고 있는 자라 할지라도 신탁재산에 대하여 강제집행, 담보권 실행 등을 위한 경매, 보전처분, 국세 등 체납처분을 할 수 없도록 특별규정을 두고 있다. 이를 위반하여 강제집행, 국세 등 체납처분이 있는 경우 위탁자, 수익자, 수탁자는 이에 대해 이의를 제기할 수 있다.

그러나, 신탁 전의 원인으로 발생한 권리 또는 신탁사무의 처리상 발생한 권리에 의한 경우에는 그렇지 않다. 신탁설정 전에 이미 저당권이 설정되었거나, 신탁설정 후에 수탁자가 신탁사무를 처리하면서 저당권을 설정하여 준 경우에는 신탁재산일지라도 강제집행이 가능하다.

또한, 신탁재산은 궁극적으로 수익자에게 귀속한다고 할지라도 수익자는 신탁이 존속하는 동안에는 신탁재산의 법률적 소유자가 아니므로 수익자의 채권자라고 할지라도 신탁재산에 대하여는 강제집행을 할 수 없다.

(2) 수탁자의 상속 및 파산으로부터의 독립

신탁재산은 수탁자의 명의로 되어 있더라도 수탁자의 고유재산과 독립된 재산이므로, 수탁자가 사망해도 수탁자의 상속재산에 포함되지 않으며, 수탁자가 파산하더라도 신탁재산은 파산재단에 포함되지 않는다. 또한 수탁자의 이혼에 따른 재산분할의 대상이 되지도 않는다.

(3) 신탁재산의 독립성의 활용

신탁법에서 신탁재산의 독립성을 법적으로 보장하고 있기 때문에 신탁재산은 위탁자 및 수탁자의 파산위험으로부터 격리된다. 이러한 신탁의 도산격리기능에 기초하여 위탁자인 기업체의 도산위험으로부터 수익자인 종업원의 퇴직연금 수급권을 보장하기 위하여 신탁이 활용되기도 하고, 자산보유자인 기업의 도산위험으로부터 유동화증권의 소지자를 보호하기 위하여 자산유동화에 있어서도 신탁이 활용되고 있다. 또한, 부동산 개발사업이나 부동산을 선분양하는 경우에 투자자나 피분양자를 보호하기 위하여 신탁이 이용되며, 부동산인 담보물건의 관리에도 신탁이 많이 이용된다.

3   신탁의 기본원칙

(1) 수탁자의 선관의무 및 충실의무

수탁자는 원칙적으로 신탁재산에 대한 권리와 의무의 귀속주체로서 신탁재산의 관리, 처분 등을 하고 신탁 목적의 달성을 위하여 필요한 모든 행위를 할 권한을 가지고 있다. 수탁자는 자신의 재산이 아닌 신탁재산을 자신의 명의로 소유하게 되므로, 수탁자가 나쁜 의도를 가진다면 수탁자가 신탁재산을 수익자가 아닌 자기자신의 이익을 위하여 이용하거나 처분할 위험이 있다.

따라서, 신탁법에서는 수탁자의 권한남용을 방지하기 위하여 민법상의 일반적인 선량한 관리자의 주의의무에 추가하여 수탁자에게 특별히 충실의무를 부여하고 있다. 충실의무란 수탁자가 신탁사무를 처리함에 있어서 항상 수익자를 위하여 처리하여야 한다는 의무이다.

(2) 신탁재산의 분별관리의무

수탁자는 자신의 고유한 재산과 신탁재산을 구분하여 관리하고 신탁재산임을 표시하여야 한다. 또한, 수탁자가 여러 개의 신탁을 관리하고 있는 경우 신탁 건별로 각 신탁의 신탁재산을 다른 신탁재산과도 구분하여 관리하여야 한다.

(3) 실적배당의 원칙

신탁업자를 규율하는 자본시장법에서는 신탁재산에서 손실이 발생한 경우에도 이는 모두 수익자에게 귀속하도록 하고, 수탁자는 이를 보전하여 줄 수 없는 것을 원칙으로 하고 있다. 그러나, 신탁회사가 판매 중인 '연금신탁'만 예외적으로 신탁회사가 원금만 보존하게 하고 있다. 이렇게 신탁회사가 예외적으로 원금을 보장하는 신탁상품은 은행예금과 마찬가지로 최고 5,000만 원까지 예금자보호법에 의하여 보호된다. 원금보장신탁이 아닌 일반신탁상품은 예금자보호법의 보호대상이 아니다.

4 신탁과 유사한 제도와의 비교

(1) 집합투자(펀드)와 신탁

자본시장법에서의 대표적인 간접투자제도로는 집합투자(펀드)를 들 수 있다. 자본시장법에서는 집합투자를 2인 이상의 투자자로부터 모은 금전 등을 투자자로부터 일상적인 운용지시를 받지 아니하면서 재산적 가치가 있는 투자대상자산을 취득·처분, 그 밖의 방법으로 운용하고 그 결과를 투자자에게 배분하여 귀속시키는 것이라고 정의하고 있다. 그러나 신탁은 여러 신탁의 신탁재산을 집합하여 운용하는 것을 원칙적으로 금지하고 있다. 즉, 신탁과 집합투자는 모두 간접투자상품이지만 여러 투자자의 재산을 집합하여 운용하는가, 투자자별로 구분하여 운용하는가에 따라 집합투자와 신탁으로 구분되고 있다.

현재 신탁을 통한 집합투자는 원칙적으로 금지되고 있지만, 그 신탁의 목적과 투자자의 투자성향 등이 동일하여 투자자를 유형화한 경우에는 동일 유형의 신탁 재산을 집합적으로 주문하여 운용하는 것이 허용되므로 개별 고객의 투자성향 및 재무상황에 맞춰 1 : 1의 맞춤형 자산관리서비스가 가능한 신탁은 여전히 편리하고 효율적인 간접투자수단으로 널리 이용되고 있다. 1 : 1로 관리되는 신탁은 투자자가 자산운용에 간여할 수 없는 집합투자상품과는 달리 필요할 경우 신탁자산의 운용을 자기책임하에서 직접 지시하거나 간여할 수 있기 때문에 투자자의 권리가 보다 강화된 간접투자상품이라고 할 수 있다.

(2) 투자일임과 신탁

신탁과 유사하게 투자자별로 투자재산을 구분하여 운용하는 간접투자제도로는 투자일임제도를 들 수 있다. 증권사의 일임형 '랩어카운트'나 투자일임업자의 '투자일임계약'이 이에 해당한다. 투자일임제도는 투자자별로 투자재산을 분별관리한다는 점에서는 신탁제도와 유사하며, 자산운용방법에 있어 상당한 부분의 규제가 동일하게 적용되고 있기도 하다.

그러나 투자일임은 증권사나 투자일임업자가 고객의 대리인 자격으로 일임재산을 운용 관리하는 것일 뿐 투자재산의 소유권은 여전히 고객에게 있다는 점에서 신탁회사가 위탁자로부터 금전 등의 재산의 소유권을 완전히 넘겨 받아 수탁자 명의로 신탁재산을 폭넓게 운용 관리하여 주는 신탁과는 차이가 있다.

section 02 | 신탁상품의 종류 및 주요 내용

자본시장법에서는 신탁계약을 체결할 때 신탁 받는 신탁재산의 종류에 따라 금전신탁, 증권신탁, 금전채권신탁, 동산신탁, 부동산신탁, 지상권·전세권 등 부동산의 권리에 관한 신탁, 무체재산권의 신탁 등으로 구분할 수 있으며, 이 중에서 둘 이상의 재산을 하나의 신탁계약으로 신탁 받는 상품을 종합재산신탁이라고 한다. 금전신탁은 위탁자가 신탁재산의 운용방법을 직접 지시하는 특정금전신탁과 위탁자의 운용지시 없이 수탁자가 신탁재산을 운용하는 불특정금전신탁으로 구분된다. 이렇듯, 신탁재산의 종류별로 구분하는 것은 신탁재산의 종류별에 따라 그 신탁의 구성내용이나 신탁의 목적이 차별화되기 때문이다.

2023년 8월 말 기준 전체 수탁총액은 총 1,293조 원이며, 유형별로는 특정금전신탁이 617조 원으로 가장 높은 비중을 차지하고 있으며, 다음으로는 부동산신탁이 475조 원, 금전채권신탁이 195조 원, 불특정금전신탁이 15조 원이다.

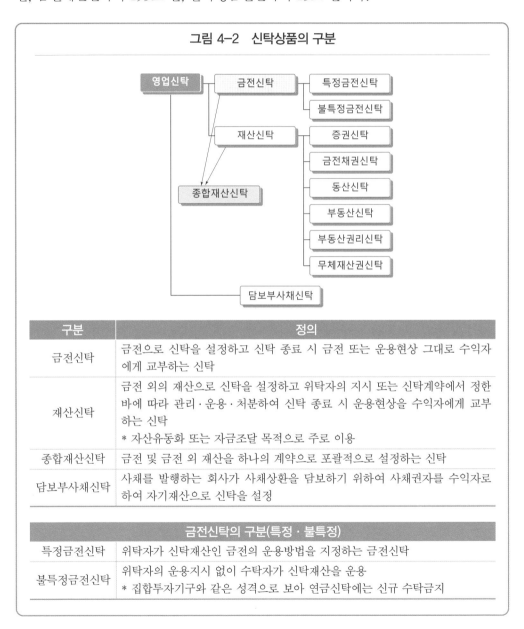

그림 4-2　신탁상품의 구분

구분	정의
금전신탁	금전으로 신탁을 설정하고 신탁 종료 시 금전 또는 운용현상 그대로 수익자에게 교부하는 신탁
재산신탁	금전 외의 재산으로 신탁을 설정하고 위탁자의 지시 또는 신탁계약에서 정한 바에 따라 관리·운용·처분하여 신탁 종료 시 운용현상을 수익자에게 교부하는 신탁 * 자산유동화 또는 자금조달 목적으로 주로 이용
종합재산신탁	금전 및 금전 외 재산을 하나의 계약으로 포괄적으로 설정하는 신탁
담보부사채신탁	사채를 발행하는 회사가 사채상환을 담보하기 위하여 사채권자를 수익자로 하여 자기재산으로 신탁을 설정

금전신탁의 구분(특정·불특정)	
특정금전신탁	위탁자가 신탁재산인 금전의 운용방법을 지정하는 금전신탁
불특정금전신탁	위탁자의 운용지시 없이 수탁자가 신탁재산을 운용 * 집합투자기구와 같은 성격으로 보아 연금신탁에는 신규 수탁금지

저금리 추세의 지속으로 금리경쟁력이 높은 특정금전신탁상품의 잔액이 비약적으로 증가하였으나 부동산 경기의 장기침체로 부동산 신탁상품의 잔액은 정체상태에 있다. 고객수 기준으로는 특정금전신탁상품을 포함한 금전신탁상품이 가장 많이 이용되고 있는 신탁상품이라고 할 수 있다.

1　특정금전신탁

(1) 개요

특정금전신탁이란 위탁자인 고객이 금전을 신탁하면서 신탁재산의 운용방법을 수탁자인 신탁회사에게 지시하고, 신탁회사는 위탁자의 운용지시에 따라 신탁재산을 운용한 후 실적 배당하는 신탁을 의미한다.

(2) 특정금전신탁의 주요 내용

❶ 가입금액 : 단독운용신탁의 특성상 최저 가입금액[3]이 다른 금융상품에 비해 높음.

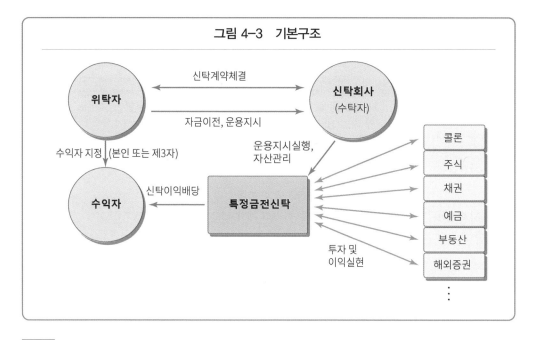

그림 4-3　기본구조

3　특정금전신탁의 최저 가입금액은 신탁회사별로 차이가 있으나 보통 1천만 원 이상인 경우가 많다. 그러나, 상품구성에 따라 최저가 입금액을 대폭 낮추거나 높이는 경우도 있다.

그러나, 특정금전신탁의 최저 가입금액에 대한 법령상의 제한은 없음

❷ 가입기간 : 특정금전신탁의 가입기간에는 특별한 제한이 없음

❸ 수익자의 지정 : 위탁자인 고객은 신탁의 원금과 이익을 수령할 수익자를 지정할 수 있으며, 신탁계약 체결 시 수익자를 특별히 지정하지 않으면, 위탁자 본인이 수익자가 된다. 위탁자 본인이 아닌 제3자를 수익자로 지정하는 경우에는 「상속세 및 증여세법」에 따라 신탁의 수익권을 타인에게 증여한 것으로 보아 증여세가 부과

❹ 신탁재산의 운용 : 신탁재산은 위탁자인 고객이 지시하는 대로 운용. 다만, 증권시장의 마감 등으로 위탁자가 지정한 방법대로 운용할 수 없는 잔액이 있는 경우에는 만기 1일의 단기자산으로 운용할 수 있음. 운용지시는 고객 본인의 투자판단에 따라 직접 결정하여야 하나, 필요한 경우 신탁회사에게 투자판단의 일부나 전부를 위임할 수도 있음. 위탁자는 신탁관계법령에서 금지하고 있지 않는 한, 어떠한 자산으로도 운용할 수 있음. 다만, 자본시장법에서는 신탁재산인 금전을 보험상품으로 운용하는 것은 원칙적으로 금지하고 있음

❺ 이익계산 및 지급 : 신탁의 이익은 신탁의 해지일 또는 신탁계약으로 정한 이익 지급일에 지급. 이때, 신탁의 이익은 운용 결과에 따라 실적배당하며, 신탁재산의 운용으로부터 발생되는 수익 및 손실은 전부 수익자에게 귀속. 또한, 신탁회사는 손실이 발생하더라도 원금과 이익을 보전할 수 없음

❻ 신탁보수 : 신탁회사는 신탁재산의 관리, 운용의 대가로 신탁계약으로 정한 바에 따라 일정한 금액을 신탁보수로 취득. 또한, 고객과 신탁회사 간의 합의에 의하여 일정 기준 수익을 초과하는 수익의 일정 부분을 수익보수로서 취득할 수도 있음

❼ 신탁의 해지 : 신탁계약으로 정한 만기일에 해지하는 것을 원칙으로 한다. 그러나, 고객은 필요한 경우 신탁기간 만료 전에 중도해지를 신청할 수 있으며, 이때에는 신탁계약으로 정하는 소정의 중도해지수수료가 부과. 다만, 중도해지를 신청하더라도 운용 중인 자산의 종류 및 상태에 따라 중도해지가 제한 될 수 있으며, 운용자산의 처분과정에서 일부 손실이 발생할 수도 있음

신탁의 해지 시 신탁재산을 처분하여 현금으로 원금과 이익을 지급하는 것이 곤란하거나 고객이 현재 운용 중인 신탁재산을 그대로 수령하기를 원하는 경우에는 신탁재산을 현금화하지 않고 운용 현상 그대로 교부할 수 있음. 또한, 신탁

회사와 협의하여 가능한 경우 신탁금액의 일부만을 해지할 수도 있음

(3) 특정금전신탁의 종류

특정금전신탁은 투자대상 자산 및 투자목적에 따라 다음과 같이 여러 상품으로 구분할 수 있으며, 1 : 1 맞춤형 서비스가 가능하다는 특성상 예시된 신탁 외에도 다양한 내용의 신탁계약이 가능하다. 즉, 특정금전신탁을 통해 부동산에 투자하거나 대출로 운용할 수 있으며 다른 펀드에 재투자하는 재간접투자상품으로의 활용도 가능하여 고객의 Needs에 따라 무한한 상품개발이 가능한 것이다.

구분	내용 및 특징
확정금리형	국채나 회사채, 기업어음, 자산유동화증권, 은행예금 등 확정금리를 지급하는 자산에 투자하는 신탁
주식형	신탁회사의 전문적인 자산운용능력을 활용하여 적극적으로 주식을 운용하여 매매차익을 실현하고자 하는 신탁
자문형	일정 산업이나 일정 분야의 주식운용에 능력이 뛰어난 투자자문사의 자문을 받아서 신탁회사가 주식을 운용하는 신탁. 투자자문사의 특화된 자문서비스와 공신력 있는 신탁회사의 안정적인 업무처리능력을 결합한 신탁
구조화형 (ELT 등)	특정금전신탁을 통해서 파생상품 등에 투자하여 기대수익을 구조화하거나 파생결합증권에 투자하는 신탁. 일반적인 투자상품보다 다양한 수익구조를 신탁회사와 협의하여 설계할 수 있으므로 최근 들어 많이 이용도가 높아지고 있음
해외투자형	해외주식이나 해외채권, 해외부동산 등에 투자하는 신탁. 해외채권 등은 국가 간의 조세협약에 따라서 이자소득세가 비과세되는 경우도 있고, 경우에 따라 이자소득과 매매차익 등의 일반적인 수익은 물론 환차익을 기대할 수 있음
단기자금관리 (Money Market Trust)	하루만 맡겨도 시장실세금리 수준의 수익을 얻을 수 있는 단기자금을 관리하기 위한 신탁. 일반 요구불예금과 마찬가지로 수시로 입출금이 가능하면서 비교적 높은 시장실세금리를 지급하기 때문에 인기가 많음. 유사상품인 자산운용회사의 수시입출금식 펀드상품인 MMF(Money Market Fund)와 달리 당일 입금 및 당일 출금이 가능하기 때문에 더욱 편리함
자사주신탁형	경영권방어나 주가관리 등을 목적으로 자기회사 주식에 투자하는 신탁. 자기회사 주식을 직접 관리하는 경우보다 자사주의 매매제한이 상대적으로 완화되고, 자사주 매입 및 매도에 따른 공시업무 등의 업무처리를 신탁회사가 대행해 줄 뿐만 아니라 주가관리를 위한 신탁회사의 조언도 얻을 수 있는 장점이 있음

(1) 개요

연금저축계좌는 운영형태와 계약당사자에 따라 연금저축신탁, 연금저축펀드, 연금저축보험으로 구분할 수 있다(소득세법 시행령 제40조의2 제1항 제1호). 이 중 연금저축신탁은 가입자와 신탁업자가 체결하는 신탁계약이다. 2018년부터는 신규 판매가 중지[4]되었지만, 기존 가입장에 대한 신뢰 보호를 위해 추가 납입에 대해서는 이를 인정하고 있다. 연금저축신탁은 소득세법에 따라 5년 이상 납입하고 만 55세 이후에 연금으로 수령하는 경우 연간 납입금액에 대한 세액공제 및 연금수령 시 저율 과세 등의 세금혜택을 받을 수 있다.

(2) 연금저축신탁의 내용

❶ 가입대상 : 국내에 거주하는 자(가입연령 제한 없음).

❷ 상품 종류 : 신탁회사별로 상품종류의 차이는 있지만, 시장위험이 적어서 안정적인 채권과 대출 등으로만 운용하는 채권형 상품과 총자산의 10% 범위 내에서 주식에 투자함으로써 기대수익을 높인 주식형(안정형) 상품이 있음.

❸ 신탁금액 : 연간 1,800만 원(전 금융기관 합산) 이내(여러 계좌 가입 가능하며, 퇴직연금 근로자 납입분 합산)

❹ 신탁기간 : 신탁기간은 적립기간과 연금지급기간으로 구분된다. 적립기간은 5년이상 연단위로 결정할 수 있지만, 반드시 고객의 연령이 만 55세 이후가 되는 때까지로 정하여야 하며, 연금수령기간은 가입일로부터 5년이 경과하고 만 55세이후부터 10년차 이상

❺ 신탁이익 계산 : 시가평가제를 적용한 기준 가격방식으로 실적배당함

❻ 원금보장 : 적립한 원본은 신탁업자가 보장

❼ 연금수령방법 : 연금지급기간은 10년 이상 연단위로 정할 수 있으며, 연금지급주

---

4 원칙적으로 신탁업자는 수탁한 재산에 대한 손실보전 또는 이익보장이 불가능하였으나, 예외적으로 연금저축신탁에 대해서는 원리금보장을 인정하고 있었다. 다만 2015년 발표된 '연금자산의 효율적인 관리방안'에 따라 원리금보장 상품위주의 판매관행을 개선하기 위하여 2018년부터 해당 신탁의 신규가입이 제한되었다.

기는 월 단위는 물론 필요시 3개월, 6개월, 1년 단위로도 가능함

❽ 세제적용 : 적립기간 중 연간 최고 한도 600만 원까지 세액공제와 이자소득세 비과세 혜택이 부여되는 대신 연금수령 시 연금소득세를 납부하여야 함. 그러나, 연금수령 시까지 과세가 이연되는 절세효과는 물론 연금수령 시에도 이자소득세율(주민세 포함 15.4%) 보다 낮은 연금소득세율(주민세 포함 3.3%~5.5%)로 과세되므로 세금절약효과가 크며, 적립기간 중 세액공제를 받지 않고 적립한 금액에 대해서는 연금소득세가 면제됨

ㄱ. 적립금 납입 시 : 연간납입액(연 600만 원 한도)의 13.2%(지방세 포함, 종합소득금액이 4,500만 원 이하인 경우에는 16.5%) 세액공제(최대 792,000원 세액공제) 혜택을 받음

ㄴ. 연금수령 시 : 세액공제 받은 금액과 신탁이익을 과세대상으로 하여 연령별로 3.3%에서 5.5%의 저율로 연금소득세 과세됨

 * 만 55세~만 69세 5.5%, 만 70세~만 79세 4.4%, 만 80세 이상 3.3%, 연금수령한도 외일 경우 기타소득세(16.5%) 징수

❾ 중도해지

ㄱ. 연금개시 전 해지(부득이한 사유로 인한 해지 포함) 시 : 기타소득세 부과

ㄴ. 연금수령 중 해지(부득이한 사유로 인한 해지 포함) 시 : 연금수령한도 내는 연금소득세(5.5%~3.3%), 연금수령한도 외는 기타소득세(16.5%) 부과

 * 부득이한 사유 : 천재지변, 가입자의 사망 또는 해외이주, 가입자 또는 그 부양가족의 질병 부상에 따라 3개월 이상의 요양이 필요한 경우, 가입자의 파산선고 등, 금융기관의 영업정지 등

❿ 종합소득신고

ㄱ. 연금소득금액(사적연금)이 연간 1,500만 원(세액공제금액＋신탁이익) 초과하는 경우 : 분리과세 또는 종합과세 선택

ㄴ. 중도해지 등으로 기타소득금액이 연간 3백만 원(세액공제금액＋신탁이익) 초과하는 경우

3 금전채권신탁

(1) 개요

금전채권의 채권자가 위탁자가 되어 금전채권을 신탁회사에 신탁하면 신탁회사가 금

전채권의 명의상 채권자가 되어 금전채권의 추심·관리업무를 수행하고 회수된 금전과 그 운용수익을 수익자에게 교부하게 된다. 금전채권신탁의 수익권을 제3자에게 양도함으로써 자금을 조달하는 자산유동화의 목적으로 주로 이용된다.

(2) 기본구조

금전채권신탁을 통한 자산유동화의 기본구조는 다음과 같다.

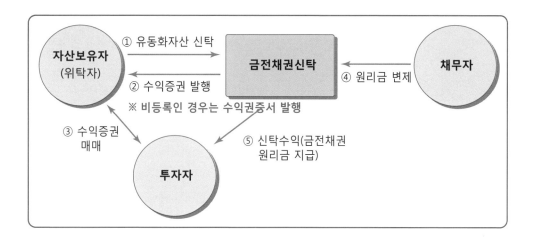

4 부동산신탁

(1) 개요

부동산신탁이란 위탁자로부터 토지와 그 정착물, 즉 부동산을 신탁 받아서 위탁자의 지시 또는 신탁계약에서 정한 바에 따라 신탁회사가 그 부동산을 관리·운용·처분 및 개발하여 주는 신탁을 말한다. 부동산신탁은 부동산신탁만 전문적으로 취급하는 부동산신탁회사가 주로 취급하지만 은행, 증권 등의 신탁겸영금융회사들도 많이 취급하고 있다.

(2) 부동산신탁의 종류

부동산신탁은 담보신탁, 관리신탁, 처분신탁, 개발신탁 등으로 구분된다.

구분	내용 및 특징
담보신탁	부동산을 신탁회사에 신탁한 후 신탁회사가 발행한 수익권증서를 담보로 하여 위탁자가 금융기관으로부터 자금을 차입하는 상품. 신탁회사는 담보물 관리 또는 대출회수를 위한 담보물 처분업무를 수행함
관리신탁	부동산의 소유권 관리, 건물수선·유지, 임대차 관리 등의 제반 부동산의 관리업무를 신탁회사가 수행하는 상품. 부동산의 관리방법 및 주체에 따라 갑종신탁과 을종신탁으로 구분
처분신탁	처분방법이나 절차가 까다로운 부동산에 대한 처분업무 및 처분 완료 시까지의 관리업무를 신탁회사가 수행하는 상품
개발신탁 (토지신탁)	신탁재산인 토지 등의 부동산에 신탁회사가 자금을 투입하여 개발사업을 시행한 후 이를 분양하거나 임대운용하여 그 수익을 수익자에게 교부하는 상품. 토지신탁이라고도 함
관리형 개발신탁	개발신탁처럼 신탁회사가 사업의 시행자가 되어서 개발사업을 진행하지만, 자금조달과 실질적인 사업진행은 위탁자가 책임지는 상품. 사업실패 시 신탁회사의 위험부담을 경감하면서 위탁자의 도산 시에도 계속 사업을 진행할 수 있는 장점이 있음
분양관리신탁	상가 등 건축물을 선분양 할 때 피분양자를 보호하기 위하여 신탁회사에게 사업부지의 신탁과 분양에 따른 자금관리업무를 대리시키는 상품

5 기타 재산신탁

증권신탁, 동산신탁, 무체재산권의 신탁, 종합재산신탁 등은 우리나라에서 아직까지 많이 이용되고 있지 않으나, 전면 개정된 새로운 신탁법의 시행과 더불어 다양한 종류의 새로운 신탁상품의 활용이 기대된다.

신탁상품의 판매

1 **신탁상품의 판매절차**

금융소비자보호법에서는 금융투자업자가 금융투자상품의 투자권유를 함에 있어서 임직원이 준수하여야 할 구체적인 기준 및 절차에 대한 투자권유준칙을 정하고 일반투자자에게 투자권유 시 적합성 및 설명의무 준수를 통해서 투자자 성향을 분류하고 그에 적합한 상품을 권유하는 절차를 통해 완전판매 프로세스를 이루도록 하고 있다. 신탁상품의 판매절차는 기본적으로 다른 금융투자상품과 동일하나 일부 신탁상품만의 예외적인 사항이 존재한다. 금융투자상품인 신탁계약 체결의 권유 절차를 간략히 살펴보면 다음과 같다.

(1) 단계별 투자권유 절차

❶ 투자자 정보의 파악 : 판매직원은 먼저 위탁자가 일반투자자인지 전문투자자인지를 파악하여야 함. 전문투자자에 대해서는 투자자 정보 파악, 투자자 유형의 분류, 적합한 상품 및 운용자산의 선정, 상품설명 등의 투자권유 절차를 생략할 수 있기 때문임

　일반투자자인 고객에게는 신탁상품을 권유하기 전에 면담, 질문 등을 통하여 투자목적, 재산상황 및 투자경험 등의 정보를 '투자자 정보 확인서'를 통해 파악한 후, 고객의 확인을 받아 유지, 관리하여야 하며, 신탁회사는 확인한 투자자 정보의 내용과 그에 따라 분류된 고객의 투자성향을 고객에게 지체 없이 제공하여야 함

　만일, 투자자 정보를 제공하지 않으면 일반투자자로서 보호를 받을 수 없다는 점을 통지하였음에도 불구하고 자신의 정보를 제공하지 않는 고객에 대하여는 그 거부 의사를 서면(투자권유 불원 또는 투자자 정보 미제공 확인서)으로 확인 받은 후, 투자권유를 희망하지 않고 자신의 판단만으로 투자하려는 고객으로 간주하여 투자자 정보 파악 및 적합성 테스트 등의 투자자 보호절차를 생략할 수 있음

다만, 투자자가 운용대상을 특정 종목과 비중 등 구체적으로 지정하지 않아 신탁회사가 투자판단의 전부 또는 일부를 행사하는 비지정형특정금전신탁[5] 및 불특정금전신탁의 경우에는 반드시 투자자 정보를 확인하여야 하며 투자권유 불원 또는 투자정보 미 제공 시는 신탁계약 체결이 불가함

또한, 위탁자가 신탁상품을 통해 파생상품 등을 거래하고자 하는 경우에도 적정성의 원칙에 따라서 투자권유를 희망하지 않더라도 반드시 투자자 정보를 신탁회사에 제공하여야 하며, 투자자 정보를 제공하지 않는 고객에 대해서는 신탁상품을 통한 파생상품 등의 거래를 할 수 없음

특히, 투자위험이 매우 높은 장외파생상품을 신탁을 통해 거래하고자 하는 고객은 '장외파생상품 투자자 정보 확인서'를 통해 추가적인 정보를 신탁회사에게 제공하여야 함

❷ 투자자 유형 분류 : 신탁회사는 파악한 위탁자의 정보를 활용하여 위탁자의 위험성향을 위험등급 분류체계에 따라 일정 유형으로 분류하여야 하며, 신탁회사는 자기회사의 신탁상품에 대한 위험등급 분류체계 및 위탁자의 위험등급 등에 대하여 위탁자에게 설명하여야 함

또한, 신탁회사가 이미 투자자 정보를 알고 있는 위탁자에 대하여는 기존 투자자 성향을 위탁자에게 알리고 투자권유를 하여야 함

❸ 적합한 신탁상품과 운용자산의 선정 및 권유 : 신탁회사는 각 신탁상품별로 객관적이고 합리적인 방법으로 위험등급을 부여하여야 하며, 고객의 투자성향에 비추어 적합하다고 인정되는 상품만을 투자권유 하여야 함

위탁자인 고객에게 적합하지 않은 것으로 판단되는 신탁상품에 위탁자가 투자하고자 하는 경우에는 신탁회사는 해당 투자가 고객에게 적합하지 않을 수 있다는 사실과 해당 신탁상품의 투자의 위험성을 고객에게 알리고 고객으로부터 서명 등의 방법으로 이를 고지 받았다는 사실을 확인 받아야 함

그러나, 신탁회사가 자산운용권한을 가지고 투자판단을 하는 비지정형특정금전 신탁상품의 경우에는 고객이 자신의 성향보다 투자위험도가 높은 신탁상품에 투자하고자 할 경우에는 위의 확인을 받더라도 계약을 체결할 수 없음

❹ 신탁상품 및 운용자산의 설명 : 신탁회사는 위탁자에게 상품설명서를 교부하고 다음과 같은 신탁상품의 주요 사항을 일반투자자가 이해할 수 있도록 구체적으

---

5 신탁회사가 신탁자산의 운용을 위한 투자판단의 일부나 전부를 행사하는 신탁상품

로 설명하고, 일반투자자가 이해하였음을 상품설명서 및 상담확인서를 통해 확인 받아야 함

ㄱ. 위탁자에게 설명해야 할 사항

    a. 신탁상품의 명칭 및 종류

    b. 신탁재산의 운용방법, 운용제한 등에 관한 사항

    c. 신탁의 중도해지방법, 중도해지제한, 중도해지 수수료에 관한 사항

    d. 신탁보수, 투자소득의 과세에 관한 사항

    e. 투자원금이 보장되지 않는다는 사실 등 투자위험에 관한 사항

    f. 기타 법령에서 정한 사항

ㄴ. 특정금전신탁인 경우 추가 설명해야 할 사항

    a. 위탁자가 신탁재산인 금전의 운용방법을 지정하고, 신탁회사는 지정된 운용방법에 따라 신탁재산을 운용한다는 사실

    b. 특정금전신탁계약을 체결한 위탁자는 신탁계약에서 정한 바에 따라 특정금전신탁 재산의 운용방법을 변경지정하거나 계약의 해지를 요구할 수 있으며, 신탁회사는 특별한 사유가 없는 한 위탁자의 운용방법 변경지정 또는 계약의 해지 요구에 대하여 응할 의무가 있다는 사실

    c. 특정금전신탁계약을 체결한 위탁자는 자기의 재무상태, 투자목적 등에 대하여 신탁회사의 임직원에게 상담을 요청할 수 있으며, 신탁회사의 임직원은 그 상담요구에 대하여 응할 준비가 되어 있다는 사실

    d. 특정금전신탁재산의 운용내역 및 자산의 평가가액을 위탁자가 조회할 수 있다는 사실

❺ 위탁자 의사 확인 및 계약체결 : 고객의 신탁상품 가입의사를 최종적으로 확인한 후 신탁계약을 체결. 이때, 전문투자자인 고객에 대해서는 앞의 판매절차 2~4단계의 일부는 생략할 수 있으나, 전문투자자라 할지라도 상품설명서 및 상담확인서는 징구하여야 함

❻ 사후관리 : 신탁회사는 고객이 수령을 거절하지 않는 한, 매분기 1회 이상 주기적으로 자산운용보고서를 작성하여 제공하여야 함. 또한, 신탁회사가 투자판단의 전부나 일부를 행하는 비지정형신탁상품의 경우에는 매분기 1회 이상 재무상태 등의 변경 여부를 확인한 후, 변경사항이 있으면 신탁재산운용에 반영하여야 함

(2) 파생상품 등이 포함된 신탁상품의 투자권유에 대한 특칙

특정금전신탁 등을 통해 투자위험이 높은 파생결합증권이나 파생상품에 투자할 경우에는 투자자 보호를 위해 특별히 다음의 특칙을 준수하여야 한다.

❶ 장외파생상품 이외의 파생상품 등이 포함된 신탁계약에 대한 특칙 : 투자자의 투자성향과 투자상품의 위험도를 참조하여 투자권유의 적합성 여부를 판단할 뿐만 아니라 투자자의 연령과 파생상품등에 대한 투자경험을 추가로 고려한 회사의 기준에 따라 적합하지 아니하다고 인정되는 투자권유를 하여서는 아니 됨

❷ 장외파생상품이 포함된 신탁상품에 대한 특칙 : 일반투자자인 경우에는 투자권유 여부와 상관없이 그 투자자가 보유하고 있거나 보유하려는 자산·부채 또는 계약 등(이하 '위험회피 대상'이라 함)에 대하여 미래에 발생할 수 있는 경제적 손실을 부분적 또는 전체적으로 줄이기 위한 거래를 하는 경우에 한하여 거래를 할 수 있음. 이 경우 임직원은 투자자가 장외파생상품 거래를 통하여 회피하려는 위험의 종류와 금액을 확인하고, 관련 자료를 보관하여야 하며 연령과 투자경험을 고려한 회사의 기준에 적합하지 아니하다고 인정되는 투자권유를 하여서는 아니 됨

(3) 비지정형 금전신탁상품의 투자권유에 대한 특칙

비지정형 금전신탁에 대해서는 투자성향에 따라 고객을 유형화하고 고객들의 투자자유형에 적합하게 신탁자산을 운용하도록 함은 물론 관련되는 투자위험에 대하여 투자자들에게 충분히 설명할 수 있도록 다음과 같은 특칙을 준수하여야 한다.

❶ 신탁회사의 임직원 등은 면담·질문 등을 통하여 투자자의 투자목적, 재산상황, 투자경험, 투자연령, 투자위험 감수능력, 소득 수준 및 금융자산의 비중 등을 파악하여 투자자를 유형화하고 투자자로부터 서명 등의 방법으로 확인을 받아 이를 유지·관리하여야 하며, 확인한 투자자 정보의 내용 및 이에 따른 투자자의 유형을 고객에게 지체 없이 제공하여야 함

❷ 신탁회사는 하나 이상의 자산배분 유형군을 마련하여야 하며, 하나의 자산배분 유형군은 둘 이상의 세부 자산배분 유형으로 구분하여야 함

❸ 신탁회사는 투자자 유형에 적합한 세부 자산배분 유형을 정하고 신탁계약을 체결하여야 함

❹ 신탁회사의 임직원 등은 비지정형 금전신탁계약을 체결하기 전에 투자자에게 다음 사항을 설명하여야 함

ㄱ. 세부 자산배분 유형 간 구분 기준, 차이점 및 예상 위험 수준에 관한 사항
ㄴ. 분산투자규정이 없을 수 있어 수익률의 변동성이 집합투자기구 등에 비해 더 커질 수 있다는 사실
ㄷ. 투자자 유형별 위험도를 초과하지 않는 범위 내에서만 신탁재산의 운용에 대해 투자자가 개입할 수 있다는 사실
ㄹ. 성과보수를 수취하는 경우, 성과보수 수취 요건 및 성과보수로 인해 발생 가능한 잠재 위험에 관한 사항

2 신탁상품의 판매 관련 불건전 영업행위

(1) 개요

자본시장법에서는 신탁회사가 신탁상품의 판매와 관련하여 금지하여야 할 불건전영업행위를 다음과 같이 열거하고 있다. 또한, 신탁회사는 신탁상품에 대한 불건전영업행위금지와 별도로 금융투자상품인 신탁상품에 대해서는 금융투자상품을 투자권유를 할때 금지되는 부당한 권유행위 역시 준수하여야 한다.

(2) 집합운용규제와 관련된 금지사항

신탁재산을 각각의 신탁계약에 따른 신탁재산별로 운용하지 아니하고 여러 신탁계약의 신탁재산을 집합하여 운용하는 행위는 금지된다. 이와 관련하여 신탁상품 판매 시에도 다음의 사항을 금지하고 있다.

❶ 집합하여 운용한다는 내용으로 투자권유하거나 투자광고하는 행위
❷ 투자광고 시 특정 신탁계좌의 수익률 또는 여러 신탁계좌의 평균 수익률을 제시하는 행위
❸ 투자자를 유형화하여 운용할 경우 반드시 각 유형별 가중평균 수익률과 최고, 최저 수익률을 함께 제시하지 않는 행위

(3) 특정금전신탁에 대한 안내 및 홍보 제한

위탁자가 구체적인 운용지시를 할 여지가 없도록 사전에 운용할 자산이 정해져 있거나, 운용지시가 정형화되어 있는 특정금전신탁 상품의 안내장이나 상품설명서를 영업점에 비치하거나 배포하는 등의 방법으로 불특정 다수의 투자자에게 홍보하는 행위는 금지되고 있다.

(4) 신탁계약조건의 공시 관련 금지행위

❶ 신탁거래와 관련하여 확정되지 않은 사항을 확정적으로 표시하거나 포괄적으로 나타내는 행위
❷ 구체적인 근거와 내용을 제시하지 아니하면서 현혹적이거나 타 신탁상품보다 비교우위가 있음을 막연하게 나타내는 행위
❸ 특정 또는 불특정 다수에 대하여 정보통신망을 이용하거나 상품안내장 등을 배포하여 명시적으로나 암시적으로 예정수익률을 제시하는 행위
❹ 오해 또는 분쟁의 소지가 있는 표현을 사용하는 행위

(5) 특정금전신탁계약 시 주요 사항의 사전고지

특정금전신탁계약의 체결을 권유함에 있어 금융위원회가 해당 계약서에 반드시 기재할 것으로 고시한 다음 사항에 대해서 사전에 위탁자에게 알리지 않는 행위는 금지된다.

❶ 위탁자가 신탁재산인 금전의 운용방법을 지정하고 수탁자는 지정된 운용방법에 따라 신탁재산을 운용한다는 사실
❷ 특정금전신탁계약을 체결한 투자자는 신탁계약에서 정한 바에 따라 특정금전신탁재산의 운용방법을 변경지정하거나 계약의 해지를 요구할 수 있으며, 신탁회사는 특별한 사유가 없는 한 투자자의 운용방법 변경지정 또는 계약의 해지 요구에 대하여 응할 의무가 있다는 사실
❸ 특정금전신탁계약을 체결한 투자자는 자기의 재무상태, 투자목적 등에 대하여 신탁회사의 임·직원에게 상담을 요청할 수 있으며, 신탁업자의 임직원은 그 상담 요구에 대하여 응할 준비가 되어 있다는 사실
❹ 특정금전신탁재산의 운용내역 및 자산의 평가가액을 투자자가 조회할 수 있다는 사실

(6) 성과보수의 기준지표 연동

성과보수를 수취하는 경우 금융위원회에서 정한 3가지 요건(① 증권시장 또는 파생상품시장에서 널리 사용되는 공인된 지수를 사용할 것, ② 성과를 공정하고 명확하게 보여줄 수 있는 지수를 사용할 것, ③ 검증 가능하고 조작할 수 없을 것)을 충족하는 기준 지표에 연동하여 산정하지 않는 행위는 금지된다. 단, 신탁업자와 투자자 간 합의에 의해 달리 정한 경우에는 그렇지 않다.

(7) 기준을 초과하는 재산상의 이익제공 및 수령 금지

수익자 또는 거래상대방에게 신탁상품의 판매와 관련하여 금융위원회가 정하여 고시하는 기준을 초과하여 직접 또는 간접으로 재산상의 이익을 제공하거나 제공받은 행위는 금지된다. 금융위원회가 고시하는 기준이라 신탁업자(그 임직원을 포함)가 신탁계약의 체결 또는 신탁재산의 운용과 관련하여 수익자 또는 거래상대방 등에게 제공하거나 수익자 또는 거래상대방으로부터 제공받는 금전·물품·편익 등의 범위가 일반인이 통상적으로 이해하는 수준에 반하지 않는 것을 말한다.

(8) 신탁업겸영 투자중개업자의 다른 수수료부과 금지

신탁업을 겸영하는 투자중개업자가 신탁업무와 투자중개업무를 결합한 자산관리계좌를 운용함에 있어 신탁재산에 비례하여 산정하는 신탁보수 외에 위탁매매수수료 등 다른 수수료를 부과하는 행위는 금지된다. 다만, 투자자의 주식에 대한 매매 지시 횟수가 신탁계약 시 신탁업자와 투자자 간 합의된 기준을 초과하는 경우 신탁보수를 초과하여 발생한 위탁매매 비용은 실비의 범위 이내에서 투자자에게 청구할 수 있다.

(9) 신탁재산의 운용내역 통보의무

금전신탁(투자자가 운용대상을 특정 종목과 비중 등 구체적으로 지정하는 특정금전신탁은 제외)을 체결한 투자자에 대하여 매 분기별 1회 이상 신탁재산의 운용내역을 신탁계약에서 정하는 바에 따라 통지하여야 한다. 다만, 투자자가 서면으로 수령을 거절하는 의사표시를 하거나 수탁고 10만 원 이하인 경우(투자자가 신탁운용보고서의 통지를 요청하거나 직전 신탁운용보고서의 통지일로부터 3년 이내에 금전의 수탁 또는 인출이 있는 경우에는 그렇지 않음)는 제외한다.

(10) 실적배당신탁의 수익률 공시

수익률을 공시하여야 하는 실적배당신탁을 판매하거나 운용 중인 신탁업자는 다음의 수익률 공시기준을 준수하여야 한다.

❶ 실적배당신탁상품에 대하여 매일의 배당률 또는 기준 가격을 영업장에 비치하는 등 게시할 것

❷ 배당률 또는 기준 가격을 참고로 표시하는 경우에는 장래의 금리변동 또는 운영 실적에 따라 배당률 또는 기준 가격이 변동될 수 있다는 사실을 기재할 것

❸ 수익률을 적용하는 상품에 대하여 하나의 배당률로 표시하는 경우에는 전월 평균배당률로 기재하되, 하나 이상의 배당률로 표시하는 경우에는 최근 배당률부터 순차적으로 기재할 것

(11) 기타 금지행위

일반투자자와 같은 대우를 받겠다는 전문투자자의 요구에 정당한 사유 없이 동의하지 않거나, 신탁 계약조건 등을 정확하게 공시하지 아니하는 행위 등은 금지된다.

01 다음에서 설명하는 내용으로 (   )에 가장 알맞은 용어는?

> (   )은 특정 자산을 지정된 날짜 또는 그 이전에 미리 약정된 가격으로 사거나 또는 팔 수 있는 권리를 그 소유자에게 부여하는 계약이다.

① 선물   ② 옵션
③ 스왑   ④ 파생결합증권

02 다음은 일반적인 주가연계 파생결합증권에 대한 설명으로 적절하지 않은 것은?

① 투자 결과는 기초자산의 가격 움직임에 따라 결정된다.

② 평가일에 기초자산 가격이 모두 상환조건을 넘는 경우에 상환이 된다.

③ 평가일이 지날수록 상환 가격이 85%, 80%, 75% 등으로 낮아지는 경우를 '스텝다운(step down)' 구조라 한다.

④ 기초자산의 큰 폭 하락 가능성이 높더라도 큰 폭의 상승 가능성이 있을 때 유용한 구조이다.

03 다음 중 부동산펀드에서 투자 가능한 부동산과 관련된 권리로서 자본시장법에서 명시적으로 규정하고 있지 아니한 것은?

① 지역권   ② 임차권
③ 저당권   ④ 분양권

해설

01 ② 자본시장법 제5조 제1항 제2호에서 옵션을 정의한 부분이다.

02 ④ 기초자산의 큰 폭 하락 가능성은 매우 낮으며 시장의 폭등 가능성도 적다고 예상하는 투자자에게 적절한 구조이다.

03 ③ 자본시장법은 부동산펀드에서 투자하는 부동산과 관련된 권리에 해당하는 것으로 지상권, 지역권, 전세권, 임차권, 분양권을 명시적으로 규정하고 있다.

04 다음 중 자본시장법상 특별자산에 해당하는 일반상품에 투자하는 특별자산 펀드에 대한 설명으로 적절하지 않은 것은?

① 일반상품은 과거 간접투자자산운용업법 하에서 실물자산으로 불렸다.

② 일반상품에 해당하는 것에는 농산물, 축산물, 수산물, 임산물, 광산물 및 에너지에 속하는 물품이 있다

③ 일반상품은 보관·운송·평가·유동성 등의 측면에서 별다른 문제점이 없어 과거 간접투자자산운용업법 하에서 일반상품에 투자하는 실물펀드의 개발이 매우 활성화되었다.

④ 일반상품의 가치는 물가가 오르면 동반 상승하는 특성이 있으므로, 주식이나 채권 등과 함께 투자하는 경우 인플레이션을 헤지할 수 있는 특징이 있다.

05 다음 중 신탁재산의 법적 특성 및 기본원칙에 대한 설명으로 적절하지 않은 것은?

① 신탁재산에 대하여는 강제집행, 담보권 실행을 위한 경매, 보전처분 또는 국세 등 체납처분을 할 수 없다.

② 신탁재산은 수탁자의 상속재산 및 수탁자의 파산재산에 속하지 아니한다.

③ 수탁자는 신탁사무를 처리함에 있어 항상 위탁자를 위하여 처리하여야 한다.

④ 신탁재산에 손실이 발생한 경우에는 모두 수익자에게 귀속되는 것이 원칙이다.

해설

04 ③ 일반상품은 보관·운송·평가·유동성 등의 측면에서 펀드로서의 요건을 충족하기 곤란하여 과거 간접투자자산운용업법 하에서 거의 개발되지 못하였다.

05 ③ 충실의무란 수탁자가 신탁사무를 처리함에 있어서 항상 수익자를 위하여 처리하여야 한다는 의무이다.

06 다음 중 특정금전신탁에 대한 설명으로 적절하지 않은 것은?

① 특정금전신탁의 가입기간에는 제한이 없으므로, 하루만 가입할 수도 있고 10년을 가입할 수도 있다.

② 위탁자 본인이 아닌 제3자를 수익자로 지정하는 경우에는 신탁의 수익권을 타인에게 증여한 것으로 보아 증여세가 부과된다.

③ 운용지시는 고객 본인의 투자판단에 따라 직접 결정하여야 하며, 신탁회사에게 투자판단의 일부나 전부를 위임하거나 투자조언을 구할 수 없다.

④ 중도해지를 신청하더라도 운용 중인 자산의 종류 및 상태에 따라 중도해지가 제한될 수 있으며, 운용자산의 처분과정에서 일부손실이 발생할 수도 있다.

07 다음 중 신탁상품의 판매절차에 대한 설명으로 적절하지 않은 것은?

① 위탁자가 신탁상품을 통해 파생상품 등을 거래하고자 하는 경우, 투자자 정보를 제공하지 않으면 일반투자자로서 보호를 받을 수 없다는 점을 통지하였음에도 불구하고 자신의 정보를 제공하지 않는 고객에 대하여는 그 거부 의사를 서면으로 확인받은 후 판매하여야 한다.

② 신탁회사가 신탁자산의 운용을 위한 투자판단의 일부나 전부를 행사하는 비지정형 신탁상품을 판매할 때에는 반드시 투자자 정보를 확인하여야 한다.

③ 위탁자가 본인 스스로의 투자판단에 따라 신탁재산의 운용방법을 구체적으로 지정하는 경우에는 해당 신탁상품을 통해 실제로 투자할 운용대상 자산을 기준으로 위탁자의 위험등급에 적합한 운용대상 자산을 제시하고 해당 신탁상품과 함께 투자권유하여야 한다.

④ 비지정형 신탁상품의 경우에는 매분기 1회 이상 고객의 재무상태 등의 변경 여부를 확인하여 반영하여야 한다.

해설

06 ③ 위탁자가 자산운용권한을 갖고 있는 특정금전신탁이라고 할지라도, 위탁자의 필요에 따라서는 신탁회사에게 투자판단의 전부나 일부를 위임할 수 있다.

07 ① 파생상품 등의 투자에 대한 '적정성의 원칙'은 신탁을 통해서 파생상품 등을 거래하고자 하는 경우에도 적용된다.

정답 01 ② | 02 ④ | 03 ③ | 04 ③ | 05 ③ | 06 ③ | 07 ①

part 05

펀드 운용

certified fund investment advisor

chapter 01

채권에 대한 이해

채권 개요

1 채권의 개념

채권은 채권 발행자(국가, 지방자치단체, 특별법인, 주식회사 등)가 이자와 원금의 상환조건을 미리 정한 채무증서이다. 채권은 이자와 원금의 규모 및 상환일정이 미리 정해져 있기 때문에 고정소득증권(확정금리부증권, Fixed Income Securities)이라고도 부른다.

2 채권의 종류

채권은 발행주체에 따라 국채, 지방채, 특수채, 회사채 등으로 분류하고, 원리금 지급 방법에 따라 이표채, 할인채, 복리채 등으로 분류한다.

국채는 정부에서 발행하는 채권이다. 정부가 원리금을 지급하므로 무위험채권(Risk

free bond)이라고 한다. 국고채는 3년, 5년, 10년, 20년 등으로 만기가 다양하며, 이자는 연 2회(매 6개월마다) 지급하는 것이 일반적이다. 2007년에는 인플레이션 위험을 헤지(Hedge)할 수 있는 10년 만기 물가연동국채가 발행되었다.

지방채는 지방자치단체들이 특수한 목적을 달성하기 위해서 발행하는 채권으로, 서울도시철도채, 지역개발공사채, 도로공채, 상수도공채 등이 발행되고 있다. 지방채는 정부의 간접적인 지원을 받으므로 안전성이 높고, 국채보다 이자율이 높다.

회사채는 상법상의 주식회사가 발행하며, 일반적으로 매 3개월마다 이자를 지급받고, 만기에 원금을 상환받는다. 대부분 무보증채로 발행되며, 발행하는 기업의 신용에 따라서 금리가 다양하다. 발행기업의 신용등급이 채권 가격(채권금리) 결정에 매우 중요한 역할을 한다.

담보채권은 동산, 증서가 있는 채권, 주식, 부동산 등을 담보로 발행된다. 이표채(Coupon Bond)는 채권실물발행 시에, 쿠폰이 함께 붙어 있고 이자 지급일에 쿠폰과 이자를 교환하기 때문에 붙여진 이름이다. 현재는 채권실물발행 없는 등록발행이 대부분이며 실제 쿠폰과 이자를 교환하는 경우는 거의 없다.

국채를 제외하고는 3개월 이표채가 대부분인데, 연 7% 이자를 지급하는 3년 만기 은행채의 경우, 1,000만 원을 투자하면 매 3개월마다 세전 17만 5천 원의 이자를 지급받고, 3년 만기 시에 1,000만 원의 원금을 지급받는다.

$$1,000만 원 × 연 7\% = 70만 원(1년간)$$
$$70만 원/4회 = 17.5만 원(매 3개월마다 지급)$$

할인채(Discount Bond)는 만기 이전에 이자를 지급하지 않고, 발행 시에 만기까지의 이자에 해당하는 금액을 할인해 발행하며, 만기에 원금액을 상환하는 형태의 채권을 말한다. 1년 후에 1,000만 원이 되는 1년 만기, 연 5%, 은행 할인채의 경우, 9,500,000원에 발행하고 1년 후에 1,000만 원을 지급한다.

$$채권 발행 시에는 : 1,000만 원 × 0.05 = 500,000, 따라서 발행금액은$$
$$1,000만 원 - 500,000 = 9,500,000$$
$$9,500,000원 투자 → 1년 후, 1,000만 원$$

복리채(Compound Bond)는 이자지급기간 동안 이자를 복리로 재투자하여 만기 상환 시에 원금과 이자를 동시에 지급하는 채권이다. 2년 만기, 연 6%, 3개월 복리 은행채의 경우, 1,000만 원을 투자하면 2년 후에 세전 11,264,926원을 지급받게 된다.

$$10,000,000원 \times \left(1 + \frac{0.06}{4}\right)^{8} = 11,264,926원$$

1,000만 원 투자 → 2년 후, 11,264,926원

청구권 우선순위에 따라 구별할 수도 있다. 후순위채는 발행회사의 부도 등의 경우에 선순위채를 모두 상환하고 남은 재산에 대하여 청구권이 있는 채권을 말한다. 따라서, 투자하기 전에 발행기업의 재무구조와 청산 시의 회수율에 대한 분석이 필수적이다. 후순위채의 청구권은 선순위채와 주식의 중간에 있다.

3 채권의 특성

첫째, 채권은 고정금리를 지급한다는 점이다. 미리 정해진 날에 정해진 금액을 지급받으므로 투자하기 전에 미래의 현금흐름을 알고 이에 맞는 전략 수립이 가능하다.

둘째, 채권은 만기가 있다는 점이다. 채권에 투자하면 언제 원금을 돌려받을 수 있는지 미리 알 수 있다. 연 5% 이자를 지급하는 1년 만기 은행채에 1,000만 원을 투자했다면, 1년 동안 50만 원의 이자(연 5%)를 지급받고, 만기에 1,000만 원의 원금을 지급받게 된다.

셋째, 채권은 주식에 비해 안전하다는 점이다. 국가기관, 금융기관, 주식회사 등에서 채권을 발행하므로 채무불이행 가능성이 낮다. 주식회사에서 발행한 회사채의 경우에도, 자본금보다 선순위 청구권(Priority of Claims)이 있으므로 회사채가 주식보다 더 안전하다.

넷째, 채권은 만기 이전에 매매가 가능하다는 점이다. 일반적으로 채권은 만기 이전에 유통시장을 통해 현금화가 가능하다.

채권수익률과 채권 가격

채권수익률과 채권 가격은 반대로 움직인다. 채권수익률이 올라가면 채권 가격이 떨어지고, 반대로 채권수익률이 하락하면 채권 가격이 올라간다는 뜻이다.

채권 가격과 채권수익률이 반대로 움직인다고 할 때의 채권수익률은 할인율의 개념이다. 예를 들어 1년 후에 1,060만 원의 원리금이 지급되는 은행채가 있다고 하자. 채권수익률이 6%일 경우, 1년 만기 은행채의 현재 가격은 1,000만 원이 된다. 1,060만 원을 1년, 6% 할인율로 할인하면 1,000만 원이 나오기 때문이다.

$$1,000만 원 = \frac{1,060만 원}{(1+0.06)^1}$$

만약, 1년 후 1,060만 원의 원리금을 지급하는 은행채를 5%로 할인할 경우에는 현재 가격이 1,009.5만 원이 된다. 즉, 이미 발행된 1년 만기 은행채의 현금흐름은 1년 후 1,060만 원으로 고정되어 있는데, 채권수익률(할인율)이 6%에서 5%로 하락한다면 은행채의 가격은 상승하게 된다.

$$1,009.5만 원 = \frac{1,060만 원}{(1+0.05)^1}$$

반대로, 채권수익률이 7%가 되었을 경우에는 어떻게 될까? 1년 후에 1,060만 원의 원리금을 지급하는 은행채의 채권 가격은 990.6만 원으로 하락한다. 이는 현금흐름, 즉 (1년 후의) 1,060만 원은 고정(Fixed)되어 있는데, 채권의 할인율(채권수익률)이 상승했기 때문에 채권의 현재가치가 감소하게 되는 것이다.

$$990.6만 원 = \frac{1,060만 원}{(1+0.07)^1}$$

자본시장에서 사용되는 채권수익률은 대부분 미래의 정해진 현금흐름을 채권수익률로 할인한다는 '할인율' 개념이다. 채권수익률은 연수익률 개념이다.

(1) 만기수익률(Yield to Maturity)

만기수익률은 우리가 일반적으로 사용하는 채권수익률, 할인율, 채권금리를 지칭하는 것으로, 채권의 현재 가격과 미래 현금흐름을 일치시키도록 할인하는 한 개의 수익률이다. 여기에서 한 개의 수익률이란, 미래의 현금흐름이 여러 개 있어도 할인율은 한 개란 뜻이며, 내부수익률법을 사용하여 현재가치와 미래 현금흐름을 일치시킬 때의 할인율, 즉 내부수익률(Interest rate of return)을 말한다.

만기수익률은 잔존만기 이전에 현금흐름이 발생하더라도 이러한 현금흐름에 대한 할인율 적용에 있어서, 만기까지 단일수익률을 적용한다.

(2) 현물이자율(Spot rate)

현물이자율은 가장 단순한 형태의 채권인 할인채(Discount bond) 또는 무이표채(Zero coupon bond)의 만기수익률이다. 즉, 중간에 현금흐름이 없는 채권의 수익률을 말한다. 예를 들면, 3개월 만기 CD금리, 6개월 만기 CD금리, 1년 만기 할인채 등의 금리가 바로 현물이자율이다.

현물이자율은 만기수익률이면서도 중간에 현금흐름이 없는 채권의 수익률이기 때문에 만기수익률과 구분하여 사용한다.

(3) 내재이자율

내재이자율은 현재의 채권금리에 내포되어 있는 미래의 일정기간에 대한 금리를 말한다. 내재이자율에는 채권거래 당사자의 미래에 대한 기대가 반영되어 있다고 볼 수 있다.

만기수익률이 현재 시점에서 적용되고 있는 만기까지의 이자율을 의미한다면, 내재이자율은 현재 시점에서 요구되는 미래기간에 대한 이자율을 말한다.

내재이자율은 미래 시점에서 실제로 형성되는 미래의 채권수익률과 일치하지 않는 경우가 대부분이다. 시장 참가자들의 기대가 현실이 될 가능성이 크지 않기 때문이다.

1년 만기채 할인율이 6%이고, 2년 만기채 할인율이 6.5%일 경우의 내재이자율을 그림으로 나타내보면 다음과 같다.

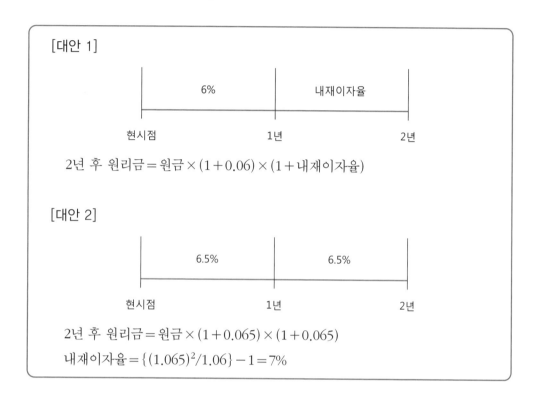

2 채권 가격 계산

주식의 가치평가 모형이 다양한 것과는 반대로 채권 가격 계산 방법은 현금흐름 할인법(DCF : Discounted cash flow)을 사용한다. 이 방법은 현금흐름을 추정할 수 있을 때에 유용하게 사용되는데, 채권은 미래 현금흐름을 알 수 있기 때문에 현금흐름 할인법(DCF)을 사용하면 정확하게 가격을 계산할 수 있게 된다.

무이표채의 가격 계산 방법은,

$$PV = FV / \{(1+r)^n \times (1+r \times d/365)\}, \text{ 또는 } PV = FV / (1+r)^{t/365}\text{이다.}$$

PV(Present Value)는 현재 가격을, FV(Future Value)는 미래 현금흐름을 의미한다. n은 잔존년수, r은 할인율, d는 1년 이내의 잔존일수, t는 총잔존일수이다.

앞의 방법은 관행적 복할인 방법이고, 뒤의 방법은 이론적 복할인 방법이다.

양도성예금증서(CD), 할인채, 복리채는 중간에 현금흐름이 없으므로 다음과 같이 간단하게 채권 가격을 계산할 수 있다.

91일 후, 50,000,000원을 지급받는 은행CD의 경우, 매매금리가 5.5%일 때 매매 가격은

$$49,323,657원 = \frac{50,000,000원}{(1+0.055 \times 91/365)} 이다.$$

이표채 등 만기 이전에 현금흐름이 있는 채권의 가격 계산은 다음과 같이 하면 된다.

$$PV = C_1/(1+r)^1 + C_2/(1+r)^2 + C_3/(1+r)^3 + \cdots + C_n/(1+r)^n 이다.$$

(C_1, C_2, C_3, $\cdots$ C_n은 현금흐름, r은 채권수익률, n은 잔존연수)

각각의 현금흐름을 동일한 채권금리(할인율)로 잔존기간에 맞게 할인하여 채권 가격을 계산하게 된다.

section 03 채권수익률 곡선과 듀레이션

1 수익률 곡선(Yield curve)

수익률 곡선은 '신용도가 동일한 무이표채권의 만기수익률과 만기와의 관계를 표시한 곡선'이다.

만기의 차이에 따른 이자율 구조를 통칭하여 이자율 기간구조(Term structure of interest rates)라고 한다.

아래의 수익률 곡선에서 잔존만기 1년의 국채에 대한 할인율은 5.33%이고, 잔존만기 2년은 5.55%, 잔존만기 3년은 5.66%임을 알 수 있다. 또한, 은행채는 잔존만기 1, 2, 3년 할인율(채권수익률)이 각각 6.59%, 6.81%, 6.85%임을 알 수 있다.

신용등급이 낮을수록 높은 할인율로 할인하게 되며, 국채금리와는 멀리 떨어지게

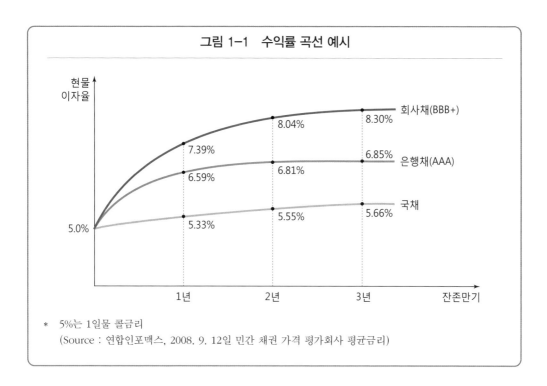

그림 1-1   수익률 곡선 예시

* 5%는 1일물 콜금리
(Source : 연합인포맥스, 2008. 9. 12일 민간 채권 가격 평가회사 평균금리)

된다. 이를 신용 스프레드라고 한다. 예를 들어 3년 만기 회사채와 3년 만기 국채의 스프레드는 2.64%(=8.3%−5.66%)이다. 이를, 3년 만기 BBB+등급 채권의 신용 스프레드는 264bps라고 한다.

bps는 basis points를 뜻하며 1 basis point는 10,000분의 1이다. 채권수익률이 0.05% 하락했을 경우, 5bps 하락했다고 표현한다.

신용 스프레드와 함께 기간 스프레드라는 용어를 많이 쓴다. 예를 들어 잔존만기 1년 국채금리와 잔존만기 2년 국채금리 차이를 국채 1−2년 스프레드라고 한다. 위의 수익률 곡선에서 국채 1−2년 스프레드는 22bps(=5.55%−5.33%)이다.

2   듀레이션(Duration)과 컨벅시티(Convexity)

(1) 듀레이션 개념

채권투자 시, 금리변동 위험을 파악하는 일은 매우 중요하지만, 일일이 계산하는 것은 불편하다. 이런 어려움을 해결하기 위해서 개발된 것이 듀레이션이다. 듀레이션은 채권금리(할인율) 변화에 따른 채권 가격 변동성을 간편하게 계산하기 위해서 개발됐다.

옵션부 채권이 등장하기 이전의 듀레이션은, 미래 현금흐름의 현재가치에 각 현금흐름의 잔존기간을 곱하여 더한 값을 채권의 현재가치로 나눈 것으로, '현재가치로 환산된 가중평균 상환기간'의 개념이었다. 무이표 채권인 할인채와 복리채는 채권의 만기 이전에 이자를 지급하지 않으므로 채권의 만기와 듀레이션이 일치한다.

할인채와 복리채의 잔존만기＝듀레이션

콜옵션부채권(Callable Bond)처럼 채권시장 금리에 따라 잔존만기가 변화하는 채권이 등장하면서, 듀레이션 개념이 '채권금리 변화에 대한 채권 가격 변동의 민감도'로 바뀌었다. 듀레이션을 활용한 채권금리 변화와 채권 가격 변동률의 관계는 다음과 같다.

$$dP/P = (-) \times 듀레이션 \times dY$$

(dP/P : 채권 가격 변동률, dY : 금리 변화율)

 예시

3년 만기, 연 7%(3개월 이표채) 은행채의 듀레이션이 2.7이고, 채권수익률(할인율)이 오늘 하루 중에 6.8%에서 6.7%로 0.1% 하락할 경우, 듀레이션으로 계산하면 채권 가격은 몇 % 상승할까?

$$채권 가격 변동률 = (-) \times 2.7 \times (-0.1\%) = +0.27\%$$

(2) 듀레이션 계산

엑셀을 이용해서 채권 가격과 듀레이션을 계산해보면, 채권을 이해하는 데 도움이 된다. 매컬레이가 사용한 방법으로 다음과 같이 듀레이션을 계산해 볼 수 있다.

 예시

잔존만기 3년, 연 7% 이자를 지급하는 은행채(3개월 이표채)를 매입하였는데, 이 채권의 듀레이션은 얼마인가? (할인율은 7%)
엑셀을 활용하여 다음과 같이 듀레이션을 계산할 수 있다.

Time	Cash Flow	PV	Time×PV	PV 계산식
0.25	175	172.06	43.02	$=175/(1+0.07)^{0.25}$
0.5	175	169.18	84.59	$=175/(1+0.07)^{0.5}$
0.75	175	166.34	124.76	
1	175	163.55	163.55	
1.25	175	160.81	201.01	
1.5	175	158.11	237.17	
1.75	175	155.46	272.05	
2	175	152.85	305.70	
2.25	175	150.29	338.15	
2.5	175	147.77	369.42	
2.75	175	145.29	399.54	
3	10,175	8,305.83	24,917.49	$=10,175/(1+0.07)^3$
	합계	10,047.54	27,456.45	

(말풍선) $=10,000 \times 0.07/4$

(말풍선) 할인율

Duration : 2.73(=27,456.45/10,047.54)

3년 만기 표면금리 7%, 3개월 이표채의 듀레이션은 2.73이다.

(3) 듀레이션 간편 계산법

듀레이션을 간편하게 계산하는 방법은 다음과 같다.

$Duration = (V^- - V^+)/(2V \times (dY))$이다.

여기에서, V^- : 금리 하락 시 가격, V^+ : 금리 상승 시 가격,

V : 현재 가격

dY : 금리변동분(0.5%일 경우, 0.005, 소수점을 사용)

! 예시

잔존만기 3년, 표면금리 8%(3개월 이표채) 국고채의 듀레이션을 간편법으로 계산하면 얼마인가? (할인율은 3.65%)

재무계산기를 사용하여 현재가치(Present Value)를 구하는 법은,

N=12, I/Y=3.65/4, PMT=−200, FV=−10,000, CPT PV

를 입력하면 된다.

- 1년에 4회, 3년간 총 12회 이자를 지급하므로 N은 12이다.
- 10,000원 기준 연간 200원×4회 이자가 지급되므로 PMT는 200원이다.
- 액면금액(상환금액)은 10,000원이다.
- CPT는 compute, PMT는 payment이다.

$$V : 11,230원(할인율 3.65\%), \quad V^- : 11,383원(3.15\%), \quad V^+ : 11,080원(4.15\%)$$
$$Duration = (11,383 - 11,080)/(2 \times 11,230 \times 0.005) = 303/112.3 = 2.70이다.$$

(4) 듀레이션, 금리변동, 채권 가격의 관계

듀레이션으로 계산한 채권금리변동과 채권 가격과의 관계는 역의 선형이다. 듀레이션이 당일에는 상수이기 때문이다. 다시 말하면, 순수하게 듀레이션으로 채권 가격과 채권수익률의 관계를 나타내면, 채권 가격과 채권수익률은 역의 1차 방정식의 관계이다.

$$dP/P = (-) \times 듀레이션 \times dY$$

(dP/P : 채권 가격 변동률, dY : 금리변화율)

여기에서, 듀레이션은 당일에는 변하지 않는 상수이다.

듀레이션으로 계산한 금리변동에 따른 채권 가격 변동은 다음과 같다.

구분		듀레이션별 채권 가격 변동			
		1	2	3	5
금리변동	+1%	−1%	−2%	−3%	−5%
	−1%	+1%	+2%	+3%	+5%

(5) 듀레이션 활용 : 금리 민감도 분석(Sensitivity Analysis)

듀레이션은 채권의 투자위험 및 투자성과를 사전에 파악하는 데 유용하게 사용된다. 채권은 고정소득 증권이므로, 투자하기 전에 할인율별 투자성과를 예측할 수 있는데, 이를 민감도 분석이라고 한다.

채권의 투자성과를 측정하는 방법 중에 가장 간단하면서 효율적인 방법은, 채권 투자성과를 이자수익과 자본손익으로 구분하여 측정하는 방법이다.

채권투자성과＝이자수익＋자본손익

이자수익은 매입금리(연 %)

자본손익은 (－)×매도 시의 듀레이션×금리변동×연율화

❶ 매도 시의 듀레이션은 투자기간 종료 시점의 채권 듀레이션

❷ 금리변동은 매입금리와 매도금리의 차이

❸ 연율화는 연수익률로 계산하는 것이다. 6개월간 4% 수익이라면, 연 8% 수익이 발생한 것이다. 4%×2＝8%이다.

채권은 만기까지 보유할 경우 매입수익률로 투자수익이 확정되기 때문에 이자수익은 만기까지 보유한다고 가정한 수익률이다. 실제로 채권을 만기 이전에 매도하게 되면 채권의 잔존만기가 투자만기보다 길어서 금리 상승 위험에 노출되게 된다. 금리가 하락하면 당연히 추가 수익이 발생한다.

자본손익은 매입금리와 매도 시의 금리차(＝매입수익률－매도수익률)와 매도 시의 듀레이션을 활용하여 계산할 수 있다. 예를 들어 2년 만기 은행채를 매입하여, 1년 경과 후에 매도하는 전략으로, 매입금리는 7%, 매도금리는 6.5%일 경우에 자본손익을 구해보자. 매도 시에 잔존만기가 1년 남았으므로, 듀레이션을 1이라고 하면, 금리변동은 －0.5% 이므로 자본이익은 0.5%가 된다.

$$자본손익＝(－)×1×(－0.5\%)＝＋0.5\%이다.$$

이 채권을 1년 후에 7%에 매도할 경우에는 자본손익이 0이다.

$$자본손익＝(－)×1×(0\%)＝0\%이다.$$

❗ **예시**

① 1년 만기 은행채를 6.5%에 매입하여, 6개월 후 매도하는 전략으로 투자하려고 한다. 현재 6개월 만기 은행채 금리(채권수익률)는 5.8%이다. 듀레이션을 활용하여 6개월 후 금리상황별 민감도 분석을 하면 다음과 같다(6개월 후 듀레이션은 0.5, 세금 등 거래비용은 없는 것으로 가정).

▶ 은행채 채권수익률 곡선 : 0.5년(5.8%), 1년(6.5%) (수익률 곡선은 평행이동(Parallel Shift) 가정)

▶ 수익률 곡선의 평행이동 : 채권금리가 만기에 관계없이 같은 수준으로 상승 또는 하락(하는 경우를 의미)

■ 민감도 분석 결과

6개월간 금리변동	이자 수익	자본손익	투자수익률	자본손익 계산식
+0.75%	6.50%	−0.05%	6.45%	$=-(6.55\%-6.5\%)\times0.5\times2$
+0.50%	6.50%	+0.20%	6.70%	$=-(6.30\%-6.5\%)\times0.5\times2$
+0.25%	6.50%	+0.45%	6.95%	$=-(6.05\%-6.5\%)\times0.5\times2$
Unchanged	6.50%	+0.70%	7.20%	$=-(5.80\%-6.5\%)\times0.5\times2$
−0.25%	6.50%	+0.95%	7.45%	$=-(5.55\%-6.5\%)\times0.5\times2$
−0.50%	6.50%	+1.20%	7.70%	$=-(5.30\%-6.5\%)\times0.5\times2$

(매입금리 → 이자수익 열)

▶ 자본손익 계산식에서 0.5는 듀레이션, 2는 6개월간의 손익을 연율화한 것이다.
▶ 채권금리가 0.25% 상승할 경우, 매도금리가 6.05%가 되는 이유는 6개월 만기 은행채의 금리가 5.8%에서 0.25% 상승하기 때문이다.

② 잔존만기 2년의 은행채를 7.0%에 매입하여, 1년간 보유 후, 매도하려고 한다. 현재 1년 만기 은행채 금리는 6.5%이다. 듀레이션을 활용하여 금리상황별 민감도 분석을 하면 다음과 같다(1년 후 듀레이션은 1, 세금 등 거래비용은 없는 것으로 가정).
은행채 채권수익률 곡선 : 1년(6.5%), 2년(7%) (수익률 곡선은 평행이동 가정)

■ 민감도 분석 결과

1년간 금리변동	이자 수익	자본손익	투자수익률	자본손익 계산식
+1.00%	7.0%	−0.50%	6.50%	$=-(7.50\%-7.0\%)\times1$
+0.75%	7.0%	−0.25%	6.75%	$=-(7.25\%-7.0\%)\times1$
+0.50%	7.0%	−	7.00%	$=-(7.00\%-7.0\%)\times1$
+0.25%	7.0%	+0.25%	7.25%	$=-(6.75\%-7.0\%)\times1$
Unchanged	7.0%	+0.50%	7.50%	$=-(6.50\%-7.0\%)\times1$
−0.25%	7.0%	+0.75%	7.75%	$=-(6.25\%-7.0\%)\times1$
−0.50%	7.0%	+1.00%	8.00%	$=-(6.00\%-7.0\%)\times1$

▶ 투자기간이 1년인데, 잔존만기 2년의 은행채에 투자하는 전략으로 듀레이션 미스매치는 약 1이다.
▶ 1년 만기매치로 투자하면 연 6.5% 수익이 확정되는 반면, 2년물을 매입하여 1년 후에 매도하면 1년간 채권금리 움직임에 따라 다양한 투자수익률이 나온다.

(6) 채권의 컨벡시티(Convexity, 볼록성)

채권 가격과 채권수익률은 반비례의 관계에 있다는 것은 이미 알고 있는 사실이다. 듀레이션을 활용하여 둘 사이의 관계를 간편하게 알아보는 방법을 살펴보았는데, 듀레이션만 사용할 경우, 실제 채권 가격 움직임을 정확하게 계산하지 못한다는 단점이 있다. 채권 가격과 채권수익률 간의 관계는 직선이 아니고 곡선이기 때문이다. 듀레이션으로 측정한 직선과 실제의 곡선과의 오차를 줄이기 위해서 컨벡시티(Convexity)를 사용한다.

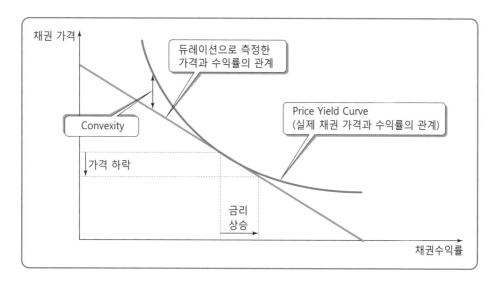

채권 가격과 채권수익률의 관계를 나타내는 곡선은 듀레이션 효과＋컨벡시티 효과이다. 채권금리 상승으로 채권 가격이 하락할 경우, 실제 채권 가격은 듀레이션으로 계산한 가격보다 높다. 반대로 채권금리 하락으로 채권 가격이 상승할 경우에도, 실제 채권 가격은 듀레이션으로 계산한 가격보다 높다. 이것은 컨벡시티가 항상 양이기 때문이다.

채권투자위험

1 가격 변동 위험(Price risk)

채권은 만기 확정금리부 자산으로 채권을 만기까지 보유하고, 그 채권이 부도나지 않으면, 채권 가격이 하락하는 위험은 없다.

그러나 채권을 만기 이전에 매도하려고 할 경우에는, 채권금리가 상승하게 되면 채권 가격이 하락하는 위험이 있다. 이를 채권의 가격 변동 위험이라고 한다.

채권의 미래 현금흐름이 채권 발행 시점에 확정되어 있으므로, 향후 채권금리(할인율)의 상승에 따른 위험은 사전에 예측이 가능하다. 앞의 듀레이션 부분에서 살펴본 민감도분석(Sensitivity Analysis)이 채권의 가격 변동 위험을 사전에 예측하는 방법이다.

잔존만기 10년, 듀레이션 8, 채권수익률(할인율) 9%의 수협 후순위채를 매수할 경우를 예로 들어 보자. 1년 후에 채권수익률이 1% 상승할 경우, 1년 후의 투자수익률은 다음과 같이 계산된다(1년 후 듀레이션은 7로 가정).

> 이자수익 : 연 9%
> 자본손실 : (−)×7×1%＝−7%
> 채권투자수익률 : 연 2%{ ＝9%＋(−)7%}이다.

10년 만기 채권에 투자하여, 1년 동안 채권수익률이 1% 상승하여도 투자수익은 연 2%가 된다.

채권 가격 변동 위험을 회피하는 방법도 있다. 채권금리가 상승할 가능성이 매우 높을 경우에는 보유채권을 매도하거나, 또는 국채선물을 매도할 수 있다. 국채선물을 매도하면 국채를 매도한 것과 똑같은 효과가 있으므로, 향후 국채금리가 올라가게 되면 국채선물매도 부문에서 이익이 발생하게 된다.

이외에 금리 상승 위험을 회피하는 방법으로는 이자율스왑에서 고정금리 지급 포지션을 취하거나, 변동금리부채권(Floating Rate Note; FRN)을 매입하는 방법 등이 있다. 이자율스왑은 고정금리와 변동금리를 교환하는 계약인데, 채권은 대부분 고정금리 이자를 받으므로, 채권에서 받은 고정금리를 상대방에게 주고, 상대방으로부터 변동금리를 지급받아 금리 상승 위험을 회피하는 방법이다.

변동금리부채권은 채권이자금액이 시장금리에 연동되어 변동하는 채권인데, 시장금리가 상승할 경우에는 채권이자금액도 따라서 올라가므로, 금리 상승기에 유리한 투자 수단이다.

2 　신용위험(Credit risk)

(1) 부도위험(Default risk)

채권의 부도위험은 채권 발행사(또는 보증사)가 이미 정해진 원리금을 지급하지 않을 위험이다. 신용위험이 있는 신용채권(Credit bond) 투자 시에 가장 중요하게 검토해야 할 위험이다. 채권에 부도가 발생할 경우 원금손실이 상당할 수 있기 때문이다.

채권 투자자들이 대차대조표를 중요하게 생각하는 이유는, 채권의 부도 시 회수 가능성을 예측하기 위해서다. 부채의 규모, 자기자본의 규모, 자산의 구성(유동자산과 비유동자산), 비유동자산의 현재가치 분석을 통하여, 채권 발행사가 어려움에 처할 경우에 채권 회수율에 영향이 있는지를 분석한다.

대차대조표는 다음과 같이 구성되어 있다.

자산	부채 및 자본
유동자산(가변성 낮음) 비유동자산(가변성 높음)	부채(고정) 자본(자산의 가치 − 부채)
자산 총계	부채와 자본 총계

부채의 규모는 적을수록 좋고, 특히 담보대출 등의 담보채권 금액은 적어야 유리하다. 자기자본은 많을수록 좋다. 자기자본은 채권보다 후순위이기 때문이다.

부도위험을 회피하기 위해서는 신용채권을 매도하거나, CDS(Credit Default Swap)같은 신용파생상품을 활용할 수 있다.

(2) 신용등급 하향 위험(Downgrade risk)

신용채권에 투자할 때 가장 중요한 투자지표는 그 채권의 신용등급이다. 신용등급이 높으면 채권수익률이 낮게, 신용등급이 낮으면 채권수익률이 높게 형성된다. 국채는 일반적으로 같은 만기의 채권 중에서 가장 낮은 금리(할인율)로 거래된다.

채권의 신용등급이 하락하면 채권수익률이 상승하여 채권 가격이 하락하고, 신용등급이 상승하면 채권수익률이 하락하여 채권 가격이 상승한다. 따라서 채권투자에 있어서 신용등급 변동은 매우 중요하다.

(3) 신용 스프레드 확대 위험(Credit Spread Risk)

동일 만기의 무위험채권(Risk free bond)과 신용채권(Credit bond) 간의 금리차이를 신용 스프레드(Credit spread)라고 하는데, 채권시장 상황에 따라 신용 스프레드는 끊임없이 변한다.

신용 스프레드＝동일 만기의 신용채권금리－무위험채권금리

! 예시

3년 만기 국고채 금리는 3.96%, 3년 만기 BBB－회사채의 금리가 8.75%일 때, BBB－회사채(3년)의 신용 스프레드는 얼마인가?

4.79%＝8.75%－3.96% 이다.

일반적으로 경기가 활황세일 때에는 신용 스프레드가 축소되고, 경기 침체기에는 신용 스프레드가 확대된다. 경기 침체기에는 기업의 부도 등으로 신용경색(Credit Crunch) 현상이 나타나기 때문이다.

(4) 청구권(Priority of Claims)

회사채 투자자는 발행회사의 부도 등의 경우에도 주주들에 우선하여 발행회사의 자산에 대한 청구권을 갖도록 상법에서 규정하고 있다.

회사채 발행기업의 자산을 처분하여 담보채권자에 대해 우선 배당을 하고, 잔여 재산은 선순위 무담보채권자(회사채, 기업어음, 대출 등)들에게 배분된다. 이때 담보채권자는 해당 담보자산에 대해서만 우선권을 갖는다.

(5) 신용평가

국채 등 정부보증채를 제외한 채권을 모두 신용채권이라고 하며, 신용평가회사로부터 신용등급을 받는다.

신용채권의 신용평가 등급표를 요약하면 다음과 같다.

회사채등급(3년 이상)	기업어음(CP)등급(1년 이하)	비고
AAA	A1	투자적격등급
AA (+, 0, −)		
A (+, 0, −)	A2 (+, 0, −)	
BBB (+, 0, −)	A3 (+, 0, −)	
BB (+, 0, −)	B (+, 0, −)	투기등급
B (+, 0, −)		
CCC	C	
CC		
C		
D	D	부도등급

출처 : 한국신용평가

3 유동성 위험(Liquidity risk)

채권투자에 있어서 유동성 위험이란 채권을 매도할 때, 그 채권에 대한 매수세가 부족해서 제 값을 받지 못할 위험이다. 매수−매도호가 간격이 좁으면 유동성 위험이 낮고, 매수−매도호가 간격이 넓으면 유동성 위험이 크다고 할 수 있다.

국채는 유동성이 풍부하여 매수−매도 간격(Bid-ask spread)이 좁으며, 신용등급이 낮을수록 스프레드(Bid-ask spread)가 확대된다. 신용등급이 낮은 종목은 신용위험이 높을 뿐만 아니라, 유동성 위험이 추가되어 채권수익률(할인율)이 높게 형성된다.

채권금리는 채권의 미래 수익성을 결정할 뿐만 아니라, 주식, 부동산 등 다른 자산의 가치를 산정할 때 할인율로 사용된다. 따라서 정확하게 채권금리를 예측할 수 있다면, 매우 유리한 입장에서 채권, 주식, 부동산에 대한 투자가 가능하다.

채권금리에 영향을 주는 주요 변수는, 경제성장률, 물가, 채권수요와 공급, 통화정책, 환율 등이다. 이들 요인들이 단독으로 또는 복합적으로 채권금리 형성에 영향을 미친다. 한국은행, 통계청 등 관련 기관에서 이러한 거시경제 변수들에 대한 통계자료를 발표하고 있는데, 이러한 자료(Data)를 어떻게 해석하느냐가 중요하다.

채권금리＝F (경제성장률, 물가, 채권수요와 공급, 통화정책, 환율, …)

1 경제성장률

경제성장률은 흔히 국내총생산(GDP) 증가율로 측정한다. 국내총생산은 매분기별로 발표된다. 소비가 활황이면 성장률이 올라가고, 소비가 침체되면 성장률이 하락한다.

투자가 증가하면 국민총생산이 증가하고, 투자가 감소하거나 정체되면 국내총생산에 부정적인 영향을 준다.

정부지출도 국민총생산과 양의 상관관계를 가진다. 정부지출이 증가하면 GDP가 늘어나고, 정부지출이 감소하면 GDP도 감소한다. 수출은 GDP와 양(＋)의 상관관계, 수입은 음(－)의 상관관계를 가지고 있다. 상품수지 흑자가 늘어나면 GDP 성장률은 높아진다.

2 물가(Prices, Inflation)

물가동향은 매월 발표된다. 소비자들의 소비 가격과 관련된 물가는 소비자물가이고, 생산자의 생산원가와 관련된 물가는 생산자물가이다. 소비자물가가 상승하면 소비자들의 구매력이 감소하고, 소비위축이 예상되어 국내총생산(GDP)에 부정적인 영향을 준다.

생산자물가가 상승하는 경우, 소비자에게 원가상승 분을 전가하거나, 그렇지 못할 경우에는 생산량을 줄이려고 할 것이기 때문에 역시 GDP에 부정적인 영향을 준다.

3 채권 수요와 공급

자금시장의 상황, 채권수익률과 다른 자산(정기예금, 주식, 부동산) 기대수익률의 차이 등에 따라 채권 수요와 공급 불일치가 나타난다. 채권 수요가 채권 공급보다 많으면 채권가격은 올라간다(채권금리는 낮아진다).

4 통화정책

우리나라의 통화정책을 결정하는 곳은 금융통화위원회(Monetary Policy Committee)인데, 매월 둘째 주 목요일에 금통위 회의가 열린다. 매월 금통위에서는 정책금리를 결정 발표하며, 이렇게 결정된 정책금리는 채권금리에 많은 영향을 준다.

정책금리 인상 → 단기 차입금리 상승 → 채권금리 상승
정책금리 인하 → 단기 차입금리 하락 → 채권금리 하락

5 환율

우리나라는 대외의존도가 높다. 무역이 GDP에서 차지하는 비중이 높다. 환율은 수출, 수입, 물가, 이자율 등에 영향을 미치고, 수출, 수입, 이자율 등이 다시 환율에 영향을 미치는 상호작용을 한다.

선물환율(원/달러) = 현물환율(원/달러) × (1 + 한국 금리)/(1 + 미국 금리)

꼭 그런 것은 아니지만 대체적으로 환율 상승은 수입물가 상승 및 한국은행의 환율 방어를 위한 통화긴축 가능성으로 이어져 금리 상승 요인이 된다. 환율 상승은 수출단가를 상대적으로 낮아지게 하는 효과가 있어 수출증대를 통한 경기진작에 도움이 되는데 이 또한 금리 상승 요인이 될 수 있다.

반대로 환율 하락은 물가하락 및 한국은행의 통화 확대 가능성을 높이므로 금리 하락 요인이 될 수 있다.

주요 경제변수와 금리와의 관계를 요약하면 다음과 같다.

경제변수	금리에 미치는 영향	비고
물가	물가상승은 금리 상승 요인	
소비	소비증가는 금리 상승 요인, 감소는 하락 요인	
투자	투자증가는 금리 상승 요인, 감소는 하락 요인	
정부지출	정부지출 증가는 금리 상승 요인. 단, 구축효과에 따라 민간지출 감소 시는 중립	
순수출	순수출(상품수지) 흑자는 금리 상승 요인	
환율	환율 상승은 금리 상승 요인, 하락은 금리 하락 요인	

chapter 02

주식에 대한 이해

경제분석

1 국내총생산과 주가

국내총생산(GDP : Gross Domestic Product)은 일정기간 일국의 경제활동에 의해서 창출된 최종 재화와 용역의 시장가치로서, 그 나라의 경제력, 경제성장률, 국민소득 평가의 기초가 된다.

장기간에 걸친 연평균 주가상승률은 이론적으로 보면 명목GDP성장률에 접근할 것으로 기대할 수 있다.

주가상승률＝명목GDP성장률＝실질GDP성장률＋물가상승률

왜냐하면 이익평가모형(주가＝예상이익/할인율) 식을 국민경제 전체로 확대하면 명목 GDP성장률만큼 이론적 주가는 상승할 것이기 때문이다.

2 이자율과 주가

이자율 상승으로 요구수익률이 높아지면 증권 가격은 하락하고, 이자율 하락으로 요구수익률이 낮아지면 증권 가격은 상승할 가능성이 높다. 이자율 수준은 기업의 금융비용에 부담을 주므로 기업의 미래 이익에도 큰 영향을 미치게 된다.

3 인플레이션과 주가

인플레이션이란 일반적으로 물가가 지속적으로 상승하거나 화폐가치가 지속적으로 하락하여 화폐의 구매력이 감소하는 현상을 말한다.

인플레이션이 주가에 미치는 영향은 단정적으로 얘기하기 힘들다. 일반적으로 일정 수준 이내의 인플레이션은 기업의 자산가치를 높이며 상품이나 서비스의 가격 수준 역시 높아지므로 주가에 긍정적인 영향을 줄 수 있다. 때문에 주식투자는 인플레이션 헤지 수단이 되는 것으로 주장되고 있다. 하지만 적정 수준을 넘어선 하이퍼인플레이션이 발생할 경우 시중금리를 급격히 상승시키고 투자자의 납세 후 실질 수익을 감소시키므로 주식 가격의 하락을 초래할 수 있다. 한편 물가가 하락하는 디플레이션의 발생은 주로 경기부진과 함께 발생하므로 주식 가격의 하락과 직결되는 경향이 있다.

4 환율과 주가

환율은 자국 통화의 타국 통화에 대한 교환비율이다. 환율이 변동하게 되면 자국 생산제품의 국제경쟁력에 영향을 주게 되므로 환율은 개별 기업 수익성의 주요 결정요인이 된다. 환율은 직접적으로 외환시장에서 수요, 공급에 의해 결정되지만, 원천적으로는 국제수지, 물가, 금리 등의 복합적인 요인에 의해 결정된다.

환율의 상승은 단기적으로는 수출비중이 높은 기업의 대외경쟁력 및 채산성에 긍정적인 영향을 준다. 반면, 외화표시 부채가 큰 기업은 상당한 환차손을 입게 된다.

5 정부의 경제정책과 주가

(1) 재정정책

정부의 재정정책은 정부지출과 세제 변화와 관련된 정책을 말한다. 이들 재정정책은 경제의 수요측면에 영향을 줌으로써 경기 활성화를 촉진시키거나 과열경기의 진정에 사용된다.

정부가 사회간접자본에 대한 투자를 크게 늘리는 등 적자예산을 편성하여 세출을 증가시키고, 세율을 인하하면 수요를 진작시키게 된다. 반면에 정부의 차입을 증가시키는 재정적자는 상대적으로 민간부문의 차입기회를 감소(crowd out)시킴으로써 이자율을 상승시키는 작용을 할 수 있으므로 경제에 미치는 순효과는 상반되게 나타날 수 있다.

(2) 금융정책

한국은행의 가장 큰 역할과 목표는 시중물가가 일정 목표 범위 내에서 움직이도록 함에 있으며 이 역할을 수행하기 위해 시중에 유통되는 자금의 양을 조절하는 엄청난 권한을 부여받고 있다. 한국은행은 기준금리 수준의 결정, 시중은행들의 지급준비율 결정, 통안채 발행량 조정의 세 가지 방법을 통하여 시중 통화량을 조절할 수 있다. 물가 상승이 우려될 경우 기준금리를 인상하거나 시중은행의 지급준비율을 높이거나 통안채 발행을 증가시켜 시중자금을 흡수하며 경기 부양 등을 위해 시중에 자금을 공급할 필요가 있을 때에는 반대의 정책을 실행하게 된다.

한국은행에서 자금을 흡수하는 정책을 실행할 경우 채권금리는 상승 압력을 받게 된다. 기준금리 인상의 경우 단기금리 수준 자체를 상승시키며 시중자금의 흡수로 채권 매수 여력을 감소시켜 수급에 영향을 주게 된다. 통안채 발행 역시 채권 수급에 직접적으로 영향을 주게 되므로 채권시장 참여자들은 매주 한국은행의 통안채 발행량에 촉각을 곤두세우게 된다.

인구통계적 변화는 인구증가율, 연령분포, 저출산과 고령화, 지역별 분포, 소득과 연령분포의 변화 등을 말한다. 인구통계적 변화는 베이비부머(baby boomer)들이 소비, 저축, 투자활동, 사회보장, 의료활동에 미치는 영향이 다각적으로 나타나고, 궁극적으로 주식시장에 영향을 미친다는 관점에서 중요시되고 있다.

베이비부머들의 경제활동 중심 세대로의 진입 또는 저출산, 고령화의 추세 등은 기업에게는 양질의 노동력의 수급, 인건비 등에 직접 영향을 주고, 이로 인한 저축과 소비패턴의 변화는 금융업과 소비재업 등 관련 산업에는 기회와 위협요인이 된다.

경기순환(business cycle)이란 한 나라 국민경제 전체의 활동 수준이 반복적인 규칙성을 지니고 변동하는 경향을 말한다. 일반적으로 경기순환은 회복 → 활황 → 후퇴 → 침체의 4개 국면으로 나누어 볼 수 있다.

우리나라에서는 1972년부터 최근까지 10번의 단기순환을 거친 것으로 분석되고 있다. 최근에는 경제성장이 중화학, 기계 같은 전통산업 위주에서 제품사이클이 짧은 정보통신 위주로 변화하면서 경기사이클 자체가 짧아지고 있는 것으로 나타나고 있다.

주가는 경기변동이 있기 수개월 전부터 이를 반영하는 것으로 알려지고 있다. 경기후퇴 또는 경제성장의 둔화가 예측된다면 투자자는 경기후퇴 수개월 앞서서 증권시장의 침체가 선행될 가능성이 높다고 판단할 수 있다. 또한 반대로 경기회복이 예측된다면 이에 앞서서 증권시장이 강세시장으로 전환될 것으로 판단할 수 있다. 결국 정확한 경기예측이 이루어지면 주가 동향 예측이 가능해질 수 있는 것이다.

산업적 요인은 보통주의 투자가치를 결정짓는 중요한 요인 중 하나이다. 각 산업마다 경쟁의 치열도나 경기변동에 대한 취약성에 차이가 나므로 산업적 요인들이 경영성과를 크게 좌우하게 되며, 산업 간의 투자수익률에 있어서도 뚜렷한 차이를 보이는 경우가 많다. 기업의 장기적 수익성과 위험, 경쟁력은 기본적으로 그 기업이 속해있는 산업의 여러 가지 특성에 의해 결정되므로, 증권분석에서는 산업분석을 중요시하고 있다.

1   산업의 경쟁구조 분석

기업의 경영성과는 그 기업이 속해있는 당해 산업의 경쟁강도에 따라 성장성, 수익성 그리고 위험이 크게 영향을 받는다. 일반적으로 어느 기업이 구조적으로 경쟁이 치열하지 않은 산업에 진출해 있으면 기업 수익성이나 안정성이 좋고, 반대로 경쟁이 치열하고 구조적으로 취약한 산업에 진출해 있으면 경영성과가 불량한 경향이 있다. 따라서 기업의 미래성과를 예측하기 위해서는 산업의 경쟁강도를 결정짓는 구조적 요인에 대한 분석이 중요하다.

진입장벽은 높을수록 좋고, 대체 가능성은 낮을수록 좋으며, 기존 경쟁업체 간의 경쟁치열도는 낮을수록 유리하다. 구매자 및 공급자의 입장에서는 높은 교섭력이 있을수록 좋다.

2   제품 수명주기(Life Cycle)에 의한 산업분석

제품 수명주기는 도입기, 성장기, 성숙기, 쇠퇴기 등 4단계로 나누어 볼 수 있다. 분석대상 기업의 산업이 어느 단계에 있는지를 확인하여 산업의 유망성을 평가할 수 있다. 제품 수명주기상의 이동을 초래하는 근본적인 요인들은 기술변화, 라이프스타일 변화, 입법조치 등 규제 변화, 인구통계적 변화 등 다양한데, 이들이 종합적으로 반영되는 수요와 공급분석이 병행되면 제품 수명주기 산업분석의 유용성이 높아질 것이다.

기업가치분석

1 수익가치에 근거한 보통주 평가방법(현금흐름 할인법)

기본적 분석에서 보통주의 이론적 투자가치를 평가하는 대표적 방법은 수익가치평가
모형이다. 이 방법은 기업의 현금흐름을 기초로 주식의 내재가치를 추정하는 모형이다.

(1) 배당평가모형

주식투자자가 투자가치를 부여할 수 있는 근거가 되는 미래 현금흐름은 투자기간 중
에 지급받는 배당의 크기와 매도 시점에서의 처분 가격이다. 따라서 이러한 미래 투자
수입을 주식투자자의 요구수익률(할인율)로 할인하여 현재가치를 추정하면 보통주의 내재
가치를 구할 수 있다.

(2) 이익평가모형

배당평가모형에 의해서 주식가치를 평가할 때 문제가 되는 것은 배당을 전혀 하지
않거나, 극히 적게 하는 기업의 주식을 평가할 경우이다. 이러한 경우, 보통주를 평가하
는 한 방법은, 배당도 궁극적으로 보면 기업의 이익에서 지급되므로, 주당이익을 기초
로 하여 내재가치를 구하는 것이다. 이를 이익평가모형이라고 한다.

(3) 잉여현금흐름(FCF)모형

배당평가모형과 이익평가모형의 경우 기준이 되는 배당이나 이익흐름은 기업의 배당
정책이나 재무구조의 차이에 영향을 받는다. 이러한 한계점을 줄이는 평가모형으로 잉
여현금흐름모형을 사용할 수 있다.

잉여현금흐름(FCF : Free Cash Flow)모형에서는 미래 잉여현금흐름을 추정하고 이를 가
중평균자본비용으로 할인하여, 기업 전체의 가치를 먼저 구한다. 이렇게 구해지는 기업
전체 가치에서 부채가치를 차감하여 자본가치를 구한 다음, 이를 발행주식수로 나누어
적정 주당 주식가치를 추정한다. 이 모형에서 가장 중요한 측정대상은 잉여현금흐름인

데, 잉여현금흐름은 본업활동에서 창출해 낸 세후 영업이익에서 신규투자액(투하자본 증가액)을 차감한 현금흐름을 말한다.

$$잉여현금흐름(FCF) = 세후 영업이익 - 투하자본 증가액$$

2 자산가치에 근거한 보통주 평가방법

수익가치에 근거하여 주식가치를 평가하는 방법과 반대로 주식가치를 평가하는 다른 방법의 하나는 주주들에게 귀속되는 자산가치에 근거하여 평가하는 자산가치평가모형을 이용하는 것이다. 자산가치가 급등락하는 경제상황에서나 자원개발업체와 같은 업종에서는 자산가치가 중요해진다.

자산가치에 대한 평가는 주당순자산을 계산하여 평가한다. 만약, 주식회사가 청산하게 되는 상황이 되면, 재산권 행사의 우선순위에 있어서 선순위인 부채와 우선주에 해당하는 금액이 먼저 변제되고, 보통주 주주들에게는 잔여재산이 돌아간다. 이렇게 계산된 잔여재산을 주식수로 나누면 주당순자산을 구할 수 있게 된다.

이처럼 일정한 회계적 기준에 의하여 작성된 대차대조표로부터 보통주 주주에게 귀속될 자산가치를 추정하는 것은 기업의 청산을 전제로 한 청산가치에 근거한 것이다. 따라서 청산가치는 보수적으로 추정한 내재가치의 한 기준이 될 수 있다.

그러나 이 평가방법은 역사적 취득원가 등 일정한 회계관행에 의해서 장부가치 기준으로 순자산가치가 추정되면 실제의 주가와 큰 차이를 보일 수 있는 문제점이 있다. 주당순자산은 근본적으로 미래의 수익 발생 능력을 반영하지 않기 때문이다.

주당순자산가치의 한계점을 보완하는 한 방법은 순자산의 대체원가(replacement cost)를 추정하는 것이다. 실제로 순자산의 대체원가는 주식의 시장가치와 크게 차이 나는 경우가 많지 않은 것으로 받아들여지고 있다. 만약 양자 간에 큰 차이를 보이게 되면 기업인수의 표적이 되거나, 새로운 기업들이 당해 산업에 진입함으로써 시장가치에 변화가 초래되기 때문이다.

미래 현금흐름을 예측하고 적정한 할인율을 추정하는 과정은 주관적인 면이 커서 추정오류가 발생하기 쉽다. 증권실무에서는 주가배수를 활용한 주식평가방법을 많이 사용하고 있다.

주가배수(multiples)는 주가를 주당이익, 주당순자산 등 가치변수로 나누어 계산하는데, 주가가 주당이익, 주당순자산 등의 가치변수 몇 배 수준에 와 있는지, 주식 한 주로 기업의 이익, 자산, 매출, 현금흐름 등 가치척도를 얼마나 구매할 수 있는지를 나타낸다.

주가배수 = 주가/가치변수(주당이익, 주당순자산…)

주식 가격은 기업마다 차이를 보이는데, 주가배수는 결국 가치변수로 나누어 주가를 표준화시킨 결과가 되어, 적절한 비교대상과 이들 배수를 비교하면 상대적으로 주가가 높은 수준인지 또는 낮은 수준인지를 평가할 수 있게 된다.

(1) PER 평가모형

주가수익비율(PER : Price Earning Ratio)은 주가를 주당순이익으로 나눈 것이다.

PER = 주가/주당순이익

이 지표는 기업의 단위당 수익가치에 대한 상대적인 주가 수준을 나타낸 것이다. 주당이익에 비하여 주가가 몇 배인지를 나타낸다는 의미에서 이익승수(earnings multiples)라고도 한다.

PER을 주식의 내재가치 추정에 활용하는 것은 다음과 같이 PER에 주당이익을 곱하면 주가가 되는 관계에 근거한 것이다.

주가(P) = 주가수익비율(P/E) × 주당이익(E)

기업의 주당이익에 적절한 주가수익비율을 곱하면 주가를 추정할 수 있으므로, 적절한 주가수익비율을 구하는 것이 중요하다.

(2) PBR 평가모형

주가순자산비율(PBR : Price Book value Ratio)은 주가를 자기자본의 주당장부가치인 주당순자산으로 나눈 비율이다. 여기서 순자산은 총자산에서 보통주에 대한 선순위 지분 증권인 부채와 우선주를 차감한 금액이다.

PBR＝주가/주당순자산

PER이 수익가치에 대비한 상대적 주가 수준을 나타내는 지표인 반면에, PBR은 자산 가치에 대비한 상대적 주가 수준을 측정한 지표라는 데 근본적인 차이점이 있다. 또한 PER이 주가와 일정기간 동안 수익이라는 유량(flow)관계를 나타내는 데 비하여, PBR은 주가와 특정 시점 순자산의 저량(stock)관계를 나타내는 지표가 된다는 점에서 차이가 있다. PBR을 이용하여 주식의 이론적 가치를 추정하는 방법은 PER 이용방법과 동일하다. 적정 PBR에 주당순자산을 곱하여 이론적 가치를 추정한다.

주가＝적정PBR×주당순자산

(3) PSR 평가모형

기술주의 경우는 처음 수년간 이익을 내지 못하여 수익가치를 평가할 수 없는 경우가 많다. 또 이들 기업은 우수한 인적자원은 많지만 고정자산 투자가 작아 자산가치를 평가하기가 어려운 경우가 많다.

주가매출액비율(PSR : Price Sales Ratio)은 주가를 주당매출액으로 나눈 것으로, 기업의 외형적인 성과척도인 주당매출액에 비교한 상대적 주가 수준을 평가하는 지표이다.

P/S＝주가/주당매출액

PSR을 이용하여 주가를 추정하는 것도 PER, PBR평가모형과 같다.

주가＝적정P/S×주당매출액

(4) EV/EBITDA 모형

기업도산이 크게 증가할 정도로 경제상황이 악화되는 기간에는 현금흐름의 중요성이 높아진다. 또한 주가 수준이 극도로 낮아진 상황에서는 주당이익, 주당순자산, 주당매출액에 기초한 상대가치평가가 별다른 의미가 없는 것으로 지적되곤 한다. EV/

EBITDA 비율은 이러한 상황에서 특히 유용성이 높아지는 것으로 알려져 있다.

EV/EBITDA 비율은 기업전체가치(EV : Enterprise Value)를 EBITDA(earning before interest, tax, depreciation & amortization)로 나눈 것이다.

$$EV/EBITDA = 기업가치/이자, 세금, 감가상각비 차감 전 이익$$

EV는 기업 전체 가치로서 기업이 벌어들이는 현금흐름에다 지분을 주장할 수 있는 보통주 주주, 우선주주, 채권자의 시장가치를 합하여 계산한다. 구체적으로는 주식의 시가총액, 우선주 시장가치, 순차입금을 합한 금액이다.

EBITDA는 세전 영업이익(EBIT) 수준에 비현금성비용 항목인 감가상각비를 합한 것이므로 결국 세전기준 영업현금흐름을 측정한 것이다. 따라서 EV/ EBITDA 비율은 현금흐름의 크기를 감안할 경우 기업가치가 상대적으로 얼마나 높은지를 측정한 것이다.

section 04 기술적 분석

1 정의

기술적 분석 방법은 주식의 내재가치와는 관계없이 주가 흐름 또는 거래량 등을 도표화하여 그것으로부터 과거의 일정한 패턴이나 추세를 알아내고, 이 패턴을 이용하여 주가 변동을 예측하고, 주식의 선택은 물론 매매의 시기를 판단하는 기법이다.

2 기술적 분석의 장점

❶ 기본적 분석이 과거 정보에 의존하고, 자료의 신뢰성과 회계처리 방법 및 분식결산 등에 따른 문제점이 있으나, 기술적 분석은 주가와 거래량에 모든 정보가 반영된다는 가정에 바탕을 둠

❷ 기본적 분석으로 과대 또는 과소평가된 주식이 투자자에게 인식될 시점에는 이미 주가에 반영된 경우가 많으나, 기술적 분석에서는 주가 변동의 패턴을 관찰하여 그 변동을 미리 예측할 수 있음

❸ 기본적 분석은 이론이 복잡하고 시간과 노력이 많이 드는 데 비하여, 기술적 분석은 차트(Chart)를 통하여 누구나 쉽고 짧은 시간에 이해할 수 있음

❹ 기술적 분석은 한꺼번에 여러 주식의 가격 변동 상황을 분석·예측할 수 있음

3   기술적 분석의 한계점

❶ 과거 주가 변동의 패턴이 미래에 그대로 반복되지 않는 경우가 많음

❷ 차트 해석이 분석자에 따라 달라질 수 있고, 단기, 중기, 장기 추세 등 추세의 기간을 명확하게 구분하기 어려움

❸ 과거 주가의 동일한 양상을 놓고 어느 시점이 주가 변화의 시발점인가에 관한 해석이 각각 다를 수 있음

❹ 주가 변동이 주식의 수급이 아닌 다른 요인으로 발생된 경우에는 이를 설명하기 어려움

❺ 내재가치를 무시하고 시장의 변동에만 집착하기 때문에 시장의 변화 요인을 정확히 분석할 수 없음

❻ 기술적 분석은 이론적인 검증이 어려움

4   기술적 분석의 종류

(1) 추세분석

❶ 주가는 상당기간 동일한 방향성을 지속하려는 경향이 있다는 특성을 이용한 기법

❷ 추세 순응전략(Trend following) : 최근 형성된 추세를 바탕으로 상승추세이면 매수전략을 채택하고, 하락추세로 전환된 경우에는 매도전략을 수행하는 전략으로 추세를 확인하고 매매에 임하는 안정적인 기법

❸ 역 추세 순응전략(Counter-trend following) : 추세 반전을 미리 예상하고 최고점에서 매도하고 최저점에서 매수 포인트를 잡아가는 전략으로 예측이 정확하면 보다 큰 수익을 얻게 되지만, 정보력이나 분석력이 약한 대부분 투자자들에게는 위험이 높은 전략

❹ 설정된 추세선의 확인과 동 추세선의 붕괴, 즉 주가의 추세선 이탈현상이 발생할 때는 새로운 추세선 예측이 중요(저항선 vs. 지지선, 이동평균선, Golden cross vs. Dead cross)

❺ 일반적으로 추세 순응전략은 단기적(1년 이내)으로, 역 추세 순응전략은 장기적(3년 이상)으로 사용(단기 Momentum, 장기 Contrarian)

(2) 패턴분석

❶ 주가 추세선이 변화될 때 나타나는 여러 가지 주가 변동 패턴을 미리 정형화시킨 후, 실제로 나타나는 주가의 움직임을 거기에 맞춰봄으로써 앞으로의 주가 추이를 예측하려는 방법

❷ 시세의 천정권이나 바닥권에서 일어나는 전형적인 유형을 분석함으로써 주가 흐름의 전환시점을 포착

❸ 반전형 : 헤드앤숄더형(Head and Shoulder), 이중삼중 천정(바닥)형, 원형반전형, V자 패턴형 등

❹ 지속형 : 삼각형, 이등변삼각형, 깃발형, 패넌트형, 쐐기형, 직사각형, 다이아몬드형 등

❺ 기타 : 확대형, 갭(보통갭, 돌파갭, 급진갭, 소멸갭, 섬꼴반전갭)

(3) 지표분석

❶ 과거의 추세성향이 앞으로도 반복할 가능성이 있음을 통계적으로 수치화하여 주가를 예측하는 기법

❷ 활용되는 지표는 거래량을 중심으로 한 데이터를 일정 공식으로 만들어 표준화한 것이므로 항상 우수한 결과가 나오지는 않음. 표준 해석기법을 참고로 과거 수년간 특정 주식에 맞는 지표를 관찰해야 함

chapter 03

펀드 운용과정

section 01 펀드 운용 Flow

펀드 운용 Flow Chart는 다음 그림과 같다.

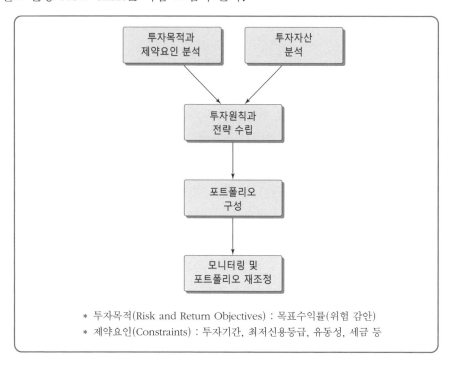

* 투자목적(Risk and Return Objectives) : 목표수익률(위험 감안)
* 제약요인(Constraints) : 투자기간, 최저신용등급, 유동성, 세금 등

투자자의 투자목적과 제약요인은 각각 목표수익률과 위험 허용 수준을 말하는데, 기대수익률이 높으면 그 만큼 더 높은 위험을 감수해야 한다.

투자자산 분석은 펀드운용회사의 일상적인 업무로 채권, 주식, 부동산 등 자산별 가치분석(저평가, 고평가)을 말한다.

투자자의 투자목적 및 제약분석과 투자자산가치분석 결과를 조합하여 투자전략을 수립한다.

포트폴리오 구성은 운용전략에 의거 자산을 매입하는 과정이다. 운용전략에는 구체적인 종목과 가격을 명시하지 않는 경우가 대부분이다. 실제 포트폴리오 구성은 운용전략 범위 내에서 펀드매니저의 종목 선정 능력이 발휘되는 부분이다.

section 02 | 펀드 운용의 3단계

1 계획단계

계획단계는 투자자의 투자목적(수익, 위험)과 제약요인 파악 → 투자방침 설정 → 투자대상 자산의 위험 및 기대수익률 계산 → 전략적 자산배분 결정으로 이루어진다.

투자자의 수익목표는 반드시 위험 허용 수준과 동시에 고려되어야 한다는 점이 중요하다. 만기보유목적으로 국채에 투자하면서 회사채투자 수익률을 목표로 한다면 이는 실현 불가능하다.

투자제약 요인으로는 유동성, 투자기간, 세제, 법규 및 약관 등이 있다. 유동성은 보유자산을 현금화하는 데 비용이 드는 정도로 판단할 수 있다.

법규 및 약관에서 정한 규제사항은 운용전략 수립 전에 고려되어야 할 사항이다. 공모 펀드에서 가장 대표적인 법적규제 사항은 종목별 10% 이상 투자하지 못하는 것이다. 분산투자를 유도하여 펀드위험을 낮추려고 만들어진 규제이다. 약관 또는 운용제안서에서 각종 제약사항을 정하는 경우에는 펀드 운용 시에 반드시 이를 준수해야 한다.

전문투자자의 자금을 운용하는 경우에는 투자계획서를 작성하는 경우도 있다.

투자계획서는 투자의사결정을 제약하는 것으로, 고객에 대한 사항, 투자계획서 작성 목적, 관련자의 의무와 책임, 투자목적(수익과 위험), 투자성과평가, 자산배분(적극적, 소극적, 중립적), 포트폴리오 재조정 등의 내용을 담고 있다.

투자대상 자산의 위험과 기대수익률을 계산하는 단계에서는 거시변수분석과 미시변수분석이 동시에 이루어져야 한다. 거시분석은 경제성장률, 인플레이션, 실업률, 통화정책 등의 분석을 통해서 금리를 예측하는 부분이고, 미시분석은 산업별, 기업별 분석을 통해서 종목을 선정하는 것을 말한다.

운용계획서와 시장분석을 통하여 전략적 자산배분을 하게 된다. 전통적인 평균−분산 분석(Mean Variance Analysis)이 기초가 된다. 세금, 유동성, 투자기간 등의 제약요인을 반영하여 자산배분 전략을 수립해야 한다.

자산배분 전략으로는 전략적(Strategic) 자산배분 전략, 전술적(Tactical) 자산배분 전략, 포트폴리오 보험(Portfolio Insurance)전략 등이 있다.

(1) 전략적 자산배분 전략

❶ 과거 통계자료와 시장 예측을 바탕으로 기대수익률과 투자위험을 고려하여 장기적으로 적합한 자산별 투자비율을 결정

❷ 투자자의 투자기간 중 기본적인 가정이 변하지 않는 한 포트폴리오의 자산구성을 변화시키지 않는 장기적 관점의 투자의사 결정

(2) 전술적 자산배분 전략

❶ 시장의 변화 방향을 예상하여 단기적인 관점에서 사전적으로 자산구성을 변화시키는 전략으로, 저평가된 자산을 매수하고 고평가된 자산을 매도함으로써 펀드의 투자성과를 높이고자 하는 전략

❷ 전략적 자산배분 전략 수립 시에 고려한 가정들이 변하여 자산집단들의 상대가치가 달라지는 경우, 이러한 가치변화로부터 투자이익을 획득하기 위하여 일정 기간별(분기, 월간, 주간)로 자산구성을 변경하는 적극적인 투자전략

(3) 포트폴리오 보험전략

미리 설정한 최소의 투자수익을 달성하면서 동시에 주가 상승에 따른 이익에도 참여

할 수 있도록 위험자산의 투자비율을 변동시켜 나가는 전략이다.

2 실행단계

정해진 자산배분 전략의 가이드라인에 따라서 포트폴리오를 구성하게 된다. 펀드매니저는 종목과 구성비율을 결정하고, 트레이더는 매매를 통해서 포트폴리오 구성을 마무리하게 된다. 이때 거래비용을 최소화하도록 해야 된다.

펀드운용과 관련된 비용은, 수수료 등의 외부적으로 나타나는 것, 매수－매도호가 차이처럼 내재되어 있는 것, 기회손실 등이 있다.

3 성과평가단계

성과평가에는 성과측정(Performance Measurement)과 성과요인분석(Performance Attribution)이 있다.

성과측정은 벤치마크(BM, Benchmark)와 비교하는 방법, 동류(Peer)그룹과 비교하는 방법 외에도 샤프비율(Sharpe Ratio) 등의 위험조정수익률이 사용된다.

성과요인분석은 성과요인을 마켓타이밍, 종목 선정 등으로 나누어 성과가 어디에서 기인했는지를 살펴보는 방법이다.

chapter 04

펀드 운용전략

적극적(Active) 운용전략

적극적 운용전략은 시장이 비효율적이라고 가정하고, 투자분석에 의해 포트폴리오의 위험 허용치에 대응하는 수익률을 상회하는 초과수익을 실현하려는 운용전략이다.

1 적극적 채권운용전략

(1) 듀레이션 조절 전략(금리예측 전략)

듀레이션 조절 전략은 펀드의 듀레이션을 조절하여 펀드수익률을 높이려는 전략이다. 향후 금리가 하락할 것이 예상될 때에는 펀드 듀레이션을 늘리고, 반대의 경우에는 펀드 듀레이션을 줄임으로써 채권의 자본이익을 최대화하려고 한다.

듀레이션 조절에는 현물채권을 사거나 파는 방법 외에, 국채선물, 금리스왑을 활용할 수 있다. 국채선물을 매입하면 적은 증거금으로 현물채권을 매수한 것과 같은 듀레이션 확대 효과가 있다.

이 전략의 위험요인은 채권금리가 예상과 달리 움직일 경우에 자본손실 또는 기회손실이 발생한다는 점이다.

(2) 수익률 곡선 타기 전략(Yield curve riding strategy)

수익률 곡선 타기 전략은 수익률 곡선이 우상향의 기울기를 가진 경우에 사용할 수 있는 채권투자기법으로, 이 전략에는 수익률 곡선상의 롤링효과(Rolling effect)와 숄더효과(Shoulder effect)가 있다.

수익률 곡선이 우상향할 경우에는 금리 수준이 일정하게 유지되더라도 채권의 잔존만기가 짧아지면 그만큼 수익률이 하락하여 채권 가격이 상승하게 된다.

롤링효과는 잔존만기가 5년 이상 장기인 채권에서, 숄더효과는 잔존만기가 2~3년의 단기채에서 발생하는 효과를 말한다.

(3) 바벨(Barbell)형 채권운용전략과 탄환형 채권운용전략

바벨형 채권운용전략은 단기채권(유동성 확보)과 장기채권(수익성 확보)만 보유하고 중기채권은 보유하지 않는 전략으로 투자자의 유동성 확보와 목표 듀레이션에 따라서 단기채 편입비율이 결정된다. 단기금리가 상승하고, 장기금리가 떨어진다고 예상될 때 유효한 투자전략이다.

반대로 단기금리가 하락하고, 장기금리가 상승한다고 예상될 때에는 탄환(Bullet)형 채권운용전략이 유효한 투자전략이다.

(4) 크레딧운용전략

크레딧운용전략은 펀드의 포트폴리오를 신용채권과 국고채 또는 우량등급과 비우량등급 채권을 시장 상황에 맞게 운용함으로써 시장 대비 초과수익을 달성하려는 전략이다.

일반적으로 경기침체가 시작될 때에는 신용 스프레드가 확대되고, 반대로 경기회복기에는 신용 스프레드가 축소된다.

경기 침체기에 국고채 등 안전자산 비중을 늘리고, 경기 회복기에 국고채 등 안전자산을 매도하고 회사채 투자를 늘림으로써 시장 대비 초과수익을 거둘 수 있다.

2 적극적 주식운용전략

적극적 주식운용전략의 대표적인 방법은 스타일 투자전략이다. Frank Russell 회사는 주식투자스타일을 가치주 투자전략, 성장주 투자전략, 시장 투자전략, 중소형주 투자전략으로 분류하고 있다.

(1) 가치주(Value) 투자전략

가치주 투자전략은 저PER주에 초점을 두고 있다. 저PER주는 주로 소비산업, 성숙기의 산업에 속하는 종목들이다. 이들 종목은 장부가 대비 주가가 낮으며, 배당수익률은 높은 것이 일반적이다(저PBR, 고배당).

가치주 투자전략의 위험요인은 현재의 저평가상태가 구조적인 것이어서 주가가 가치만큼 회복되지 못하고, 기업의 가치가 계속하여 하락하게 되는 것이다.

(2) 성장주(Growth) 투자전략

성장주 투자전략은 기업의 이익성장성에 초점을 두고 있다. 성장주의 특징은 고PER, 고PBR, 저배당 등이며, 성장성이 높은 기술주 등이 여기에 속한다.

성장주 투자전략의 위험요인은 미래에 성장세가 이어지지 못하거나 예상치 못하게 PER이 하락하게 되는 경우이다.

(3) 시장(Market-Oriented) 투자전략

시장 투자전략은 가치주, 성장주 등 한쪽에 특별히 치우치지 않고 시장 평균 수준의 포트폴리오를 구성하는 전략이다. 이 전략은 가치주 또는 성장주 등에 소폭 가중치를 높이거나, 적정 PER 수준에서 성장성이 높은 주식에 투자하여 수익률을 제고하려는 전략이다. 시장 투자전략은 인덱스+알파(초과수익) 전략의 일종이다.

(4) 중소형주(Small-Cap) 투자전략

중소형주 투자전략은 중소형주에 집중적으로 투자하는 전략이다. 이들 종목은 시장보다 변동성이 크고(high beta), 개별 기업 고유의 위험이 크고, 기관투자자들이 분석하지 않는 종목이라는 특성이 있다. 중소형주를 다시 가치주, 성장주, 시장으로 구분하여 운용하기도 한다.

---

section 02 | 소극적(Passive) 운용전략

소극적 운용전략은 시장의 효율성을 전제로 운용 포트폴리오의 위험 허용치에 대응하는 평균 기대수익률을 실현하고, 투자위험을 최소화하는 투자전략이다.

1 소극적 채권운용전략

(1) 만기보유 전략

채권을 매입하여 만기까지 보유함으로써 투자 시점에서 미리 투자 수익을 확정하는 전략이다. 이 전략의 장점은 미래에 대한 금리 예측이 필요 없다는 점이다.

(2) 사다리형 만기전략

사다리형 채권운용은 채권별 보유량을 각 잔존기간마다 동일하게 유지함으로써 시세변동의 위험을 평준화시키고 수익성도 적정 수준 확보하려는 전략이다. 포트폴리오 구성 채권이 매년 일정 수준만큼 상환되기 때문에 유동성을 확보할 수 있고, 보유채권이 만기 상환되면 다시 장기채권에 투자함으로써 수익률의 평준화를 기할 수 있다.

(3) 채권 면역 전략

채권 면역 전략은 목표투자기간 중 시장수익률의 변동에 관계없이 채권 매입 당시에 설정하였던 최선의 수익률을 목표기간 말에 차질 없이 실현하도록 하는 기법이다. 구체적인 방법으로는 투자자의 목표 투자기간과 채권 포트폴리오의 듀레이션을 일치시킴으로써 면역상태를 유도할 수 있다.

(4) 현금흐름 일치 전략

현금흐름일치 전략은 효율적인 자산－부채관리를 위한 채권 포트폴리오 투자전략의 일종으로써, 채권 포트폴리오로부터 발생되는 현금 유입액이 향후 예상되는 현금유출액과 일치하도록 적절히 채권 포트폴리오를 구성함으로써 부채상환을 보장하고, 이자율 변동 위험을 제거함과 동시에 이를 위한 자금조달비용을 최소화하는 방법이다.

(5) 채권 인덱싱(Indexing) 전략

채권 인덱싱 전략은 채권시장 전체의 흐름을 그대로 따르는 포트폴리오를 구성하여 채권시장 전체의 수익률을 달성하려는 전략이다. 이는 채권시장이 효율적이라는 전제 하에서 어떠한 투자전략으로도 위험을 고려할 경우 시장 전체의 수익을 초과하는 수익률을 실현할 수 없다고 판단하기 때문이다.

2 | 소극적 주식운용전략

대표적인 소극적 주식투자전략은 인덱싱전략이다. 대표적인 것으로서 시장 평균 수익을 추구하며 추적오차(tracking error)를 최소화하는 것을 목표로 한다.

chapter 05

리스크 관리

금융기관의 리스크 관리

1   시장 리스크(Market Risk)

시장 가격의 변화로부터 발생할 수 있는 리스크로 여기서 시장 가격은 여기에 영향을 미치는 특정 상품의 가격 수준, 변동성, 타상품 혹은 시장과의 상관관계 등 모든 변수를 포함한 가격을 말하며, 시가평가가 가능한 금융투자상품의 보유 시 발생한다.

(1) 표준방법

이 방법은 모든 시장성 있는 자산을 다섯 가지 범주(이자율, 주가, 외환, 상품, 옵션)의 리스크로 나누고 미리 정해진 가이드 라인에 따라 리스크의 양을 부과한다해서 표준방법이라 불리며, 이 각각의 리스크 양을 합산하여 회사 전체의 리스크 양을 측정하는 단순 합산 방식을 취한다. 실행하기 쉽다는 장점은 있으나, 첫째, 각 범주의 변동성을 일률적으로 재단하고 있고, 둘째 각 리스크 요인별 분산투자를 감안하지 않고 있다는 점에서 비판을 받고 있다.

옵션의 시장 리스크 측정방법

다른 시장 리스크 범주와 달리 옵션에 대해서는 측정방법론에 선택권을 주고 있다. 구체적인 방법까지는 여기서 논의할 필요는 없으나, 펀드에 있어서 파생상품거래에 따른 위험액의 측정 및 고시와 관련이 있는 사항으로 개괄적으로 알아본다.

① 간편법(simplified approach) : 옵션 매수 포지션만 가진 은행이 선택할 수 있는 방법으로 표준 가이드 라인에 의해 리스크의 양을 부과한다.
② 델타 플러스법(delta plus method) : 옵션 매도 포지션을 보유한 은행이 선택할 수 있는 방법으로 옵션 포지션의 델타(delta)는 물론 감마(gamma) 및 베가(vega) 등을 주어진 공식에 따라 산출하여 리스크의 양을 부과한다.
③ 시나리오법(scenario approach) : 좀 더 복잡하고 정교한 옵션 포지션을 보유한 은행이 선택할 수 있는 방법으로 옵션 포지션의 기초자산 가격과 변동성을 두 축으로 하는 scenario matrix analysis를 통해 리스크의 양을 부과한다.

(2) 내부 모형법

소위 VaR(Value at Risk)로 알려진 측정방법으로 일정한 질적 조건을 충족하고 검증절차(backtesting)를 거치면 감독당국의 승인을 얻어 시장 리스크 측정방식으로 사용할 수 있다.

제대로 개발된 리스크 관리 시스템이 뒷받침된다면 이 방식으로 측정한 결과는 표준방법보다는 리스크의 양이 현저히 작아 적정 자기자본비율 유지에 도움이 된다.

2   신용 리스크(Credit Risk)

거래상대방의 채무불이행으로부터 발생할 수 있는 리스크로 정의된다.

(1) 표준 방법

외부 신용평가기관에서 부여하는 신용등급을 기준으로 각 신용등급별로 리스크의 가중치를 달리하는 방식이다.

(2) 내부 등급법

내부에서 책정하는 신용등급과 부도 확률 등의 일부 변수들을 입력하여 리스크의 양을 측정하는 방식으로 시장 리스크의 VaR와 마찬가지로 통계적 모형에 의존하며 감독당국의 승인을 득하여야 한다.

(3) 장외파생상품

장외파생상품을 위험가중자산화하는 방식은 (+)인 '시가평가액 + 잠재적 익스포저'로 계산하며, 잠재적 익스포저는 잔존만기별, 기초자산별로 정해진 값을 부여한다. 장외파생상품의 거래상대방에 대한 가중치는 표준방법과 동일하다.

(4) 리스크 관리

신용 리스크의 관리는 통상적으로 익스포저(exposure) 관리라 하며, 각 신용등급별 한도는 물론 거래상대방별 한도까지 부여한다.

3   운영 리스크(Operational Risk)

내부절차의 불완전성, 인력과 시스템, 외부 사건 등으로 손실을 입을 리스크로 정의되며, 지금까지는 내부통제시스템과 감사기능을 통해 관리되어 왔으나 바젤2협약에서는 운영 리스크에 대해서도 일정의 가이드 라인을 통해 자기자본을 쌓도록 하고 있다.

운영 리스크에 대한 리스크 할당은 새 협약안 중에서 가장 의미 있으면서도 논란거리이며, 기초지표법, 운영표준방법, 고급측정법 중에서 택일하게 되어 있으며 역시 VaR처럼 통계적 모형을 시도하고 있다.

4 유동성 리스크(Liquidity Risk)

유동성 리스크는 크게 자금과 특정 상품 유동성 리스크로 분류되며, 자금 유동성 리스크(funding liquidity risk)는 지급의무를 충족하지 못하는 리스크로 유동성 갭 분석 등을 통해 관리한다.

한편, 상품 유동성 리스크(product liquidity risk)는 현재의 포지션을 정상적인 가격으로 처분할 수 없는 리스크로 특히 파생상품에 있어서 더욱 주의깊게 관리해야 할 항목이다.

상품 유동성 리스크의 측정은 개념적으로는 가격·물량의 함수로 가능하다. 즉, Tightness(실거래 가격과 호가와의 괴리 정도), Depth (bid/offer의 크기)와 Resiliency(가격 변동이 흡수되는 속도) 등의 척도를 통해서 상품 유동성 리스크의 정도를 가늠하는 것이다.

[참고] ESG 투자에 대한 이해

1 **ESG와 책임투자의 기본 이해**

1) ESG의 기본 개념과 대두 배경

ESG는 기존의 재무정보에 포함되어 있지 않으나 기업의 중장기 지속가능성에 영향을 미칠 수 있는 요인들을 환경, 사회, 지배구조로 나누어 체계화한 기준으로 자본시장에서 기업을 평가하는 새로운 프레임워크(Framework)로 발전되었다. 기업이나 조직 관점에서 이를 반영한 경영을 ESG 경영이라 하고 금융의 관점에서 이를 반영한 투자는 ESG 투자 혹은 책임투자 등으로 일컬어진다.

ESG(Environmental, Social, Governance)는 금융기관을 중심으로 발전된 개념으로 1900년대 초반 이후 유럽시장을 중심으로 발전해 왔다. 2005년 UN 코피아난 사무총장이 대형 금융기관에 서신을 보내 ESG를 반영한 책임투자에 앞장서 줄 것을 요청했고 금융기관들이 이에 응하면서 2006년 책임투자 원칙을 실행하고자 하는 금융기관의 이니셔티브인 PRI(Principal of Responsible Investment)가 결성되면서 본격적으로 확산되었다.

2008년 금융위기를 겪으며 금융자본의 바람직한 역할이 강조되고, 2020년 COVID-19의 전 세계적인 유행으로 위기에 대한 대응 능력이 회복 탄력성(resilience)의 개념으로 대두되면서 ESG 가 회복 탄력성의 중요한 요소로 강조되고 있다.

한편, 2021년 파리기후협약 이행기가 도래함에 따라 각국 정부의 탄소중립안에 따른 다양한 관련 정책 및 법제가 정비·발효됨에 따라 환경을 중심으로 기업경영에 실질적으로 미치는 영향이 증가하면서 ESG에 대한 중요성은 점차 확대될 전망이다.

2) ESG 투자 방식과 시장 규모

ESG 요소를 반영한 투자는 책임투자(Responsible Investing) 혹은 지속가능투자(Sustainable Investing)로 일컬어지는데 책임투자가 조금 더 보편적으로 사용되고 있는 용어이다. 2014년 주요국의 기관투자자 연합이 함께 결성한 GSIA(Global Sustainable Investment Association)는 매 2년 ESG 투자 방식을 적용한 펀드의 규모를 통해 책임투자 시장 규모를 발표하고 있다.

시장 규모를 논하기 전 먼저 살펴봐야하는 것은 ESG 투자를 규정하는 방식이다. GSIA는 ESG 의 투자방식을 대표적으로 7가지 방식으로 정의하고 이 중 하나 이상의 투자 기준을 적용하고 있는 펀드를 책임투자로 정의하고 있다.

표 1 국민연금 책임투자 활성화 방안(2019.11) 주요 내용

구분	내용
책임투자 대상 자산군 확대	-주식 패시브 운용(21년부터), 해외주식 및 국내채권(21년부터) -대체투자(사모, 부동산, 인프라) : 도입 시기 추가 검토 예정 -2022년까지 전체 자산의 50%에 ESG 반영 계획
책임투자 추진 전략 수립	-ESG 통합전략의 확대적용(국내외 주식 및 채권) -기업과의 대화(Engagement)의 확대(해외주식으로 확대추진) -다만, 네거티브 스크리닝 전략의 경우 추가 검토 필요
위탁운용의 책임투자 내실화	-2020년 SRI형 위탁운용을 위한 ESG 중심의 벤치마크 신규개발 및 적용계획 -책임투자형 위탁펀드의 운용보고서에 책임투자 관련 사항을 포함하도록 의무화 추진 -2022년에는 적용대상을 국내외 주식 및 채권의 전체 위탁 운용사의 운용보고서로 확대 -위탁운용사 선정평가 시 가점부여 제도 추진 검토
책임투자 활성화 기반 조성	-기업 ESG 정보 공시 개선을 위한 인센티브 제공 검토 -지속적인 ESG 지표 개발 및 활용 강화 방안 마련

자료 : 국민연금

GSIA에 따른 투자 방식은 크게 아래 7가지 방식으로 나뉜다(표 1 참조).

7가지 투자 방식 중 하나 이상을 적용한 투자에 대한 기관투자자의 서베이를 기초로 한 GSIA의 2021년 7월 발표에 따르면 2020년 글로벌 지속가능투자 시장 규모는 35.3조 달러로 2018년 대비 15% 성장한 것으로 조사되었다.

이 자료에서 흥미로운 점은 유럽의 지속가능투자 시장 규모가 감소한 것으로 나타났다는 것이다.

2018년 주요 대륙별 비중에서 47%로 가장 높은 비율을 차지했던 유럽의 책임투자 규모가 2020년 들어 감소한 것은 유럽이 EU Taxonomy 정비 등을 통해 환경과 관련한 기준을 정비하고 SFDR1 규제 등을 금융기관에 지속가능투자와 관련한 공시를 의무화함에 따라 기타 지역에서의 친환경에 대한 분류기준이나, 이에 따른 공시제도가 유럽에 비해 미미하다는 점에서 동일 기준으로 비교하는 것은 다소 무리가 있다.

따라서 2020년 유럽시장의 책임투자 규모 감소를 시장의 감소로 해석하기보다는 시장의 자정작용을 통한 보다 실질적이고 체계적인 시장 정립을 위한 진통으로 이해하는 것이 바람직하다.

유럽뿐만 아니라 타지역에서도 분류체계 수립 및 금융기관의 ESG 상품에 대한 공시의 강화가 예상됨에 따라 과거에는 ESG 투자로 분류되던 성격도 향후 분류기준이 명확해지고 이를 공시

하게 될 경우 시장 규모 수치에 불확실성이 내포될 수 있다.

한국의 경우, 책임투자의 시작은 2006년 9월 국민연금 책임투자형 위탁펀드 운용이라 볼 수 있다. 국민연금을 시작으로 이후 사학연금, 공무원연금 등 일부 연기금의 위탁형 사회책임투자 펀드에서 술·도박·담배 등에 대한 네거티브 스크리닝 등의 제한적이나마 ESG를 반영한 투자가 적용되었으나 수익률 위주의 평가와 적절한 벤치마크의 부재 등으로 이러한 사회책임형 투자 펀드의 성장은 제한적이었다.

그러나, 2018년 이후 국민연금의 ESG 투자 확대를 위한 정책 및 제도 정비가 빠르게 진행되었다. 국민연금은 2018년 7월 수탁자 책임에 관한 원칙을 도입하고, 2019년 11월 책임투자 활성화 방안을 수립하고 책임투자 원칙을 도입했다. 그리고, 2019년 12월 국민연금기금 수탁자 책임에 관한 원칙 및 지침을 개정하고 국민연금기금의 적극적 주주활동 가이드라인을 마련하였다. 또한 2020년 1월에는 「국민연금기금운용지침」 제4조 5대 기금운용 원칙에 '지속가능성 원칙'을 추가하여 ESG 확산을 위한 제도적 기반을 확충하였다.

2017년 9월부터 직접운용 주식자산 일부에 ESG를 고려해 온 국민연금은 2019년 11월 책임투자 활성화 방안을 통해 기존 국내주식 액티브형에 한정되어 온 ESG 고려를 2021년 이후 국내주식 패시브형, 해외주식과 채권 자산 등으로 순차적으로 확대하고 있다.

2020년 국내주식의 국민연금기금 연차보고서에 따른 ESG 고려 방식은 투자가능종목군 신규 편입 종목 검토시 ESG 세부정보를 확인해 하위등급에 해당할 경우 검토보고서에 운용역 의견 및 ESG 보고서를 첨부하는 방식이다. 또한, 투자가능종목군 점검시 C등급에 해당하는 종목에 대해서 벤치마크 대비 초과 편입여부를 확인하여 초과 편입 유지시 사유와 투자의견을 검토보고서에 작성하는 것이다.

ESG 고려가 100%로 확대되었으나 ESG 통합의 고도화라기보다는 기초적인 수준에서 ESG를 점검하는 수준이다. 한편, 공모펀드 시장에도 주식형, 채권형, 혼합형 등의 많은 ESG 펀드가 출시되었으나 실제 그 활용정도나 적용방법 등에 대해서는 구체적인 평가가 어려운 상황이다.

책임투자의 실질적이고 효과적인 적용을 위해서는 전문인력으로 구성된 전담조직, 외부 리소스 활용 등 상당한 자원의 투자가 필요하다는 점에서 최근의 국내 ESG 펀드의 ESG 반영방식은 아직은 매우 기초적인 수준일 것으로 추정된다.

1) ESG 공시 제도

ESG를 반영한 투자가 확산되는 만큼, ESG 워싱(washing) 논란도 함께 확대되고 있다. 앞서 살펴본 바와 같이 ESG 투자를 결정하는 기준이 명확하지 않으며 이를 확인할 수 있는 공시 등의 제도적 장치가 미비함에 따라 마케팅 목적 중심의 ESG 워싱이 확대되고 있어 주의가 필요하다.

2021년 DWS(도이체방크의 자산운용 부문)의 전직 지속가능책임자의 내부 고발을 통해 "DWS가 실제 자산의 50% 이상에 ESG를 적용한다는 것은 허위이며, DWS의 ESG 리스크 관리 시스템은 구식이며 외부 평가기관의 ESG 등급에 의존해 ESG 자산을 편의적으로 평가하고 있다"고 밝혔다. 이러한 폭로로 독일 금융당국은 감사에 착수했으며 한때 DWS의 주가는 14% 이상 급락하기도 했으며 대표이사가 사임하기도 했다.

또한, 세계최대 자산운용사인 블랙록의 전직 지속가능책임자 역시 월스트리트의 ESG 전략이 과대광고와 홍보로 얼룩져 있으며 불성실한 약속에 지나지 않는다고 폭로하기도 하였다.

해외를 중심으로 ESG 목표나 활동을 과장하거나 모호한 내용을 ESG로 포장한 기업들의 경우 시민단체 등으로부터 소송을 당하기도 하는 사례가 증가하며 그린워싱(Green Washing) 논란이 확대되고 있다.

이에 따라 각국은 기업의 지속가능정보 공시에 대한 규정을 강화하고, 금융당국에 의한 ESG 상품에 대한 기준 수립 및 공시제도를 정비하고 있다.

이러한 제도정비에 가장 앞서 있는 지역은 유럽이다. EU는 환경, 사회에 대한 분류체계(Taxonomy)를 수립해 ESG의 기준을 제시하고, 일정 규모 이상 기업에 지속가능정보 공시를 규정하는 기업지속가능성 보고지침(CSRD, Corporate Sustainability Reporting Directive)를 확대 시행하고, 지속가능금융공시규제(SFDR, Sustainable Finance Disclosure Regulation)를 통해 금융기관의 ESG 전략 및 반영 방식, ESG 투자 규모 등의 공시를 의무화했다.

미국 또한 2022년 3월 증권거래위원회(SEC, Securities and Exchange Commission)가 등록신고서와 정기 공시에 기후 관련 항목을 포함시키는 공시 규칙 개정안(Regulation S-K, Regulation S-X)을 제안하고 6월 17일까지 공개 의견을 수렴한데 이어 2022년 말까지 기후공시안 확정을 목표로 하고 있다.

2022년 5월 SEC는 그린워싱 방지 및 투자자에 대한 정확하고 일관성 있는 정보 제공을 위해 ESG 펀드명 규칙 제정과 함께 ESG 투자상품의 새로운 공시 규정안(ESG Disclosures)을 발표하였다.

국내에서도 정보공시 확대를 위해 환경기술산업법에 따른 환경정보 공시 대상을 녹색기업, 공공기관 및 환경영향이 큰 기업 외에도 연결기준 자산 2조원 이상 기업으로 확대하고, 2025년 이후 자산 2조원 이상 기업을 시작으로 코스피 상장 기업에 대해 단계적으로 기업지속가능보고서 작성이 의무화되었다. 그러나, 금융기관의 ESG 투자 및 상품 관련 정보 공시에 대한 제도화 논의는 미진하다.

이하에서는 금융기관 대상 상품과 정책에 대한 포괄적인 공시 기준인 유럽의 지속가능금융공시 규제(SFDR)와 각국 및 ISSB[1]의 기후 공시안의 초석으로 기후 공시 표준화 프레임워크 역할을 하고 있는 TCFD에 대해 보다 상세히 살펴보고자 한다.

2) SFDR (Sustainable Finance Disclosure Regulation)

유럽에서는 2021년 3월부터 지속가능금융공시규제(SFDR) 1단계가 시행되면서 일정규모 이상의 금융기관은 주체단위, 상품단위의 ESG 정보를 공시해야 한다.

주체 단위에서는 지속가능성 위험 정책과 주요 부정적인 지속가능성의 영향에 대해 설명하고, 이에 대한 실사정책을 설명해야 한다. 또한, 지속가능성 위험을 통합하는 것이 보수정책에 반영된 방식 등에 대해 설명해야 한다.

상품단위로는 상품을 지속가능성의 반영 정도에 따라 ESG 투자 무관상품과 라이트 그린 펀드, 다크 그린 펀드로 나누어 그 비중 등을 공시해야 한다.

| 표 2 | SFDR에 따른 금융기관 1단계 공시 사안 |

구분	항목	내용
주체 단위	지속가능성 리스크 정책(제3조)	투자 의사결정 프로세스에 지속가능성 리스크 통합(RMP) 혹은 지속가능성 리스크 정책(SRP)
	주요 부정적인 지속가능성 영향 (제4조)	지속가능성 요인에 대한 투자결정 시 주요 부작용(Principal Adverse Impact) 고려사항
		실사 정책(due diligence) 설명
	보수 정책(제5조)	보수 정책이 지속가능성 리스크 통합과 어떻게 일관성을 가지는지에 대한 정보
상품 단위	ESG 투자 무관 상품 (제6조)	투자결정에 지속가능성 리스크 통합 방법, 해당 상품의 지속가능성 리스크에 대한 잠재적 영향 평가
	라이트 그린 펀드 (제8조)	환경, 사회적으로 긍정적 영향을 미치거나 (혹은 네거티브 스크리닝 실시) 지배구조가 우수한 기업에 대한 투자상품의 ESG 정보
	다크 그린 펀드 (제9조)	ESG 임팩트 펀드, 지속가능성 투자, 탄소배출 감축 목표 투자 상품 등의 ESG 정보

---

1 IFRS 재단이 지속가능성 보고 표준화 작업을 위해 구성한 국제지속가능성기준위원회(International sustainability Standard Board).

SFDR은 단계적으로 시행되는데, 2단계는 2023년 1월에 적용되며 2단계가 적용되면 자율적인 방식으로 설명하던 주요한 부정적 영향을 정해진 기준에 따른 18개 항목으로 나누어 공시해야 한다. 기업에 대한 투자 시 14개 항목, 국가 및 초국가적 주체에 대해서는 2개 항목, 부동산에 대해 2개 항목의 부정적 영향을 공시해야 한다.

주요 공시 지표들은 온실가스 배출량, 온실가스 집약도, 에너지 사용량, 화석연료 노출 등 주로 환경적인 지표들이며 인권, 이사회의 성별 다양성, 논란이 되는 무기에 대한 노출도 등 사회 지표들이 포함되어 있다.

표 3   SFDR에 따른 금융기관의 2단계 공시 사안(2단계, 2023.1월 적용)

주제	대분류	투자 대상에 적용되는 지표
기업 투자에 대한 적용 지표		
환경	온실가스 배출	1. 온실가스 배출량
		2. 탄소 발자국
		3. 투자대상 기업의 온실가스 집약도
		4. 화석연료 부문 노출도
		5. 비재생 에너지 소비와 생산 비율
		6. 기후 고영향 부문별 에너지 소비 강도
	생물다양성	7. 생물다양성 민감한 지역에 부정적인 영향을 미치는 활동
	물	8. 오염수 배출
	폐기물	9. 유해 폐기물 비율
사회	인권존중, 반부패, 다양성 등	10. UNGC 원칙 및 다국적기업에 대한 OECD 지침 위반
		11. UNGC 원칙 및 다국적기업에 대한 OECD 지침 준수 모니터링 프로세스 및 컴플라이언스 장치 여부
		12. 조정되지 않은 성별 임금 격차
		13. 이사회의 성별 다양성
		14. 논란성 무기에 대한 노출도(대인지뢰, 집속탄, 생화학 무기 등)
국가 및 초국가적 주체에 대한 투자 시 적용 지표		
환경		15. 온실가스 집약도
사회		16. 사회적 폭력에 노출된 투자대상국
부동산자산 투자 시 적용 지표		
환경		17. 부동산 자산을 통한 화석연료 노출도
		18. 에너지 비효율 부동산 자산에 대한 노출도

출처 : EU Commission

3) TCFD (Task Force on Climate-Related Financial Disclosure)

TCFD는 파리협약 목표 이행 요구와 금융시장 참여자들로부터 기후 관련 정보 수요가 증가하면서 G20 정상이 금융안정위원회(FSB)에 기후변화 관련 위험과 기회에 대한 정보공개 프레임을 요청함에 따라 2015년 설립된 이니셔티브이다.

영국, 뉴질랜드, 홍콩 등 개별 국가에서 TCFD에 따른 기업 및 금융기관의 정보공시를 의무화하고 있으며 글로벌 차원에서도 TCFD에 따른 기후 공시 의무화 논의가 계속되고 있다. 최근 ESG 정보공시 표준화 움직임이 강화되며 IFRS 재단 산하 ISSB가 공시 초안을 발표했는데, 이 지표 역시 TCFD에 기반하고 있다.

2017년 6월 발표된 초안에서는 지배구조, 경영전략, 리스크 관리, 지표 및 목표의 네 가지 구분에 따라 기후변화와 관련된 정보공개 지침을 제시했고, 금융의 4개 산업 및 비금융기관 4개 산업에 대해서는 추가적인 보충 지침을 발표했다.

이 후, 2021년 10월 개정된 지침에서는 전산업에 대한 세부 기후 공시 지표를 제시하고, 4개 금융산업의 보충지침 중 관련 자산의 탄소배출량 등에 대한 공시 규정을 세분화해 제시하였다.

개정안에서는 전산업에 걸친 기후공시의 주요 지표로 탄소배출량, 전환위험과 물리적 위험에

| 표 4 | TCFD에 따른 기후변화 공시 프레임워크 |

구분	내용
지배구조	-기후변화의 위험과 기회에 관한 이사회의 감독 역할 -기후변화의 위험과 기회를 평가하고 관리하는 경영진의 역할
경영전략	-조직이 단기, 중기, 장기에 걸쳐 파악한 기후변화의 위험과 기회에 대한 설명 -기후변화의 위험과 기회가 조직의 사업, 경영전략, 재무계획에 미치는 영향 설명 -조직의 사업, 전략, 재무계획에 미치는 기후 변화 시나리오별 영향(2℃ 시나리오 포함)
리스크관리	-기후변화의 위험을 식별하고 평가하기 위한 조직의 절차 -기후변화의 위험을 관리하기 위한 조직의 절차 -조직의 전사적 위험 관리 프로세스와 기후 변화 위험 파악, 평가 및 관리방법 프로세스의 통합
지표 및 목표	-조직이 경영전략 및 위험관리 절차에 따라 기후변화의 위험과 기회를 평가하기 위해 사용한 지표 -Scope1,2,3 온실가스 배출량 및 관련 리스크 공개 -기후변화의 위험 및 기회, 목표 달성도를 관리하기 위해 조직이 채택한 목표 및 목표대비 성과

자료 : TCFD

표 5   TCFD 전산업에 적용되는 기후관련 지표 가이드(2021. 10월)

구분	지표	단위	목적
탄소배출량	Scope 1, Scope 2, Scope 3; 배출량 집약도	MT of CO_2e	밸류체인에 걸친 절대 배출량과 배출량 집약도는 기후변화에 따른 정책, 규제, 시장, 기술 대응에 따라 조직이 영향을 받을 수 있는 정도를 가늠할 수 있음
전환위험	전환위험에 취약한 자산과 비지니스 활동	양 또는 %	자산의 손상 및 좌초 가능성, 자산과 부채의 가치에 대한 추정 제품과 서비스에 대한 수요 변화 추정
물리적 위험	물리적 위험에 취약한 자산과 비지니스 활동	양 또는 %	자산의 손상 및 좌초 가능성, 자산과 부채의 가치에 대한 추정 비지니스 중단 등에 대한 비용 추산
기후관련 기회	기후관련 기회가 될 수 있는 매출, 자산, 비지니스 활동	양 또는 %	동종 산업(Peer Group) 대비 포지션이나 전환경로, 매출 및 수익성에 대한 잠재적인 변화가능성의 추정
자본 배치	기후관련 자본지출, 금융조달, 투자	보고 통화	장기적인 기업가치 변화 정도를 가늠하는 지표
내부 탄소가격	내부적으로 이용하는 톤당 탄소가격	보고통화 /MT of CO_2e	내부적인 기후 위험과 기회 전략의 합리성과 전환 리스크에 대한 탄력성을 가늠할 수 있는 지표
보상	기후 요인과 연계된 경영진 보상 비율	%, 가중치, 설명, 보고 통화 기준 금액 등	조직의 기후관련 목표 달성을 위한 인센티브 정책 측정 기후 관련 이슈를 관리하는 책임, 감독, 지배구조 체계 등에 대한 실효성 등을 분석할 수 있음

자료 : TCFD, 2021 Guidance on Metrics, Targets, and Transition Plans

노출된 자산 및 비지니스 활동의 규모 및 비율, 기후관련 자본지출 및 투자. 내부 탄소가격, 기후요인과 연계된 경영진의 보상 비율 등의 지표를 제시했고, 이는 ISSB의 기후공시 초안의 지표와 동일하다.

자산운용사에 대해서는 파리협정 온도 경로에 부합하는 포트폴리오 부합성, 자금배출지표 등 정보 공시 내용 및 수준이 크게 심화되었다.

표 6 TCFD 전산업에 적용되는 기후관련 지표 가이드(2021. 10월)

세부 산업	항목	내용
은행	전략	– 탄소관련 자산에 대한 노출도 보고 목적으로, 제안된 자산의 정의를 TCFD의 2017년 보고서에서 식별된 모든 비금융 그룹을 포함하도록 확장함
	지표 및 목표	– 2도씨 이하 시나리오에 부합하는 대출 및 금융 중개 활동의 정도에 대한 공시 – 대출 및 금융 중개 활동의 온실가스 배출량(데이터와 방법론이 허용하는 한에서 공시)
보험	지표 및 목표	– 2도씨 이하 시나리오와 부합하는 보험 언더라이팅 활동 정도에 대한 공시 – 상업 부동산 및 특별 사업의 가중평균 탄소집약도 혹은 탄소배출량에 대한 공시(데이터와 방법론이 허용하는 한에서 공시)
자산소유자	지표 및 목표	– 2도씨 이하 시나리오에 부합하는 소유자산, 펀드, 투자전략의 규모 공시 – 소유한 자산에 대한 탄소배출량 공시(데이터와 방법론이 허용하는 한에서 공시)
자산운용사	지표 및 목표	– 관련성이 있는 경우, 2도씨 이하 시나리오에 부합하는 운용중인 자산, 상품, 투자전략의 규모 공시 – 운용중인 자산의 탄소배출량(데이터와 방법론이 허용하는 한에서 공시)

01 채권투자수익을 이자수익과 자본손익으로 나누고, 이자수익은 매입금리, 자본손익은 듀레이션을 활용하여 계산한다고 가정하자. 2년 만기 은행채(복리채)를 5%에 매입하여 1년간 보유한 후, 4.5%에 매도할 때의 투자수익률을 계산한 것 중 가장 가까운 것은?

이자수익 : 매입금리
자본손익 : (−)×매도 시 듀레이션×금리 변화×연율화

① 연 4.5%   ② 연 5.0%
③ 연 5.5%   ④ 연 6.0%

02 다음 중 경제변수와 주가와의 관계를 설명한 것 중에서 적절하지 않은 것은?
① 국내총생산(GDP)이 상승하면 주가도 상승할 가능성이 높다
② 이자율이 상승하면 주가도 상승할 가능성이 높다.
③ 물가가 크게 상승하거나 하락하면 주가는 하락할 가능성이 높아진다.
④ 환율 상승은 수출기업의 주가에 긍정적인 영향을 미친다.

해설

01 ③ 매입금리 : 5.0%, 자본손익 = (−)×1× −0.5%×1 = +0.5% 따라서 채권투자수익은 연 5.5%이다.
02 ② 이자율(할인율)이 상승하면 주가는 하락할 가능성이 높다.

03 다음 중 신용 리스크(credit risk)에 대한 설명으로 적절하지 않은 것은?

① 거래상대방의 채무불이행으로부터 발생할 수 있는 리스크이다.

② 신용 리스크의 측정은 표준방법만 활용된다.

③ 장외파생상품의 신용 리스크는 (+)인 시가평가액에 잠재적 익스포저를 합한 금액으로 한다.

④ 장외파생상품에 따른 거래상대방의 신용 리스크도 포함한다.

04 다음과 같은 조건이 주어졌을 때 이 집합투자기구의 샤프비율은?(단, 기간은 1년으로 동일하다고 가정)

> ㉠ 집합투자기구의 평균수익률 : 11%
> ㉡ 집합투자기구의 벤치마크 평균 수익률 : 9%
> ㉢ 무위험 평균 이자율 : 6%
> ㉣ 집합투자기구 수익률의 표준편차 : 5%

① 0   ② 0.4

③ 1.0   ④ 2.2

해설

03 ② 일부 시중은행의 경우 감독당국의 승인을 얻고 내부등급법을 활용할 수 있게 되었다.

04 ③ 샤프비율 = (집합투자기구의 평균 수익률 – 무위험 평균 이자율) / 집합투자기구 수익률의 표준편차

05 다음 중 채권투자에 따른 위험을 회피하기 위한 방법에 대한 설명으로 적절하지 않은 것은?

① 채권금리 상승에 따른 위험을 회피하기 위해 변동금리부채권을 매입한다.

② 국채금리가 상승할 가능성이 높을 경우 국채선물을 매도한다.

③ 신용 스프레드가 확대될 가능성이 높을 경우 크레딧물(Credit Bond)을 매수한다.

④ 채권금리 상승에 따른 위험을 회피하기 위해 이자율스왑계약에서 고정금리 지급 포지션을 취한다.

06 다음 중 정보비율(Information Ratio)에 대한 설명으로 적절하지 않은 것은?

① 정보비율이란 집합투자기구의 초과수익률과 집합투자기구의 수익률에 대한 표준편차의 비율이다.

② 정보비율은 평가비율(Appraisal Ratio)이라 하기도 한다.

③ 일반적으로 정보비율의 값이 높을수록 위험 조정성과가 우수하다고 할 수 있다.

④ 짧은 기간 동안에 계산된 정보비율에는 집합투자기구 운용자의 능력 이외에 운(Luck) 등 다른 요인이 큰 비중을 차지할 수 있다.

해설

05 ③ 위험채권금리와 무위험채권금리의 차이를 신용 스프레드라고 한다. 일반적으로 경기 침체기에 신용스프레드가 확대되는데, 신용 스프레드가 확대된다는 것은 위험채권의 금리가 상대적으로 높아진다는 것을 의미하며, 이는 위험채권 투자에 따른 위험이 더 높아지게 되는 것이므로 위험채권인 크레딧물(Credit Bond)을 매수하는 것이 아니라 매도하는 것이 필요하다.

06 ① 정보비율이란 집합투자기구의 초과수익률과 집합투자기구의 초과수익률에 대한 표준편차의 비율이다.

07 다음 중 잉여현금흐름 모형에 대한 설명으로 올바른 것으로만 모두 묶은 것은?

> ⊙ 잉여현금흐름은 본업활동에서 창출해 낸 세후 영업이익에 신규투자액(투하자본 증가액)을 더한 현금흐름이다.
>
> ⓒ 미래 잉여현금흐름을 추정하고 이를 가중평균자본비용으로 할인하여 기업 전체의 가치를 구한다.
>
> ⓒ 전체 기업에서 특정 부문이나 특정 사업부의 가치를 부문별로 추정할 수 있는 유연성이 있다.
>
> ② 영업활동으로 인한 현금흐름과 재무활동으로 인한 현금흐름을 포괄적으로 반영하는 가치평가 방법이다.

① ㉠, ㉡
③ ㉢, ㉣

② ㉡, ㉢
④ ㉠, ㉣

08 투자자의 투자기간 중 기본적인 가정이 변하지 않는 한 포트폴리오의 자산구성을 변화시키지 않는 전략으로 기대수익률과 투자위험을 고려하여 장기적으로 적합한 자산별 투자비율을 결정하는 전략으로 가장 올바른 것은?

① 전략적 자산배분
③ 포트폴리오 보험

② 전술적 자산배분
④ 동적 자산배분

해설

07 ② 잉여현금흐름은 본업활동에서 창출해 낸 세후 영업이익에서 신규 투자액을 차감한 현금흐름을 말하며, 잉여현금흐름 모형에서는 기업가치에 영향을 주는 현금유출입을 추정할 때 핵심경영활동, 즉 생산·판매, 관리의 주된 영업활동과 연관된 현금흐름을 중심으로 추정되며, 재무활동으로 인한 현금흐름은 제외한다.

08 ① 전술적 자산배분 전략은 단기적인 판단으로 저평가자산을 매수하고, 고평가자산은 매도하여 포트폴리오 성과를 높이려는 전략이고, 포크폴리오 보험은 미리 설정한 최소의 투자수익을 달성하면서 동시에 주가 상승에 따른 이익에도 참여할 수 있도록 위험자산의 투자비율을 변동시켜 나가는 전략이며, 동적 자산배분은 포트폴리오를 구성하는 고위험자산과 저위험자산 간 비중을 지속적으로 변경시켜 가는 전략이다.

09 다음 중 ESG 요소를 반영한 책임투자에 대한 설명으로 옳은 것은?

① 책임투자 방식은 국제 금융 감독기구에 의해 규정되며 책임투자 방식별 세부기준도 제공됨에 따라 이를 준수하는 경우에만 책임투자로 인정된다.

② 책임투자는 선량한 관리자의 의무와는 무관하며 마케팅 목적이 중요하다.

③ 글로벌지속가능투자 연합에 따르면 유럽의 책임투자 펀드 규모는 2020년 감소를 기록했는데 이는 책임투자 시장의 축소를 반영하고 있다.

④ 그린워싱 논란이 확대되면서 유럽을 선두로 환경영역을 중심으로 금융기관의 상품에 대한 ESG 공시 규정이 강화되고 있다.

10 다음 중 국내외 ESG 공시에 대한 옳은 것은?

① 유럽의 금융기관의 지속가능금융공시규제는 2단계에 걸쳐 시행되며 2단계에서는 주요한 부정적 영향에 대한 18개 지표를 공시해야 한다.

② IFRS 재단이 글로벌 공시 표준화 작업을 주도하기 위해 결성된 ISSB는 기존 TCFD와는 별개로 기후 공시 기준을 수립해 제시하고 있다.

③ TCFD는 2021년 개정을 통해, 기후영향이 큰 금융산업과 비금융의 4가지 산업에만 추가적으로 적용되는 기후변화 세부지표 7가지를 제시했다.

④ 국내에서도 자산기준 일정 규모 이상의 금융기관은 포트폴리오의 ESG 공시를 의무적으로 공개해야 한다.

해설

09 ④

10 ①

정답 01 ③ | 02 ② | 03 ② | 04 ③ | 05 ③ | 06 ① | 07 ② | 08 ① | 09 ④ | 10 ①

part 06

펀드평가

certified fund investment advisor

chapter 01

펀드 분석 및 평가

펀드 분석 및 평가의 목적

펀드 분석(Fund Analysis)이란 분석대상 펀드의 특징을 찾아내는 과정이며, 펀드 평가 (Fund Evaluation)란 평가대상 펀드의 운용성과를 측정하여 그 우열이나 순위를 가리는 과정을 말한다.

펀드의 특징을 찾고 펀드 성과를 측정해 우열을 정하는 펀드 분석 및 평가 정보는 어디에 활용할 수 있는가?

일반적으로 투자자 또는 펀드투자권유자문인력, 펀드투자권유대행인 등(이하 '펀드투자권유자문인력 등'이라 함)은 다음 목적을 위해 펀드 분석 및 평가 정보를 이용한다.

❶ 펀드 선정 : 투자하기 좋은 펀드를 고르기 위해
❷ 펀드 모니터링 : 투자한 펀드가 정상적으로 운용되고 있는지 판단하기 위해

❸ 펀드 운용 결과 분석 : 투자기구 운용 결과의 성공 및 실패 여부를 분석하고 재투자 여부를 판단하기 위해

1 집합투자기구 선정

펀드 평가에서는 일차적으로 집합투자기구의 계량적(정량적)인 성과를 측정한 후에 다음의 집합투자기구를 양호한 집합투자기구로 간주한다.

❶ 수익률이 절대적·상대적으로 높은 집합투자기구
❷ 위험이 절대적·상대적으로 낮은 집합투자기구
❸ 위험 조정성과가 절대적·상대적으로 높은 집합투자기구

일차적으로 측정한 계량적(정량적)인 성과는 과거의 성과로서 성과가 양호했다는 결과만을 보여줄 뿐 그러한 성과가 미래에도 계속해서 지속된다는 것을 보장해 주지 않는다. 집합투자기구 운용자의 운용능력이나 운용회사의 운용프로세스가 양호하여 성과가 양호하게 나타났을 수도 있지만, 실력과 관계없이 우연히 운(luck)에 의해 양호한 성과로 나타났을 가능성도 배제할 수 없다. 또한 양호한 성과를 낼 수 있었던 운용여건 등이 변화하였을 수도 있다.

집합투자기구 평가회사는 계량적(정량적)인 성과에 대한 분석과 함께 성과의 원인이 운용사 또는 운용자의 운용의사결정의 체계적인 프로세스로 인한 것인지 등을 추가로 분석하고 향후에도 양호한 집합투자기구로 유지될 수 있는지 여부를 판단한다. 이를 위해 분석하는 것이 성과요인 분석, 포트폴리오 분석 및 운용자와 운용회사에 대한 질적(정성적)인 평가이다.

계량적 평가가 성과의 우열을 가리기 위한 것이라면 성과요인 분석, 포트폴리오 분석 및 운용회사의 질적(정성)평가는 집합투자기구의 성과원인 및 특성을 파악하는 것이다. 이러한 분석은 많은 시간과 노력을 필요로 하며 판매되는 모든 집합투자기구를 대상으로 분석하는 것은 현실적으로 불가능하다. 따라서 최종 선택하고자 하는 집합투자기구의 2~3배수를 계량성과가 양호한 집합투자기구로 선정한 후 추가적인 프리젠테이션(PT)이나 정성평가 등을 통해 최종 투자하고자 하는 집합투자기구를 선택하는 것이다. 투자자 또는 펀드투자권유자문인력 등은 계량적인 성과분석에서 그치지 않고 성과요인 분석 및 포트폴리오 분석, 운용회사 정성적 정보 등을 활용하여 집합투자기구를

선택하여야 한다.[1]

2 집합투자기구 모니터링

집합투자기구는 장기투자를 원칙으로 한다. 믿고 맡기면(投資信託) 전문가인 집합투자기구운용자와 운용회사는 투자자가 원하는 적정성과를 제공하기 위해 최선을 다한다. 일시적인 시장 변동으로 인하여 손실이 발생한다고 해도 참고 기다리며(Risk Tolerance) 장기간 투자하면 목표한 수익률을 실현할 확률이 높은 것이 집합투자기구이다.

믿고 기다리기 위해서는 집합투자기구가 정상적인 상태로 운용되고 있어야 한다는 기본조건이 충족되어야 한다. 따라서 투자자 및 펀드투자권유자문인력 등은 다음과 같은 항목을 정기적으로 점검하여야 한다.

❶ 집합투자기구 성과(수익률 · 위험 · 위험 조정성과 · 등급)
❷ 집합투자기구 보유자산과 매매현황
❸ 집합투자기구 운용자 및 운용회사
❹ 집합투자기구의 자금흐름(수탁고 변화) 등

첫째 항목인 집합투자기구 성과에 대한 모니터링은 주기적으로 실시하되 단순히 성과의 우열을 따지는 것 보다 집합투자기구가 투자하는 시장 상황과 성과원인에 중점을 두는 것이 바람직하다. 집합투자기구 성과가 부진한 원인이 시장 상황에 있다면 이것은 잘못된 운용의 결과가 아니기 때문이다. 시장 상황에 비해 지나치게 부진한 성과이거나 비정상적인 원인으로 인해 부진한 성과가 발생한 경우에 한하여 집합투자기구를 일부 또는 전부 환매하는 조치를 하는 것이 바람직하다.

다음 항목인 집합투자기구의 보유자산과 자산의 흐름인 매매현황 즉, 집합투자기구의 포트폴리오와 집합투자기구 운용자와 운용회사를 모니터링 하는 것은 집합투자기구의 성과원인과 특성의 변화 여부를 파악하기 위해서이다. 포트폴리오의 특징, 특히 집합투자기구 스타일에 변화가 없는지, 집합투자기구 운용자의 교체가 발생하지는 않는지 여부 등을 모니터링 하는 것이 이에 해당한다.

---

1 일반적으로 집합투자기구투자는 ① 투자자 상황 분석(투자자 분석, 자금특성 분석, 시장 분석)을 수행한 후, ② 자산배분 전략과 세부 투자유형을 결정하고, ③ 그에 맞는 집합투자기구 또는 운용자를 선택하는 과정을 거쳐야만 한다.

마지막 항목인 집합투자기구의 자금흐름을 모니터링 하는 이유는 자금흐름이 집합투자기구의 종합적인 상황 등을 반영한 결과일 수 있기 때문이다. 성과가 부진하거나 집합투자기구가 제대로 관리되지 않거나 운용회사·운용자의 변화가 생긴 경우 집합투자기구 자금흐름에 변화가 생기며 이는 다시 집합투자기구성과에 영향을 끼치게 된다.

이와 같이 투자자 또는 펀드투자권유자문인력 등은 집합투자기구 모니터링을 위하여 다양한 각도에서 분석된 집합투자기구 평가정보를 활용해야 한다.

3 집합투자기구 운용 결과 분석

일반적으로 사후적인 결과를 분석하는 이유는 계획과 대비하여 결과가 성공했는지 실패했는지 여부를 판단하고 개선할 수 있는 방법을 찾기 위함이다. 집합투자기구의 운용 결과를 분석하는 것도 같은 이유라고 할 수 있다. 다만, 직접투자와 달리 불특정 다수 투자자의 자금을 모아 집합적으로 투자하는 집합투자기구투자는 운용 결과의 성공 및 실패에 대한 책임을 투자자가 부담하지만 집합투자기구 운용에는 간섭할 수 없다. 집합투자기구 운용 결과 분석을 통해 투자자가 취할 수 있는 방안은 투자한 집합투자기구에 계속 투자할 것인가 또는 (일부)환매할 것인가 정도이다. 결국 집합투자기구 운용 결과를 분석하는 궁극적인 이유는 (일부)환매 여부 또는 재투자 여부를 결정하기 위함이다.

그러나 성공적인 운용 결과를 보여주었다고 해서 해당 집합투자기구에 계속 투자해야 하고 실패한 집합투자기구라고 해서 투자를 중단해야 한다는 식으로 일률적으로 판단해서는 안 된다. 단기간 운용의 성공과 실패가 장기간 운용의 성공과 실패로 직접 연결되지 않을 수 있기 때문이다. 집합투자기구 운용 결과를 분석함에 있어 단순히 단기 운용의 성공과 실패를 분석하는 차원에서 나아가 장기 운용의 성공과 실패로 연결될지 여부를 파악하여야 한다. 이를 위해 일차적으로 집합투자기구의 성과(수익률·위험·위험조정 성과·등급)가 절대적·상대적으로 양호하였는지 판단하고, 이러한 성과가 나타난 원인(성과요인, 포트폴리오 구성, 운용사·운용자 특성 등)이 무엇인지를 판단하여 해당 성과가 지속될지 여부를 판단하여야 한다. 이는 집합투자기구 모니터링에 적용한 원칙과 동일하다고 할 수 있다.

집합투자기구 분석 및 평가

1 집합투자기구 분석 및 평가대상

투자에 있어 가장 중요한 요소는 수익이다. 집합투자기구 투자의 경우에도 예외는 아니다. 집합투자기구 분석 및 집합투자기구 평가의 일차적인 관점도 투자자가 투자했거나 향후 투자할 집합투자기구가 주는 수익이다.[2]

또한, 수익과 함께 투자자가 반드시 관심을 가져야 할 것이 위험이다. 위험이란 수익을 실현하지 못할 가능성을 의미한다. 일반적으로 수익이 크면 위험도 크며, 위험이 작으면 수익도 작다. 따라서 수익과 위험은 동전의 양면과 같다.

이러한 수익과 위험을 측정하기 위해서는 집합투자기구 가격정보(기준 가격, 설정좌수, 분배율 등)가 필요하다. 따라서 집합투자기구 분석 및 평가의 첫 번째 대상은 집합투자기구 가격정보다.

집합투자기구 성과(수익률, 위험, 위험 조정성과, 등급) 측정을 위한 집합투자기구 가격정보만큼 중요한 것이 집합투자기구의 포트폴리오(Portfolio)이다. 집합투자기구는 개별 증권 등에 투자하며, 이렇게 투자한 증권의 집합체를 포트폴리오라고 한다.

포트폴리오가 집합투자기구 분석 및 평가의 두 번째 대상인 이유는 집합투자기구 성과의 우열이 발생한 원인과 집합투자기구가 어떤 특징을 가지고 있는지를 알아내기 위함이다. 집합투자기구가 투자한 자산명세 즉, 포트폴리오를 분석함으로써 집합투자기구의 다양한 특징을 파악할 수 있다.

마지막으로 집합투자기구를 운용하는 집합투자기구의 운용자나 운용회사와 관련된 정보가 분석 및 평가의 대상이다. 집합투자기구의 운용자·운용회사가 안정적인지, 운용성과가 실제적으로 집합투자기구의 운용자·운용회사 능력에 의해 나타난 것인지, 약관·상품설명서·운용계획서 및 규정·법규 등을 잘 준수했는지 등을 파악하여야 하며, 이를 위해 집합투자기구의 운용자·운용회사를 대상으로 분석 및 평가를 수행하여

---

2 앞에서 살펴본 것과 같이 투자자의 의사결정으로 인해 얻은 수익금, 즉 '투자자 이익'과 집합투자기구 자체로 인한 수익, 즉 '집합투자기구 성과'를 구분하는 것이 중요하다. 투자자 이익에는 자산배분과 투자시기의 선택이라는 변수도 내재되어 있기 때문이다.

야 한다.

이와 같이 집합투자기구의 분석 및 평가를 위해서는 집합투자기구 가격정보, 포트폴리오 정보, 운용회사 및 운용자에 대한 정보가 필요하다.

2 집합투자기구 평가 프로세스

집합투자기구 평가는 집합투자기구의 유형을 분류하고 벤치마크를 설정하는 것으로부터 시작된다. 집합투자기구 평가회사는 집합투자기구가 새로 만들어지면 운용회사 등을 통해 집합투자기구 약관과 투자설명서를 입수하고 이를 기초로 집합투자기구의 유형을 분류하고 벤치마크를 설정한다. 이는 집합투자기구 유형과 벤치마크가 집합투자기구를 분석하고 평가함에 있어 비교기준이 되기 때문이다.

집합투자기구가 운용되면 평가회사는 집합투자기구의 수익률, 위험, 위험 조정성과 등을 주기적(일별, 주별, 월별, 분기별, 반기별, 년별)으로 측정하고, 등급(Rating)을 부여한다. 집합투자기구 뿐 아니라 집합투자기구의 유형, 벤치마크 및 운용회사에 대하여도 수익률, 위험, 위험 조정성과 등을 측정한다. 이를 이용하여 집합투자기구 및 운용회사에 대한 절대평가 및 상대평가를 실시하고 성과의 우열을 가리는 것이다.

앞에서도 살펴본 바와 같이 성과의 우열을 가리는 것만이 집합투자기구 평가의 전부는 아니며, 성과의 원인과 특성을 파악하는 것이 중요하다. 이를 위해 수행하는 분석이 성과요인분석, 포트폴리오 분석, 운용사 질적 평가 등이다.

이러한 집합투자기구 평가의 개괄적인 흐름을 살펴보면 다음의 그림과 같다.

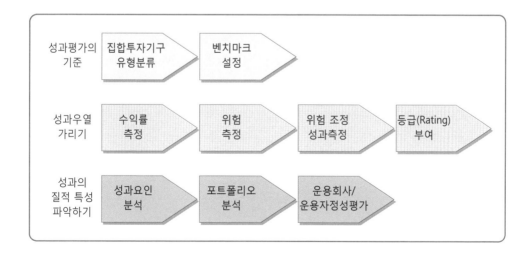

3 국내 집합투자기구 평가회사

자본시장법 제258조는 집합투자기구 평가회사를 집합투자기구를 평가하고 이를 투자자에게 제공하는 업무를 영위하는 자로 정의하고, 집합투자기구 평가회사가 되기 위해서는 일정한 요건을 갖추고 금융위원회에 등록하도록 하였다.

집합투자기구 평가회사로 등록하려는 자는 다음 각 호의 요건을 모두 갖추어야 한다.

1. 「상법」에 따른 주식회사일 것
2. 투자매매업자 · 투자중개업자 또는 집합투자업자와 그 계열회사가 아닐 것
3. 5억 원 이상의 자기자본을 갖출 것
4. 상근 임직원 중 대통령령으로 정하는 기준의 전문인력을 보유할 것
5. 임원이 「금융회사의 지배구조에 관한 법률」 제5조에 적합할 것
6. 대통령령으로 정하는 전산설비 등 물적 설비, 집합투자기구평가체계와 이해상충 방지체계를 구축하고 있을 것

국내 집합투자기구 평가회사의 주요 업무는 집합투자기구 평가 및 분석정보를 생성하여 이를 제공하는 것이다.

chapter 02

집합투자기구 성과평가

투자 프로세스와 투자성과요인

일반적으로 펀드 투자자는 성공적인 펀드[1] 투자를 하기 위해서 펀드투자권유자문인력 등의 도움을 받아 먼저 투자설계라고 불리는 계획(PLAN)을 수립한다. 펀드투자권유자문인력 등은 투자자의 투자성향 및 위험 감내도 등을 체계적으로 분석하고 필요자금의 현금흐름 및 과부족을 예측하여 목표수익률을 설정한 후 시장분석을 통해 자산별로 기대되는 수익률과 위험을 추정하여 고객의 자산배분계획을 수립한다.

다음 단계로 투자자는 자산배분계획에 맞는 펀드를 선택하고 투자하는 투자실행(DO)을 한다. 투자실행 단계에는 자금을 추가로 투자하거나 회수하며, 자산별 투자금액을

---

1 펀드의 공식적, 법률적인 명칭은 '집합투자기구'이나 일반적으로 펀드로 통칭되고 있어 본 장에서도 펀드와 집합투자기구라는 용어를 혼용해서 사용한다.

조정하기도 한다. 마지막 단계에서는 자산배분과 실행으로 나타난 투자 결과에 대해 평가(SEE)한다. 평가의 결과는 피드백(Feedback)되어 투자계획이나 투자실행을 조정하는 데 이용된다.[2]

이러한 펀드투자과정에서 투자자가 양호한 성과를 달성하는 데 영향을 주는 요소는 크게 세 가지로 나누어 볼 수 있다.

첫 번째, 투자대상 유형별 자산배분의 선택이다. 주식형 펀드에 투자한다면 높은 수익을 기대할 수 있지만 반대로 손실이 발생할 가능성이 높다. 채권형 펀드에 투자하면 안정적인 수익을 기대할 수 있지만 높은 수익을 기대하기 어렵다. 하지만 주식형 펀드, 채권형 펀드, 부동산펀드 등 다양한 유형의 펀드에 적절한 비율로 분산하여 투자한다면, 특정 유형에만 집중하여 투자하는 것보다 위험을 낮추고 수익을 높이는 좀 더 나은 성과를 기대할 수 있다.

두 번째, 시장 예측을 통한 투자 시점의 결정이다. 주식시장이 오를 것이라 판단하여 주식형 펀드에 투자하였는데 예측이 들어맞아 시장이 오르거나 반대로 시장이 하락할 것으로 예상되어 주식형 펀드 투자를 줄여서 채권형 펀드에 투자하였는데 주식시장이 폭락하게 되면 성공적인 투자성과를 기대할 수 있다. 시장의 등락이 심할 것으로 예상되는 경우에는 투자 가능한 전체 자금을 분할하여 몇 차례 나누어 투자하고, 지속적인 상승추세가 예상되는 경우에는 일시불로 투자해서 보다 나은 수익을 기대할 수 있다.

세 번째, 투자한 펀드의 운용수익률이다. 집합투자기구가 시장과 비교해 높은 수익을 실현하거나 다른 펀드들과 비교해 탁월하게 높은 성과를 달성하였다면 좋은 투자성과가 기대된다. 예를 들어 주식시장이 10% 오르는 동안 집합투자기구가 20% 수익을 실현하고 시장이 10% 하락할 때 손실이 5% 정도로 작았다면 양호한 수익을 기대할 수 있다.

이와 같이 펀드 투자에서 투자자가 높은 수익을 올리기 위해서 자산배분이나 투자시점에 대한 판단이 정확해야 하며 투자한 펀드의 수익률 또한 높아야 한다. 이들 세 요소는 상호작용을 하기 때문에 어떤 한 가지 요소만으로는 높은 성과를 내기 어렵다. 자산배분이나 시장 예측 등 투자자의 투자판단이 성공했다 할지라도 투자한 펀드의 운용수익률이 극단적으로 나쁜 경우에는 손실이 발생할 수도 있으며 반대로 투자판단에 실패한 경우에도 펀드의 선택이 잘 되었을 경우에는 손실의 폭을 크게 줄일 수 있기 때문

---

2 투자설계와 자산배분에 관하여는 본 과목에서 자세히 다루지 않지만 펀드투자권유자문인력 등이 반드시 숙지하여야 할 주제이기에 핵심적인 부분에 대해 요약하여 제시하였다.

이다. 또한 펀드를 잘 선택하였다고 할지라도 자산배분이나 투자시점의 선택에 실패하였다면 높은 수익을 기대하기 어렵다.

| section 02 | 성과평가의 종류 |

1　투자자 관점의 성과평가

펀드에 투자하는 투자자에게 무엇보다 중요한 것은 투자할 때 기대했던 수익을 달성하는 것이다. 기대했던 수익보다 더 많은 수익을 달성하면 투자에 성공하였다고 할 것이고, 기대했던 수익보다 적은 수익을 달성하면 투자에 실패했다고 말할 것이다. 이와 같이 투자자의 투자목표가 성공적으로 달성되고 있는지 평가하는 것을 투자자 관점의 성과평가라 한다. 이는 투자자가 향유한 실제 수익규모(회계상 손익 또는 경제적 가치)를 측정하는 것을 기반으로 한다.

투자자 관점의 성과평가는 투자자가 재무목표를 효과적으로 달성하였는지를 판단하도록 하며, 잘못된 계획이나 잘못된 투자실행으로 인해 발생한 위험을 효율적으로 관리할 수 있도록 한다.

앞에서 살펴본 것처럼 자산배분의 선택, 투자시점의 결정, 투자한 집합투자기구의 선택의 세 가지 요소 모두가 투자자 성과에 영향을 줌에 따라 이 세 가지 요소 모두 투자자 성과평가의 대상이 된다.

2　펀드의 성과평가

투자자 관점의 성과평가가 자산배분, 투자시점, 선정한 집합투자기구의 성과 등을 모두 고려하여 투자자의 수익이 만족할 만한 수준이었는지를 판단하는 것인데 비해, 펀드의 성과평가는 펀드의 운용 결과가 양호했는지 여부에 초점을 맞춘다.

펀드의 성과평가란 펀드를 운용하는 펀드 운용자와 운용회사의 운용능력을 평가하기 위한 것이다. 투자자는 펀드를 선택한 이후에 그 운용에 간섭할 수 없다. 운용 결과는 운용자와 운용회사의 운용능력에 따라 달라진다. 또한 펀드의 운용자는 투자자의 자산 배분이나 투자자의 투자 시점에 영향을 주거나 정확한 시점을 예측하기 어렵기 때문에 이러한 요소를 고려하여 운용하는 것이 불가능하다. 따라서 펀드의 성과평가는 펀드 운용자가 역할을 수행할 수 있는 펀드의 성과에만 초점을 맞추는 것이 당연하다.

펀드의 성과평가는 투자자가 해당 펀드에 일시불로 투자한 경우 투자자 관점의 성과평가결과와 동일하다.

section 03 | 집합투자기구 유형분류

집합투자기구 유형(Fund Category)이란 집합투자기구의 성과를 상대적으로 비교 측정하기 위하여 투자목적, 투자자산, 투자전략, 투자스타일, 특징 등이 유사한 집합투자기구들끼리 묶어 놓은 동류집단(Peer group)을 말한다.

권투 등 격투경기에서 중량급과 경량급이 경기토록 한 후 중량급이 이겼다고 해서 이긴 선수가 진 선수에 비해 잘한다고 말한다면 정당한 시합이라고 할 수 없다. 같은 체급끼리 경기를 진행해야 공평한 시합이 되듯 집합투자기구의 분석 및 평가도 마찬가지다. 서로 비슷한 집합투자기구들끼리 비교하고 우열을 가려야 한다. 집합투자기구 유형분류를 하는 가장 중요한 이유가 여기에 있다. 집합투자기구 평가의 공정성과 객관성을 확보하기 위해 성격이 비슷한 것들로 분류하게 되는데 이를 집합투자기구 유형이라 하며, 집합투자기구 평가회사는 집합투자기구가 만들어지면 가장 먼저 집합투자기구의 유형을 분류한다.

미국을 중심으로 한 선진국 시장의 경우 주식 집합투자기구와 채권 집합투자기구를 스타일에 따라 분류한다. 주식 집합투자기구의 경우 대형주 및 중소형주의 편입비율에 따라 대·중·소형주형으로 분류하고, 채권 집합투자기구의 경우 장단기 채권의 편입비율에 따라 장·중·단기채권형으로 분류한다. 스타일 분류는 각 스타일의 집합투자기구들이 시장

의 국면 변화에 따라 상이한 운용성과를 나타낸다는 특성을 지니고 있기 때문에 투자자
의 자산배분 시에 별도 자산유형으로 고려되어 자산배분 성과를 높여준다는 특성을 지
니고 있다.

해외투자가 활성화됨에 따라 해외투자지역에 따라 집합투자기구의 유형을 달리 분류
하는 것이 원칙이다. 유럽주식형 집합투자기구와 중국 주식형 집합투자기구, 국내 주식
형 집합투자기구는 각기 다른 운용성과를 보이며 다른 집합투자기구 유형으로 분류되
어야 객관적인 성과평가 및 상대비교가 가능하기 때문이다.

이렇게 분류된 동일한 유형의 집합투자기구라면 비슷한 특징, 즉 수익과 위험의 구
조가 유사하고 벤치마크가 유사하다는 특징을 지닌다. 이는 거꾸로 수익·위험 구조와
벤치마크가 유형분류의 기준이 되기도 한다는 것을 의미한다.

집합투자기구가 어떤 유형에 속하는가에 따라 상대적인 우열(순위 등)이 바뀔 수 있
다는 것에 유의하여야 한다. 투자자 및 집합투자기구 판매인은 집합투자기구의 평가결
과를 활용할 때 반드시 해당 집합투자기구 평가회사의 유형분류 기준을 먼저 이해하고
어떠한 유형분류에서 나온 평가결과인지 알아야만 한다.

유형분류는 객관적인 평가를 위해 필요한 요소라는 것 이외에도 투자자의 자산배분
의 기초단위로 집합투자기구 선택을 위해서도 중요한 요소이다. 투자자는 자신의 투자
성향과 투자목표에 맞는 개별 집합투자기구를 고르기 위해 투자할 집합투자기구 유형
을 정확하게 알아야 하며, 자산배분 시 유형별로 적절한 투자비율을 정하여 투자하여야
한다.

section 04 벤치마크(Benchmark) 설정

벤치마크란 사전적인 의미로 기준 또는 잣대라는 뜻이다. 집합투자기구를 만들 때
집합투자기구 운용자는 집합투자기구의 운용목표와 운용전략을 정하게 되며 운용 시에
이를 준수하여야 한다. 이러한 집합투자기구의 운용목표와 전략을 가장 잘 나타내는 지
표가 벤치마크이다. 집합투자기구 운용자는 벤치마크를 기준으로 삼아 운용하면 집합

투자기구의 수익과 위험은 벤치마크 수준에서 크게 벗어나지 않을 것이다. 따라서 집합투자기구 운용자 관점에서 벤치마크는 운용지침(guideline) 역할을 한다.

한편 투자자 관점에서 집합투자기구의 벤치마크는 투자자로 하여금 해당 집합투자기구에 투자할지를 사전에 판단할 수 있는 투자지침(guideline) 역할을 한다. 또한 집합투자기구의 벤치마크는 성과평가(fund performance evaluation) 기준 역할도 한다. 집합투자기구의 성과평가란 일정기간 동안 집합투자기구가 자산운용을 통해 얻은 수익률 등을 기초로 자산운용의 효율성을 평가하는 것이다. 집합투자기구가 일정기간 얻은 수익률 등의 크기가 적정한 수준인지 판단하기 위해서는 객관적인 기준을 필요로 되는데, 이때 가장 많이 사용되는 지표가 바로 집합투자기구 벤치마크이다. 즉, 집합투자기구의 벤치마크는 집합투자기구가 적정한 수준의 성과를 달성하였는지를 판단하기 위한 잣대가 된다.

벤치마크는 집합투자기구별로 정해진다. 이는 집합투자기구별로 주요 투자대상이나 운용전략이 다양하기 때문에 이들의 특성을 잘 나타내는 지표는 다를 수밖에 없으며, 특성이 다른 집합투자기구들을 동일한 기준에 의해 상호 비교하는 것은 적절하지 않기 때문이다. 벤치마크를 구성하는 방식에 따라 〈표 2－1〉과 같이 벤치마크의 종류를 구별할 수 있다.

표 2－1　벤치마크의 종류

종류	설명	사례
시장지수 (market index)	• 자산유형에 소속된 모든 대상 종목을 포함한 것으로 가장 넓은 대상을 포함 • 운용에 특이한 제약조건이 없는 경우 적합	종합주가지수 종합채권지수
섹터/스타일 지수 (sector index)	• 자산유형 중 특정한 분야나 특정한 성격을 지니는 대상만을 포함 • 특정 분야에 집중투자하는 경우 적합	중소형주, 가치주, 성장주, 국공채, 회사채
합성지수 (synthesized index)	• 2개 이상의 시장지수나 섹터지수를 합성하여 별도로 계산 • 복수의 자산 유형에 투자하는 경우에 적합	혼합형 집합투자기구를 위한 벤치마크
맞춤 포트폴리오 (customized portfolio)	• 특정 집합투자기구 운용과 평가를 위한 포트폴리오 • 일반성이 적은 집합투자기구를 평가하기 위함	포트폴리오 보험전략 집합투자기구 평가

수익률 계산

1 개별 집합투자기구 수익률

투자원금에 대비하여 늘거나 줄어든 돈의 크기를 수익률이라고 한다. 예를 들어 100만 원을 투자한 후에 20만 원의 이익이 발생하였다면 수익률은 20%가 된다. 반대로 100만 원이 80만 원이 되었다면 수익률은 -20%다.

개별 집합투자기구의 수익률을 계산하는 가장 간단한 방법은 기준가를 이용하여 계산하는 것이다. 집합투자기구의 가치가 오르면 기준가가 오르고, 집합투자기구의 가치가 내리면 기준가도 내려간다. 따라서 찾을 때(환매시점)의 기준가에서 가입 시 기준가를 뺀 만큼이 이익의 크기가 된다. 이때 유의할 사항은 중도에 결산 등으로 인해 분배가 있으면 수익률 계산시 분배율을 고려해야 한다는 점이다. 집합투자기구 분배율을 고려하지 않고 환매 시 기준가와 가입 시 기준가만을 이용하여 계산하면 수익률이 매우 낮게 나타난다. 분배가 있는 날의 집합투자기구 기준가는 일반적으로 떨어지기 때문이다. 따라서 개별 집합투자기구의 수익률은 다음과 같이 계산한다.

$$집합투자기구 \ 수익률 = \frac{비교시점의 \ 기준 \ 가격 \times \Pi(1 + 분배율_t)}{기준시점의 \ 기준 \ 가격} - 1$$

$$단, \ 분배율_t = \frac{분배금액_t}{분배일 \ 기준 \ 가격_t}$$

이와 같이 개별 집합투자기구의 수익률은 측정기간 동안의 기준 가격 등락률(결산이익 분배율 감안)을 이용한다.

2 운용회사 · 집합투자기구 유형 그룹 수익률

집합투자기구 평가사에서는 개별 집합투자기구의 수익률과 함께 집합투자기구 유형에 대한 수익률과 운용사 수익률을 측정하여 발표하고 있다.

이는 운용회사 또는 집합투자기구 유형에 속한 집합투자기구 전체를 하나의 집합투자기구인 것으로 간주하고 수익률을 측정하는 것으로써 그룹 수익률 측정방식이라 한다.[3] 운용회사나 유형을 하나의 집합투자기구로 간주하여 새로운 집합투자기구가 생겨나거나 집합투자기구가 소멸될 경우에 개별 집합투자기구에서 신규 자금유입이나 자금유출이 있는 것으로 보고 집합투자기구의 기준 가격을 산출하는 것과 동일한 방식이다.

운용회사의 그룹수익률을 산출하는 이유는, ① 운용회사가 운용하는 일부 집합투자기구들만으로 성과를 측정하여 비교할 경우 전체 성과를 정확히 나타내지 못하고 집합투자기구별 성과의 차이가 큰 운용회사가 상대적으로 유리하게 되는 대표계정(Represen-tative Accounts)의 오류를 제거하고, ② 성과가 나빠 운용이 중단된 집합투자기구 등을 제외하고 현재 시점에서 존재하는 집합투자기구만을 대상으로 평가함으로써 부실한 운용으로 고객이탈이 많은 운용회사의 성과가 상대적으로 높게 표시되는 생존계정의 오류(Survivorship Biases)를 제거하기 위함이다. 또한 ③ 각각의 여러 집합투자기구들의 수익률이 아닌 하나의 수익률로 나타냄으로써 수익률 측정 기간을 일치시키면 객관적으로 운용사 간의 성과 비교가 가능하기 때문이다. 다만, 운용회사의 집합투자기구 운용자의 이동이 발생한 경우의 그룹수익률은 이동한 운용자의 운용성과가 반영되는데 이것은 현재의 운용회사 환경과 다를 때의 성과를 나타낸 것으로 이 수익률을 이용하여 해당 운용회사의 능력을 판단하는 것은 적절하지 않다. 이러한 문제를 투자 결과의 이전가능성(Portability of Investment Results)의 문제라고 한다.

벤치마크 수익률이 집합투자기구가 절대적으로 운용을 잘했는지 여부를 판단하기 위해 중요하다면, 유형(Peer Group)평균수익률과 집합투자기구의 수익률을 비교하는 것은 집합투자기구가 상대적으로 운용을 잘했는지를 판단하기 위해 중요하다. 투자한 집합투자기구가 벤치마크에 비해 절대적으로 운용을 잘했다고 할지라도 동일 유형의 다른 집합투자기구들에 비해 상대적으로 낮은 성과를 실현했다면 이는 집합투자기구 선택에 실패했다고 할 수 있다. 반대로 벤치마크 대비 낮은 성과를 기록하였다고 할지라도 다른 집합투자기구들, 즉 유형평균보다 양호한 성과를 실현하면 상대적으로는 운용이 성공적이었다고 할 수 있다.

---

3 미국의 투자분석가협회(CFA institute)의 성과평가기준(GIPS : Global Investment Performance Standards)에서는 통합계정(composite)수익률이라고 한다.

위험의 측정

1 위험 측정치의 종류

미래에 발생할 사건들을 모두 정확하게 예측할 수 있는 투자자가 있다면 투자에 관한 한 그는 신(神)과 같은 존재일 것이다. 현실적으로 이러한 투자자는 없다. 항상 예상하지 못했던 사건들이 발생하게 되고 이로 인해 초래되는 결과는 예상한 것과는 다른 모습을 보이게 된다. 이를 위험(Risk)이라고 한다.

투자에 있어서 위험이란 실제수익률이 기대수익률 또는 예상한 수익률과 같지 않을 가능성을 의미한다. 실제수익률과 예상수익률이 같지 않을 가능성이 높으면 위험이 높고, 반대로 그 가능성이 낮으면 위험이 낮다고 한다. 따라서 위험을 많이 부담할수록 이에 대가로써 높은 수익률을 기대한다.

동일한 기대수익률을 가진 두 가지 투자안이 있다면 합리적인 투자자들의 경우 위험이 낮은 투자안을 선택할 것이다. 또한 위험이 같다면 기대수익률이 높은 투자안을 선택할 것이다. 결국 투자자는 수익률−위험 간의 관계를 고려하여 투자하게 되므로 위험은 투자안 선택에 큰 영향을 미치게 된다.

위험을 측정하는 상대성의 유무에 따라 위험을 〈표 2−2〉와 같이 구분할 수 있다.

표 2−2 위험지표의 종류

종류	척도	사용용도
절대적 위험 (absolute risk)	• 표준편차 • VaR(Value-at-Risk)	• 수익률의 안정성을 중시하는 전략에 적합
상대적 위험 (relative risk)	• 공분산(covariance) • 초과수익률(excess return) • 베타(β : beta) • 상대 VaR(relative VaR) • 추적오차(tracking error)	• 사전에 자산배분이 정해지고, 실제운용단계에서는 벤치마크를 추구하는 경우에 적합

2 표준편차 : 절대적 위험

집합투자기구를 전문적으로 다루는 운용자나 분석사를 제외하고 투자자 또는 판매직원 측면에서는 표준편차와 베타에 대한 개념만 이해해도 충분할 것이다.

표준편차란 일정기간 동안의 수익률이 동일 기간의 평균 수익률과 대비하여 변동한 범위를 측정한 것이며 수식은 다음과 같다.

$$\text{표준편차} = \sqrt{\frac{\sum(\text{펀드 주간 수익률} - \text{평균 수익률})^2}{\text{표본수} - 1}}$$

예를 들어 1년 수익률이 10%인 두 개의 집합투자기구가 있다고 하자. 그 중 첫째 집합투자기구는 매주 연 9%~연 11%의 수익률을 보여 최종적으로 10%의 1년 수익률을 달성했고, 둘째 집합투자기구는 매주 연 5%~연 15%의 수익률을 보인 후 10%의 1년 수익률을 달성했다면 누구나 첫 번째 집합투자기구가 좋은 집합투자기구라고 생각할 것이다. 즉, 앞의 왼쪽 그림처럼 평균 수익률과의 편차(수익률의 변동성)가 작은 집합투자기구가 위험이 작은 것이라는 가정하에 측정된 수치가 바로 표준편차이다.

일반적으로 주식형 집합투자기구와 같이 기준가의 등락이 큰 투자대상에 투자하는 집합투자기구의 표준편차는 크며, 채권형 집합투자기구의 경우 기준가의 등락이 작으며 표준편차가 작다. 다만, 집합투자기구의 수익률을 비교할 때 같은 유형의 집합투자기구들끼리만 비교하여야 하는 것처럼 표준편차의 경우에도 같은 유형의 집합투자기구들 간에 비교해야 한다.

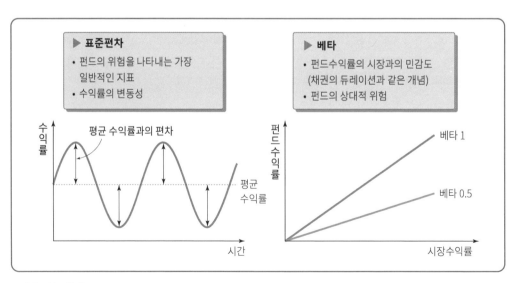

3 　베타 : 상대적 위험

집합투자기구 수익률과 벤치마크 수익률 간의 상대적인 관계로 파악하는 위험지표 중 가장 대표적인 것이 베타이다. 베타란 집합투자기구의 수익률이 벤치마크 수익률의 변동에 대하여 어느 정도 민감도를 가지고 있는가를 나타낸다. 즉 베타는 벤치마크 수익률에 영향을 주는 거시적인 사건이 발생할 때 특정 집합투자기구가 얼마나 민감하게 반응하는가를 계량적으로 측정한 것으로 다음 회귀분석식의 b_i로 표현된다.

$$(R_i - R_f) = a_i + b_i \times (R_m - R_f) + \varepsilon_i$$

　　단, R_i = 집합투자기구 i의 수익률

　　　　R_f = 무위험수익률

　　　　R_m = 벤치마크의 수익률

　　　　ε_i = 잔차항

따라서 베타가 클수록 벤치마크 수익률 변동에 그만큼 민감하게 반응하는 것으로 해석할 수 있다. '베타>1'의 경우 상당히 공격적으로 운용한 집합투자기구이며, '베타<1'인 경우 방어적으로 운용한 집합투자기구라고 할 수 있다. 예컨대, 종합주가지수를 벤치마크로 하는 집합투자기구 A의 베타가 1.2, 집합투자기구 B의 베타가 0.5라고 했을 때, 종합주가지수가 ±10%로 움직인다면 집합투자기구 A는 ±12%, 집합투자기구 B는 ±5%로 움직인다고 해석할 수 있다.

베타가 큰 집합투자기구는 작은 집합투자기구에 비하여 상대적으로 변동성이 큰 개별 종목을 많이 편입하여 운용하였거나, 다른 집합투자기구들에 비해 편입비율을 높여 공격적인 운용전략을 사용하였음을 의미한다. 이렇듯 베타란 시장이 움직일 때 그 움직임에 대하여 반응하는 정도(민감도)를 측정한 것이다.

위험 조정성과의 측정

수익과 위험은 동전의 앞뒷면과 같다. 집합투자기구의 성과를 수익률만으로, 또는 위험만으로 판단한다면 집합투자기구의 한 면만을 보고 분석하는 것이다. 위험 조정성과는 수익률과 위험 두 가지를 동시에 고려해 집합투자기구의 성과를 측정한 것이다.

수익률은 높을수록 위험은 낮을수록 좋은 집합투자기구라는 것이 성과평가의 기본이다. A집합투자기구는 수익률이 높고 위험이 낮은데 비해 B집합투자기구는 수익률이 낮고 위험이 크다면 누구나 A집합투자기구를 선택할 것이다(Dominant Principle). 하지만 현실에서 이런 상황을 만나기란 쉽지 않다. 수익률과 위험이 모두 높은 C집합투자기구와 수익률과 위험이 모두 낮은 D집합투자기구를 비교해야 하는 상황(Non-Dominant Condition)이 일반적이다. C집합투자기구를 골라야 할 것인지 D집합투자기구를 골라야 할지를 선택하려면 별도의 판단기준이 필요하다.

집합투자기구평가에서는 C집합투자기구와 D집합투자기구 간의 우열을 가리기 위해 수익률과 위험을 적절히 조합한 지표를 사용한다. 즉, 성과평가를 위해 수익률과 위험을 결합하여 하나의 값으로 나타낸 지표를 위험 조정성과지표라고 하는데, C집합투자기구와 D집합투자기구의 수익률과 위험을 동시에 고려하면서 비교하기 위해 이를 사용한다. 집합투자기구평가에서 널리 사용되는 위험조정지표로는 샤프비율, 젠센의 알파, 정보비율 등이 있다.

1 샤프비율(Sharpe Ratio)

위험 조정성과지표로서 가장 많이 이용되고 있는 샤프비율(Sharpe Ratio)은 수익률을 위험으로 나누어 위험 한 단위당 수익률을 구하는 것이다. 구체적으로 포트폴리오(집합투자기구) 수익률에서 무위험이자율을 차감한 초과수익률(excess return)을 포트폴리오의 표준편차(총위험)로 나누어서 측정한다.

샤프비율의 산식은 다음과 같다.

$$S_p = \frac{R_p - R_f}{\sigma_p} = \frac{\text{포트폴리오 평균 수익률} - \text{무위험 평균 이자율}}{\text{포트폴리오 수익률의 표준편차}}$$

$$\text{단, } R_p - R_f = \text{초과수익률}$$

샤프비율은 일정 투자기간 동안 위험 1단위당 무위험이자율을 초과 달성한 포트폴리오 수익률을 나타내므로, 이것이 높으면 위험 조정 후 성과가 좋은 것이고 낮으면 성과가 부진했음을 의미한다.

샤프비율을 통한 성과분석 시 유의할 점이 있다. ① 반드시 평가기간이 동일하고 동일한 유형의 집합투자기구들 간에만 비교하여야 하며, ② 수익률 구간(일간, 주간, 월간 수익률)에 따라 상이한 평가결과를 도출할 수 있다. ③ 정규분포의 통계적인 속성에 따라 장기수익률을 측정하는 것이 바람직하며, ④ 초과수익률이 부(−)의 수익률일 경우에는 설명하기 어렵다(집합투자기구 A와 B의 초과수익률이 각각 −2%, −4%, 위험은 10%, 40%일 때, 집합투자기구 A와 B의 샤프지수는 각각 −0.2, −0.1로 나타나 수익률은 높고 위험은 낮은 집합투자기구 A의 성과가 더 나쁜 것으로 나타남).

2   젠센의 알파(Jensen's alpha)

젠센의 알파는 집합투자기구의 실제 수익률이 시장 균형을 가정한 경우의 기대수익률보다 얼마나 높은지, 즉 집합투자기구 수익률에서 균형 하에서의 기대수익률을 차감한 값을 나타내며 수식은 다음과 같다.

$$\alpha_p = (R_p - R_f) - \beta_p \times (R_m - R_f)$$

$$\text{단, } R_p = \text{집합투자기구 수익률}$$

$$R_f = \text{무위험수익률}$$

$$\beta_p = \text{집합투자기구의 베타}$$

$$R_m = \text{시장수익률}$$

어느 집합투자기구의 알파가 0보다 크다는 것은 시장 균형 하에서 베타 위험을 가지는 집합투자기구의 기대수익률보다 해당 집합투자기구의 수익률이 더 높았다는 것을 의미한다. 이는 집합투자기구 운용자들의 증권 선택, 자산구성비 변경, 업종비중의 조절 등 시장 평균 수익률을 이기기 위해 취한 활동이 성공적이었음을 의미한다. 따라서

이 크기가 큰 집합투자기구를 양호한 집합투자기구라 할 수 있다.

젠센의 알파는 집합투자기구 운용자의 종목 선택 및 시장 움직임에 대한 정보 분석 능력을 측정하는 유용한 지표이기는 하지만 종목 선택정보와 시장 예측정보를 정확하게 구분하지 못하는 단점을 지니고 있다. 따라서 시장 예측활동과 종목 선택활동을 모두 활용하는 집합투자기구에 대해서는 젠센의 알파가 적절한 평가지표가 되지 못한다.

3 트래킹 에러(Tracking Error)

트래킹 에러는 일정기간 펀드의 수익률이 이에 대응하는 지수(벤치마크) 수익률에 비해 어느 정도의 차이를 보이는가를 측정하는 지표로 추적오차라고 흔히 부른다. 실제로 측정할 때에는 펀드의 기간 수익률과 이에 대응하는 벤치마크 지표 수익률과의 편차에 대한 변동성으로 측정한다. 트래킹 에러가 크다는 것은 펀드가 투자한 종목의 구성이나 편입비가 벤치마크와 상이하다는 것을 의미하며 펀드의 수익률이 벤치마크와 크게 다르게 나타났다는 것을 의미한다. 트래킹 에러는 그 자체로 위험의 측정치로 간주되지만 평가의 핵심은 부담한 위험에 상응하는 초과수익률을 얻었는지의 여부이다. 이를 측정하는 지표가 정보비율이다.

4 정보비율(Information Ratio)

정보비율이란 적극적 투자활동의 결과로 발생한 초과수익률과 집합투자기구의 초과 수익률에 대한 표준편차(트래킹 에러)의 비율로 평가비율(Appraisal Ratio)이라 하기도 한다. 이는 집합투자기구 수익률이 벤치마크 수익률보다 높을수록 좋은 집합투자기구라는 개념(분자)과 집합투자기구 수익률이 벤치마크 수익률과 큰 차이를 보이면 곤란하다는 위험개념(분모)을 결합한 것이다. 정보비율이라 칭한 이유는 벤치마크를 초과한 수익을 얻는 원천이 집합투자기구 운용자만의 고유한 정보 때문이라 여기기 때문이다.

일반적으로 높은 정보비율은 집합투자기구 운용자의 능력이 탁월한 것을 의미하지만 어느 정도의 값이 높은 수준인가에 대하여는 이론적인 근거가 없다. 실무적으로는 미국의 경우 정보비율이 0.5 이상인 경우 '우수', 0.75 이상인 경우에는 '매우 우수', 1.0 이상인 경우에는 '탁월'한 것으로 판단한다. 다만, 짧은 기간 동안에 계산된 정보비율에는 집합투자기구 운용자의 능력 이외에 운(Luck) 등 다른 요인이 큰 비중을 차지하기 때문에 정보비율에 근거하여 운용자 능력을 평가하기 위해서는 성과측정기간이 충분해야 한다.

section 08 | 성과요인 분석

성과요인 분석이란 성과의 원인을 파악하는 일련의 계량분석과정을 말한다. 지금까지의 일반적인 집합투자기구 성과평가(수익률, 위험, 위험 조정성과, 등급 등)는 집합투자기구 운용의 우열을 가려줄 수는 있어도 우열이 나타난 원인을 충분히 설명해 주지 못한다. 이에 따라 집합투자기구 평가회사는 성과의 원인을 세분하고 각각의 원인이 성과에 기여한 정도를 분석하기 위하여 성과요인 분석을 행한다.

일반적으로 성과요인을 크게 시장 예측능력과 종목 선정 능력으로 나눌 수 있다. 시장 예측(Market Timing)이란 시장의 흐름을 예측하여 저점에 매수하고 고점에 매도하는 전략으로 시장이 강세일 때는 민감도가 높은 종목을 편입하거나 편입비중을 늘이고 시장이 약세일 때는 민감도가 낮은 종목을 편입하거나 편입비중을 줄임으로써 나은 성과를 추구하는 운용방법이다. 종목 선정(Stock Selection)이란 시장의 흐름과 무관하게 벤치마크보다 높은 성과를 보일 종목, 즉 상대적으로 저평가되었거나 향후 상승 가능성이 높은 종목을 선택함으로써 성과를 올리려는 운용방법이다.

성과요인 분석을 통해 특정 성과요인에 능력이 있는 것으로 판명된다면 투자자는 해당 능력이 가장 큰 효과를 발휘할 수 있도록 집합투자기구별로 자금을 배정할 수 있을 것이며, 이는 성공적인 투자로 연결될 것이다. 또한 성과요인이 다른 여러 집합투자기구에 분산하여 투자하는 자산배분 전략의 하나로 이용할 수도 있다. 성과요인 분석을 하는 이유가 여기에 있다.

포트폴리오 분석

포트폴리오란 증권 일람표를 뜻한다. 집합투자기구는 기본적으로 투자할 수 있는 대상, 즉 주식, 채권, 선물, 옵션, 부동산, 집합투자기구 등을 가지고 있으며, 위험을 낮추고 목표한 수익률을 실현하기 위해 이들에 분산하여 투자하는데 이때 투자된 증권 묶음을 포트폴리오라 한다. 지금까지 포트폴리오가 주는 성과의 결과물, 즉 수익률, 위험, 위험 조정성과 등을 살펴보았다면 포트폴리오 분석은 결과물이 아닌 포트폴리오 자체의 특성을 분석하는 것이다.

포트폴리오 분석은 집합투자기구 내 자산의 투자비중을 분석하는 것에서부터 시작하는 것이 일반적이다. 우선 집합투자기구 전체의 자산종류별 구성현황을 분석한다. 주식, 채권, 유동성 등 주요 자산별 배분비율과 추이를 분석하는 것이다. 해외에 투자하는 집합투자기구의 경우 각 지역별 투자자산의 배분현황도 분석한다. 다음으로 세부 자산별 배분현황과 개별 종목별 비중 등을 분석한다. 주식이라면 업종별·주식규모별·그룹사별 투자비중 등을, 채권이라면 신용등급별·잔존만기별·채권종류별 투자비중 등을 분석한다. 다음으로 개별 주식 또는 채권의 투자비중을 분석한다.

이러한 자산의 투자비중을 분석하는 것은 집합투자기구 운용자의 시장에 대한 운용전략을 파악할 수 있고, 또한 과거 성과의 원인을 개괄적으로 파악할 수 있도록 해준다. 집합투자기구가 보유한 자산구성, 업종, 종목 등이 시장의 평균적인 비중이나, 동일유형 집합투자기구들의 평균적 보유비중과 비교하여 어느 정도인지 분석한다면, 해당집합투자기구가 각각의 자산구성, 업종, 종목 등에 대해 공격적인 운용전략을 구사하는지 보수적인 운용전략을 구사하는지 여부를 판단할 수 있게 된다.

포트폴리오 분석 중 집합투자기구 평가사의 기능을 가장 잘 설명해 주는 것이 스타일분석이다. 스타일 분석이란 성과에 가장 큰 요인을 주는 변수를 골라내 이를 기준으로 집합투자기구를 분류하는 기법이라 할 수 있다. 예를 들어 주식형 집합투자기구의 경우 보유한 주식의 규모(대형주, 중형주, 소형주 등)와 가치평가 정도(가치주, 성장주 등)에 따라 성과차이가 크며, 채권형 집합투자기구의 경우 보유 채권은 평균 신용등급의 높고 낮음과 평균만기(듀레이션)의 길고 짧음에 따라 성과차이가 크게 나타난다. 따라서 이를 기준으로 집합투자기구를 구분할 경우 향후 상승이 예상되는 시장의 특징에 맞는 스타일의 집합투자기구에 투자할 것이고 이는 성공적인 투자 결과로 연결될 것이다. 또한 사후적으로 집합투자기구를 평가함에 있어서도 과거의 시장 특성에 맞는 스타일의 집합투자기구가 상대적으로 다른 스타일의 집합투자기구들에 비해 양호한 성과를 기록하였을 것이다. 즉, 스타일 분석은 사전적으로는 좋은 수익률을 보일 집합투자기구를 고르는 판단요소가 되며 사후적으로 과거 집합투자기구 성과의 원인을 적절하게 설명해 주는 역할을 한다.

스타일 분석을 하는 또 다른 이유는 효과적인 분산투자 방안을 마련하려는 데에 있다. 어떤 시장 상황에도 관계없이 시장수익률을 항상 초과하는 집합투자기구는 없으며, 시장 흐름을 정확하게 예측하는 것이 불가능하기 때문에 시장흐름에 적합한 스타일의 집합투자기구를 고르는 것도 불가능하다. 반면, 스타일 지속성을 보이는 스타일 집합투자기구들에 분산하여 투자하는 전략을 사용한다면, 시장의 흐름 변화에 따른 성과 변동을 축소시킴으로써 투자 효율성을 높일 수 있다.

운용회사 · 운용자 질적 분석

집합투자기구의 장기성과는 해당 집합투자기구를 운용하는 운용자와 운용회사의 질적인 특성의 결과로 나타난다. 조직과 인력, 운용프로세스가 우수한 운용회사는 장기적으로 양호한 성과를 나타낼 것이고, 반대인 경우에는 상대적으로 낮은 성과를 보일 것이다. 하지만 단기적인 성과에 있어서는 운용회사의 질적인 평가결과와 성과가 일치하지 않는 경우가 많이 존재한다. 우발적이고 충동적인 의사결정이 우연히 시장 흐름에 맞아 양호한 성과로 이어질 수 있기 때문이다. 집합투자기구 운용자와 운용회사에 대한 질적인 평가와 분석을 하는 이유가 여기에 있다. 운용회사의 질적인 특성을 분석하여 성과분석, 성과요인분석, 포트폴리오 분석들과 비교함으로써 집합투자기구의 성과가 우연에 의해 나타난 성과인지 운용회사 질적 특성에 의해 나타난 성과인지를 파악하기 위해서 분석을 하는 것이다.

운용회사의 질적 특성을 구성하는 변수는 다양하다. 대표적인 변수는 운용회사의 안정성(수익성, 재무구조, 지배구조 등), 조직·인력(운용 관련 인력수와 경력, 지원 관련 인력수와 경력, 권한배분의 적정성 등), 운용프로세스, 위험관리능력 및 컴플라이언스, 운용규모, 고객지원 서비스 등이다.

chapter 03

집합투자기구 평가보고서

집합투자기구 평가보고서 개요

집합투자기구 평가보고서란 개별 집합투자기구에 대하여 수익률, 위험, 위험 조정성과 등을 객관적으로 일목요연하게 상대적 또는 절대적 관점에서 평가하고, 집합투자기구의 투자스타일이나 성과요인을 판단하기 위해 집합투자기구가 투자한 포트폴리오를 분석한 보고서이다.

집합투자기구 평가보고서는 작성 목적 및 제공하는 대상에 따라서 다양한 형태를 가진다. 일반적인 집합투자기구 평가보고서에 들어가는 내용은 다음과 같다.

❶ 성과분석 : 집합투자기구 기본정보, 수익률·위험 정보(벤치마크, 유형비교 포함), 성과추이 분석 등

❷ 포트폴리오 분석 : 종목분석, 업종분석, 포트폴리오 특성 분석(스타일 분석 등)

❸ 기타 : 성과요인 분석, 분석의견 등

집합투자기구 평가보고서 주요 사항 분석

1 유형

유형이란 다른 집합투자기구와 비교해 집합투자기구의 성과가 좋은지 나쁜지를 판단할 때, 비교 대상을 나누는 기준이다. 동일한 운용조건을 갖는 집합투자기구들끼리 비교해야 객관적인 평가가 된다. 예를 들어 성장형 집합투자기구는 성장주의 편입비율이 높은 집합투자기구로, 여기서 성장주는 매출과 이익이 앞으로 크게 성장할 것으로 기대되는 주식을 말한다. 예를 들어 정보기술, 헬스케어, 바이오 등 현재는 이익 규모가 크지 않으나 향후 시장을 주도할 것으로 기대되는 종목들이 성장주로 분류된다.

2 집합투자기구 등급

집합투자기구 등급이란 집합투자기구의 성적을 몇 개의 급수로 나눠 평가한 것이다. 학교에서 성적을 '수우미양가'로 평가하는 것과 같다. 집합투자기구 평가사들은 수익률과 위험을 동시에 고려하는 위험 조정성과를 이용하여 집합투자기구의 등급을 산정한다. 집합투자기구 평가 시 위험 조정성과를 사용하는 것은 수익률이 운용성과의 한 단면만을 보여주기 때문이다.

평가등급이 높은 집합투자기구가 앞으로도 매우 좋은 성과를 지속하리라고 보장하는 것은 아니다. 그러나 위험을 감안한 과거 장기성과의 지속성을 보는 것은 적어도 투자판단을 함에 있어 나쁜 집합투자기구를 고르는 오류를 범하지 않도록 하는 최소한의 기준을 제공할 수 있다는 점에서 중요하다.

3 기간누적수익률

평가보고서 작성 기준일로부터 최근 6개월·1년·3년 등의 누적수익률이다. 연초 후 수익률은 해당 해(年)의 수익률을 의미한다.

운용회사 수익률은 집합투자기구가 속한 유형의 해당 운용회사 수익률이다. 운용회사 수익률은 집합투자기구의 기준가를 구하듯이 운용회사의 평가대상이 되는 집합투자기구들을 대상으로 매일 금액 가중한 평균 수익률을 구해 시간가중 수익률 방식으로 계산한다. 따라서 운용규모가 큰 집합투자기구의 수익률은 일별 운용회사 평균 수익률에 끼치는 영향이 크고, 규모가 작은 집합투자기구는 영향이 작다. 투자자는 자신의 집합투자기구 수익률을 벤치마크(BM)수익률 및 유형평균 수익률과 비교하여 성과의 우열을 가리는 것이 보통이지만, 해당 운용회사의 유형평균 수익률과도 비교할 필요가 있다. 만약, 집합투자기구 수익률이 해당 운용회사의 평균수익률과 차이가 크다면 그 이유에 대해 살펴보아야 하기 때문이다. 운용스타일 때문에 차이가 나는 것인지, 집합투자기구 운용자별 운용 능력의 차이인지, 아니면 극단적으로 집합투자기구 수익률 몰아주기 행태로 인해 수익률이 높은 것인지 반대로 홀대받고 있는 집합투자기구인지를 조사해 봐야 한다.

%순위란 전체 비교 대상 집합투자기구를 100개로 가정했을 때 상대순위를 말하며, 백분위 순위(percentile rank)라고도 한다. 이는 동일한 유형의 집합투자기구 집단 내에서 해당 집합투자기구의 상대순위를 파악하기 위한 것이다. 만약 전체 집합투자기구 200개 중 100위를 한 집합투자기구 A가 있고, 전체 100개 중 100위를 한 집합투자기구 B가 있다고 가정하자. A와 B 집합투자기구 모두 절대 순위는 100위이나 상대순위에서는 A는 50위, B는 100위에 해당한다.

4 위험지표(표준편차, 베타)

표준편차란 일정기간 동안의 수익률이 동일 기간의 평균 수익률과 대비하여 변동한 정도를 측정한 것이며, 베타란 집합투자기구 수익률이 기준 수익률의 변동에 대하여 어느 정도 민감도를 가지고 있는가를 나타낸다.

5 위험 조정성과(샤프, 알파)

샤프비율은 일정기간 동안 위험 1단위당 무위험이자율을 초과 달성한 포트폴리오 수익률의 정도를 나타내며 이것이 높으면 성과가 좋은 것이며 낮으면 성과가 부진했음을 의미한다.

젠센의 알파는 특정 집합투자기구가 취한 위험(베타) 아래에서 요구되는 기대수익률을 집합투자기구 수익률이 얼마나 초과했는지를 보여주는 지표로 높으면 그만큼 집합투자기구의 성과가 양호했음을 의미한다.

6　스타일 분석

스타일 분석은 집합투자기구가 가지고 있는 주식과 채권의 성격을 규정함으로써 집합투자기구의 위험 및 수익성을 용이하게 예측하기 위한 것이다.

예를 들어 대형·가치주 집합투자기구로 분류 하는 것이다.

7　포트폴리오 분석

포트폴리오 분석 중 가장 기본적인 것은 집합투자기구 내 자산의 투자비중을 분석하는 것이다. 우선 집합투자기구 전체의 자산별 배분 현황을 분석한다. 주식, 채권, 유동성 자금 등 주요 자산별 배분비율과 추이를 분석한다.

다음으로 세부 자산별 배분현황과 개별 종목별 비중 등을 분석한다. 주식이라면 업종별·주식규모별·그룹사별 투자비중 등을 분석한다. 나아가 개별 주식 또는 개별 채권의 투자비중을 분석한다.

01 사전에 자산배분이 정해지고, 실제 운용단계에서는 벤치마크를 추구하는 집합투자기구의 위험 측정에 사용되기에 적합하지 않은 위험지표는?

① 공분산(covariance)　　　　② 표준편차(standard deviation)
③ 초과수익률(excess return)　④ 상대VaR(relative VaR)

02 집합투자기구의 성과원인 및 특성을 파악하여 성과의 지속성을 예상하기 위한 것으로 보기 어려운 것은?

① 성과요인 분석
② 포트폴리오 분석
③ 운용자와 운용회사에 대한 질적인 평가
④ 향후 경제전망

03 펀드 평가업무 중 운용회사 및 운용자에 대한 질적 분석업무와 관련된 설명으로 적절하지 않은 것은?

① 운용회사의 지배구조도 운용회사의 질적 특성을 구성하는 요소이다.
② 질적 분석은 펀드의 성과가 우연에 기인하는지 질적 특성에 의한 것인지를 구분하기 위해 실시한다.
③ 대형 연기금의 경우 과거 성과가 미흡한 운용회사에 대해서도 별도의 제안기회를 부여할 만큼 질적 평가결과를 중시하기도 한다.
④ 실사나 면접은 평가자마다 다른 기준이 적용될 수 있어 질적 분석의 방법으로 적절하지 못하다.

해설

01　② 본문의 설명에 부합하는 위험측정방법은 상대적 위험측정에 해당된다. 표준편차는 절대적 위험측정 지표에 해당한다.
02　④ 향후 경제전망은 투자자의 투자 여부(신규투자, 환매)에 영향을 줄 수는 있으나 펀드평가회사가 성과를 평가할 때의 고려할 요소는 아니다.
03　④ 비계량 정보의 경우 실사나 면접 등을 통해 평가가 이루어진다.

04 다음 중 위험 조정성과 측정 및 위험 조정지표에 대한 설명으로 적절하지 않은 것은?

① 트레이너 비율은 수익률을 위험으로 나누어 한 단위당 수익률을 구하는 것이다.

② 트래킹 에러는 일정기간 펀드의 수익률이 벤치마크 수익률에 비해 어느 정도의 차이를 보이는가를 측정하는 지표이다.

③ 펀드의 알파가 0보다 크다는 것은 시장 균형 하에서 베타 위험을 가지는 펀드의 기대 수익률보다 실현된 수익률이 더 높았다는 것을 의미한다.

④ 위험 조정성과는 수익률과 위험 두 가지를 고려하여 집합투자기구의 성과를 측정한 것이다.

05 다음 중 벤치마크 설정에 대한 설명으로 옳지 않은 것은?

① 벤치마크는 집합투자기구별로 정해진다.

② 집합투자기구의 벤치마크는 성과평가의 기준 역할도 한다.

③ 벤치마크 설정 시 투자자의 견해를 반영하는 것은 객관성이 결여되어 바람직하지 못하다.

④ 주식이 투자대상인 주식형 집합투자기구의 벤치마크로는 1차적으로 종합주가지수가 고려된다.

해설

04 ① 수익률을 위험으로 나누어 위험 한 단위당 수익률을 구하는 비율은 '샤프비율'을 말한다.

05 ③ 벤치마크는 투자자의 현재 투자견해를 반영하는 편이 바람직하다.

06 다음 중 펀드평가보고서에 포함되는 내용에 대한 설명으로 적절한 것은?

① 베타가 높다는 것은 그만큼 펀드의 성과가 우수했음을 의미한다.

② 스타일 분석은 펀드 내 자산의 투자 비중을 분석하는 것이다.

③ 표준편차란 일정기간 동안의 수익률이 동일 기간의 평균 수익률과 대비하여 변동한 정도를 측정한 것이다.

④ 포트폴리오 분석은 펀드의 성적을 몇 개의 급수로 나누어 평가하는 것이다.

07 다음 중 펀드의 성과분석과 관련된 설명으로 옳은 것은?

① 가상 포트폴리오 방법을 이용한 성과요인 분석은 펀드의 보유 및 매매내역이 없어도 수행할 수 있는 장점이 있다.

② 자산매매회전율은 높을수록 펀드 성과에 긍정적이다.

③ 스타일 분석은 효과적인 분산투자 방안 마련과는 큰 관련이 없다.

④ 벤치마크를 이용한 수리모형을 통한 성과요인분석은 시장 예측·종목 선택능력이 각각 수익률에 기여한 정도의 측정이 어렵다.

08 다음 중 펀드의 운용성과를 결정하는 요소로 적절하지 않은 것은?

① 투자하는 펀드의 운용수익률

② 시장 예측을 통한 투자시점의 결정

③ 투자대상 유형별 자산배분의 선택

④ 투자성과에 대한 적절한 모니터링

해설

06 ① 베타는 체계적 위험의 크기를 의미하며 펀드의 성과와는 무관하고, ② 스타일 분석은 집합투자기구가 가지고 있는 주식과 채권의 성격을 규정하여 그 위험과 수익성을 용이하게 예측하기 위함이다. ④는 펀드 등급에 관한 설명이다.

07 ①과 ③은 반대의 내용이며, ②의 자산매매회전율이 과도하게 높은 경우 거래수수료 등에 의해 성과에 나쁜 영향을 미친다.

08 ④ 투자성과에 대한 모니터링은 펀드 분석에 필요한 과정으로, 모니터링 결과에 대해 조치를 취하지 않는 경우 운용성과에 미치는 영향은 없다.

정답 01 ② | 02 ④ | 03 ④ | 04 ① | 05 ③ | 06 ③ | 07 ④ | 08 ④

펀드투자권유자문인력2

금융투자전문인력 표준교재
펀드투자권유자문인력 2

2024년판 발행 2024년 2월 15일

편저 금융투자교육원
발행처 한국금융투자협회
　　　　　서울시 영등포구 의사당대로 143 전화(02)2003-9000 FAX(02)780-3483
발행인 서유석
제작 및 총판대행 ㈜ **박영사**
　　　　　서울특별시 금천구 가산디지털2로 53, 210호(가산동, 한라시그마밸리) 전화(02)733-6771 FAX(02)736-4818
등록 1959. 3. 11. 제300-1959-1호(倫)
홈페이지 한국금융투자협회 자격시험접수센터(https://license.kofia.or.kr)

정가 15,000원

ISBN 978-89-6050-717-3 14320
　　　　978-89-6050-715-9(세트)